史学通论

◎钱茂伟 著

ZHEJIANG UNIVERSITY PRESS
浙江大学出版社

图书在版编目(CIP)数据

史学通论 / 钱茂伟著. —杭州：浙江大学出版社，2012.6
ISBN 978-7-308-09930-1

Ⅰ.①史… Ⅱ.①钱… Ⅲ.①史学—高等学校—教材
Ⅳ.①K0

中国版本图书馆 CIP 数据核字(2012)第 084319 号

史学通论
钱茂伟　著

责任编辑　吴伟伟 weiweiwu@zju.edu.cn
文字编辑　杨利军
封面设计　十木米
出版发行　浙江大学出版社
（杭州市天目山路 148 号　邮政编码 310007）
（网址：http://www.zjupress.com）
排　　版　浙江时代出版服务有限公司
印　　刷　富阳市育才印刷有限公司
开　　本　710mm×1000mm　1/16
印　　张　16.25
字　　数　309 千
版 印 次　2012 年 6 月第 1 版　2012 年 6 月第 1 次印刷
书　　号　ISBN 978-7-308-09930-1
定　　价　35.00 元

浙江大学出版社发行部邮购电话　(0571)88925591

目　录

第一章 时代呼唤公民历史素质培育读本

【讨论主题】

1. 由科举教育而科学教育而大众教育的转型

2. 由"半人"而"完人":通向公民社会的通识教育

3. 史学概论目标与体系的建构

4. 历史认知学与公民历史素质培育

【课前阅读材料】

1. 何兆武:《历史理论与史学理论》,商务印书馆1999年版

2. 赵吉惠:《史学概论》,陕西师范大学出版社1990年版

3. 彭刚:《叙事的转向:当代西方史学理论的考察》,北京大学出版社2009年版

4. 刘泽华主编:《近九十年史学理论要籍提要》,书目文献出版社1991年版

5. 包伟民主编:《历史学基础文献选读》,浙江大学出版社2007年版

6. 刘北成、陈新主编:《史学理论读本》,北京大学出版社2006年版

7. 朱孝远:《史学的意蕴》,中国人民大学出版社2002年版

【课后实务项目】

1. 建立个人档案袋或柜,收集与整理重要的个人实物、作品、图片。

2. 书写个人历史,标题是"×××的青少年时代"。要求写成历史性传记,而不是文学性传记,即按时间顺序,写真实之事。要有精确的时间,在几岁或几年级旁加注时间。要有精确地点,写出省、市、县、镇、村名。全文分出生、幼儿园、小学、初中、高中、大学,共六章。可配图片,字数一万以上,电脑写作,WORD格式,DOC模式。文档名为"×××的青少年时代",不要称"我的青少年时代"。

三周内完成。先做成年谱,后完成传记的写作。初稿完成后,传入老师邮箱,交由老师修订,再退回进一步修订,直到满意为止。

【关键词释】

历史理论　史学理论　历史知识　史学概论　史学

时代与史学,是一个永恒的主题。时代发生了变化,历史学理念当然也得变。史学设计理念的变化,决定了史学概论体系的变化。目前中国正在迈向公民时代,仅有通俗读物是不够的,公民时代更需要公民素养教育读本。什么是史学概论?为什么要开设史学概论课?史学概论体系是如何变化的?本教材的设计理念是什么?编纂技巧有哪些特点?本章拟站在当下时代的史学前沿,思考新时代史学概论教材的建设问题。希望用新的想象方式,建构一部能让这个时代的读者满意的史学通论。

第一节　史学概论的理念与体系嬗变

一、由专业教育而来的史学概论

1. 什么是史学概论?

确定客观实在的研究对象,是一门学科得以建立的前提和基础。史学概论的研究对象是大类学科意义上的历史学,这点不会有争议。所以,望文生义地说文解字一下,史学概论就是"对史学的概要论述"①,具体地说就是阐述历史学的理论与方法的课程,或者说,历史学的学理思考。

要揭示史学概论的实质内涵,先来探讨一下它的研究对象"史学"是什么。历史学是什么,显然不是一句话可以回答的,必须多方面综合思考后,才可以得出结论。历史学到底是什么,不同的人会有不同的理解。比较普遍的看法是,历史学是研究历史矛盾运动过程及其规律性的科学。② 这样的理解,史学概论很容易被想象成历史理论与史学理论的混合之物。这样的理解,在近二十年越来越受到质疑。要求只讲史学理论,不讲历史理论,成为许多人的追求。姜义华等

① 吴泽:《史学概论》,安徽教育出版社1986年版。

② 本书编写组:《史学概论》,高等教育出版社2009年版,第6页。

《史学导论》明确称，史学概论不是直接考察客观的历史过程，而是以人类认识历史的主体活动，特别是历史学家认识历史的活动为研究对象。要求只研究人类认识历史的主体活动，这样的观察是比较到位的。

笔者的核心看法是，历史学是历史认知之学。此话的依据是，人文科学是以大脑认知活动为对象的科学，本质上是认知科学。作为人文科学内容之一的历史学，本质上自然也是历史认知学。由历史认知而产生的系统化知识体系，就是历史学。西方自20世纪以来，强调理解型史学[①]，这与笔者所谓的历史认知学有一定的相通之处。如果历史学即历史认知学可以成立，则史学概论应是研究历史认知活动的一般理论与方法的。

2. 科学化促成史学概论

由古到今，人类的教育经历了由科举教育而科学教育的转型。自从有了国家，培养政府管理所需的官员，就成为教育的首要任务。在中国，其表现就是科举教育。科举教育的核心是统一认知，培养接受完整知识的、不用独立思考的"政治人"。这样的政治化教育，在中国存在了两三千年。20世纪以来，科学主义横行中国，于是科学精英即专家的培养成为核心。

历史学概论性著作为人们所需，是历史学学科科学化的产物。对历史学的基本问题有所认识、有所思考，是职业历史学家必备的首要条件。15世纪以来，德国、英国纷纷建立了近代大学。德国的哥廷根大学、英国的剑桥大学和牛津大学都设置了历史学讲座，各个学科的历史和世界史愈来愈普遍地开设，大批平民知识分子可以从容从事历史研究，历史研究开始成为制度化的连续性的学术事业，这就是学院化的专门史学。到了19世纪，西方的史学开始制度化和专门化，这是历史学科学化努力的必然结果。一些学者受自然科学探索规律成功的鼓舞，认为历史学通过严格地检验史料和客观中立的态度，也能够上升到科学的行列之中。[②]

图1-1　[德]兰克

西方科学史学的鼻祖是兰克(Leopold von Ranke，1795—1896)。兰克最大的

① 王加丰：《"理解"：二十世纪西方历史学的追求》，《历史研究》2001年第3期。

② 赵世瑜：《20世纪历史学概论性著作的回顾与评说》，《史学理论研究》2000年第4期。

贡献是把“史学”专业化，把历史的探究从哲学理论中解脱出来，发展为学院中的探索历史知识的专门学科。他以身作则，终生从事历史专业的研究，并在大学开设专题研讨课程(Seminars)。他的专题研讨课程培养了很多历史专业学者，在欧陆各大学乃至英美都产生了重大影响，使他获得了“历史科学之父”的美誉。[①] 在19世纪与20世纪之交，兰克史学作为科学史学的典范，开始走向全球。

图1-2 [法]朗格诺瓦等《历史研究导论》

为了使自己确实配得上“科学”的称号，为了使自己在学科的理论和研究的方法等方面确有别于其他学科，历史学必须对自己的历史、性质、对象、特征、内容、功能、方法等许多问题进行系统的思考和回答。于是，出于历史学的职业化和专门化的需要，出于对后代学人培养的需要，这种概论性的著作便应运而生了，譬如德国史学家伯伦汉(Arthur Neville Chamberlain，1869—1940)的《史学方法论》(1889，有商务印书馆中译本，1937年)、法国史学家朗格诺瓦(C. V. Langlois，1863—1929)、瑟诺博司(C. Seignobos，1854—1942)的《史学原论》(1898，有商务印书馆中译本1926年，最新译本称为《历史研究导论》)等。

在东亚世界，日本历史专业化的进程，与欧美国家几乎同步，因此很快接受了这些作品。受此影响，日本学人也纷纷编纂出类似的作品，浮田和民(1859—1946)的《史学通论》是最有代表性的一种。《史学通论》是一部广征博引西方诸家之说，同时又有自己识断的、以进化史观为指导的较为系统的新史学理论著作。此书是近代中国通过日本“中转站”引进的第一部较系统的西方史学理论著作。全书共八章，分述历史学的性质、范围、定义、价值，以及历史与国家、地理、人种等之关系，历史大势及研究方法。中国留日学生注意及此，迅速将之译介到中国。

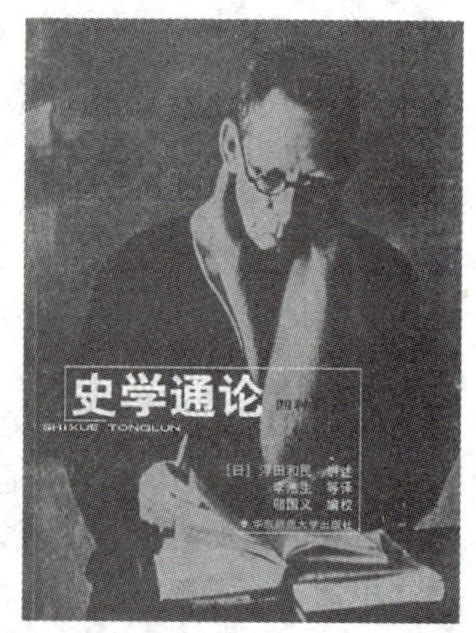

图1-3 [日]浮田和民《史学通论》

19世纪末20世纪初，中国的史学也在酝酿

① 陈启云:《历史“知识论”与西方史学理论》,《天津师范大学学报》2009年第2期。

一场翻天覆地的革命。梁启超(1873—1929)等号召进行“史界革命”,其《中国史叙论》批判旧的“君史”,号召改造中国历史的编纂,要作“民史”。随后建立起来的京师大学堂及新式高等院校,确立了包括历史学在内的新式学科教育体系。当时中国人来不及思考,主要是从国外已有的成果中引进。梁启超在《新史学》等专论中所阐述的基本史学理论,实际上主要是从浮田和民的《史学通论》中有选择地移植过来的。①

20 世纪上半期,随着大学开设此类课程,中国出版了相当多的专书,包括外国翻译进来的作品,当时约有 30 多种史学理论作品,出现了第一个高潮。② 有意思的是,这些书虽然各有侧重,但基本上偏重于史学问题,而不涉及历史理论问题。1949 年以后的 30 年间,少有史学概论性著述出版。其主要原因在于,此类著作涉及的是史学理论问题,而当时的形势是,除了历史唯物论以外,不需要再有什么史学理论。其实很多史学家意识到编纂此类书籍的重要性,但大都格于形势而未果。这是史学概论教材建设的低谷期。③

图 1-4　梁启超

图 1-5　梁启超
《中国历史研究法》

① 邬国义:《梁启超新史学思想探源》,见浮田和民:《史学通论四种合刊》卷首,李浩生等译,邬国义编校,华东师范大学出版社 2007 年版。

② 90 年代以前的史学理论作品介绍,详见刘泽华主编《近九十年史学理论要籍提要》(书目文献出版社 1991 年版)。

③ 赵世瑜:《20 世纪历史学概论性著作的回顾与评说》,《史学理论研究》2000 年第 4 期。

二、20 世纪后 20 年的史学概论

直到 1977 年，高考制度恢复，各项课程的讲授逐渐系统化和规范化，历史学概论性著述的编撰重新提到议事日程。教育部首先委托在此前有过经验和资料积累的山东大学历史系和云南大学历史系合作编写《历史科学概论》。其他各高校，也因开设史学概论课程，纷纷编纂各自的教材。几年以后，他们编纂的教材逐步出版。1983 年，葛懋春（1926—1996）主编的《历史科学概论》（山东教育出版社）、白寿彝（1909—2000）主编的《史学概论》（宁夏人民出版社）率先出版。接着，吴泽（1913—2005）等主编《史学概论》于 1986 年由安徽教育出版社出版。这可以理解为近 30 年史学概论教材建设的第一波。

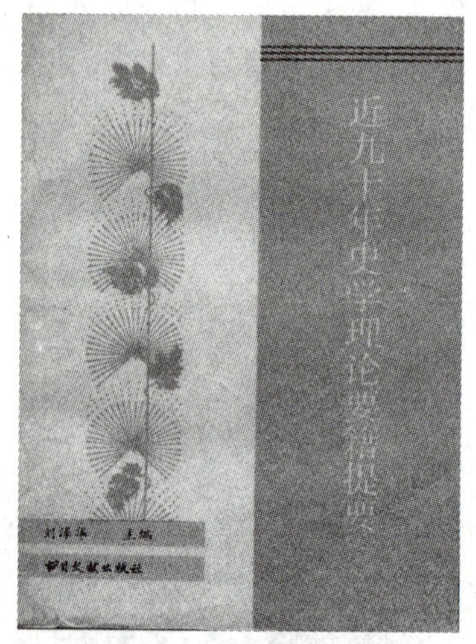

图 1-6　刘泽华主编《近九十年史学理论要籍提要》

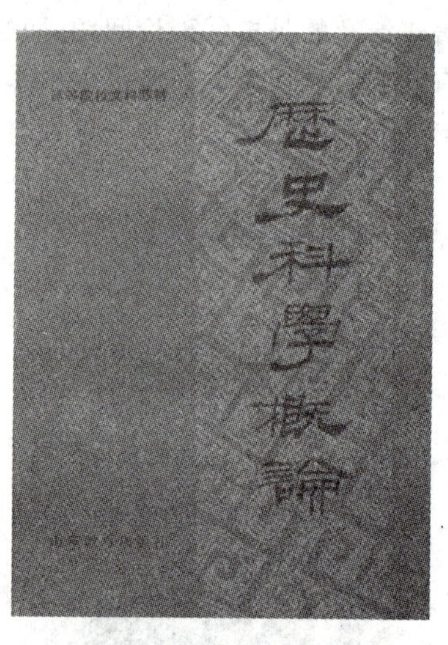

图 1-7　葛懋春主编《历史科学概论》

史学概论讲什么，由于既无 50 年代前同类成果可参考，又无实际经验，各人有不同的理解与想象。赵俪生（1917—2007）提出了拼盘论，称“史学概论”只能是拼盘，问题只是在于拼得是好是坏。[①] 此论在 70 年代末 80 年代初影响甚大。田昌五（1925—2001）等《历史学概论》（河南人民出版社 1984 年版）的体系是典型的拼盘论，称是史学理论、史料学、史学史、史学评论、史学工具书等分支学科的概括和综合。拼盘论当然为许多有独立思考精神的史家所反对，他们按自己的理解，设计了不同的体系。

---

① 赵俪生：《我对“史学概论”的一些看法》，《文史哲》1985 年第 2 期。

葛懋春等在《历史科学概论》中认为，史学概论的任务是扼要地说明历史学是怎样的一门社会科学，应该怎样研究，怎样写作。概括来说，其任务就是研究历史认识论和方法论。此书直接命名为“历史科学概论”，弦外之音，只有马克思主义史学是科学，其他皆非科学，排他性明显。此书在1984年又出了修订本，增加了当代国外几种史学方法述评，是发行量较大的一部教材。杜经国等的《历史学概论》（高等教育出版社1990年版）为国家教委“七五”教材项目，书中分别论述了什么是历史、为什么要学历史、和怎样学习和研究历史。这是围绕历史研究而设计的“三论”体系。

图1-8 杜经国等《历史学概论》

白寿彝以为，史学概论是要在马克思主义基本原理的指导下，论述中国史学遗产几个重要方面的成就和马克思主义传入中国后史学的发展，及当前史学工作的重要任务。全书共十章，除叙论外，分别论历史观、历史文献、史书编著和史书体例、历史文学、史学与其他学科的关系、中国史学的近代化过程以及马克思主义史学在中国的传播和发展。最后是当前史学任务的分析。白寿彝的《史学概论》是第一部以“史学概论”命名的教材。

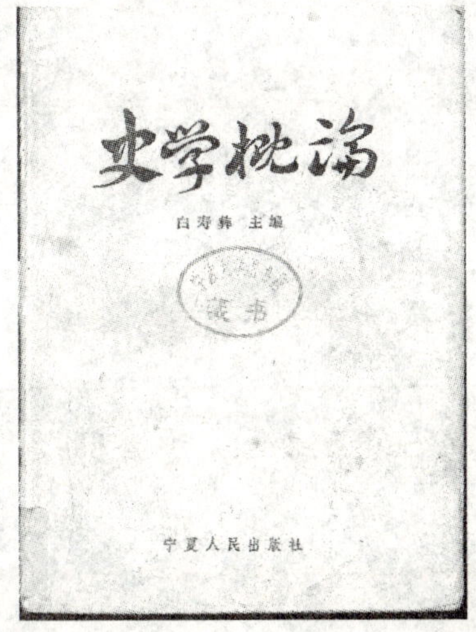

图1-9 白寿彝及其《史学概论》

第二部以“史学概论”命名的教材，是吴泽主编的《史学概论》，此书对史学概论的定义比较可取，称是对史学的概要论述。全书十章，除绪论外，由基础知识、基本知识和基本方法三大块组成。

图 1-10　吴泽及其《史学概论》

图 1-11　姜义华等《史学导论》

80 年代中叶至 90 年代初，是《史学概论》编纂出版的第二波。各高校的教授们，纷纷出版了自己的讲义。少了一个“科”字，称“历史学概论”，如田昌五等《历史学概论》、赵吉惠(1934—2005)《历史学概论》(三秦出版社 1986 年版)、杜经国等《历史学概论》(高等教育出版社 1990 年版)。或称“史学导论”，如姜义华等《史学导论》(陕西人民教育出版社 1989 年版)。姜义华主张把古往今来全部史学研究活动视为一个有机整体，以揭示历史研究活动的规律。全书由历史学的起源与目标、历史认识的基本特征、研究历史的主要方法、历史实际的本体论探究、历史研究成果的社会表现形态、历史学家的基本素养与时代使命六章构成。此书为国家教委“七五”教材项目。

史学概论实际是“史学理论与方法”。于是，有些教材直接以此命名。如李振宏《历史学的理论与方法》(河南大学出版社 1989 年版)，王正平(1921—1996)《史学理论与方法》(杭州大学出版社 1990 年版)，宁可、汪征鲁《史学理论与方法》(中国广播电视大学出版社 1991 年版)，李清凌《史学理论与方法》(甘肃民族出版社 1993 年版)。赵吉惠《历史学概论》虽没有在书名中体现，但中心则是史学的理论与方法。赵吉惠称，史学概论主要从整体着眼，运用纵向与横向相结合的考察方式，从史学主体角度对史学的整体发展，特别是对史学研究中的理论和方法，进行综合而概括的反思与研究。

图 1-12　宁可《史学理论与方法》

王正平《史学理论与方法》，共分 18 章，即历史研究的指导思想与理论基础、历史研究的目的与社会功能、关于社会形态问题的争论、社会历史发展的基本规律、社会历史发展的动力、地理环境与社会发展、历史认识对象的特点、史论关系、史学方法论的研究对象、分析阶级与阶级分析法、历史主义及其运用、历史的多层次研究、历史的全方位研究、历史比较研究法、评价历史人物、批判地继承史学优秀传统、搜集史料的必要性及史料的分类、史料的鉴别与运用。各章分则为独立的专题，合则为有机的整体。大体说来，详于历史本体论与历史方法论，而略于历史认识论。某些内容相当有新意，如历史的多层次研究、历史的全方位研究。

图 1-13　王正平及其《史学理论与方法》

史学通论

其后，赵吉惠又负责编纂了专科教材《史学概论》（陕西师范大学出版社1990年版）。此书共十章，引言为史学概论的对象、任务、方法，第一章为历史学的对象、结构、功能，第二章为历史学与其他学科的关系，第三章为史学思想的发展与历史观的演变，第四章为中国马克思主义史学的形成、发展与当代史学反思，第五章为唯物史观是科学的历史观，第六章历史运动及其规律的探讨，第七章为历史认识的过程与思维方式的特征，第八章为整理史料、重构与解释历史的方法，第九章为历史著作的体裁、结构与编撰原则，第十章为史学工作者的历史使命与基本素养。此书体系完整，语言简明扼要。

图 1-14　赵吉惠及其《史学概论》

90年代中叶以后出版的教材，主要有贾东海等的《史学概论》（中央民族大学出版社1992年版），梁文俊等主编的《史学概论》（中州古籍出版社1994年版），庞卓恒主编的《史学概论》（高等教育出版社1995年版），姜新的《史学概论》（中州古籍出版社1996年版），王旭东的《史学理论与方法》（安徽大学出版社1998年版），杨豫、胡成的《历史学的思想和方法》（南京大学出版社1999年版），姚太中等主编的《史学概论》（东方出版社1999年版）。由于旧教材有些方面过时了，于是有人开始对其进行修订，如李振宏的《历史学的理论与方法》即于1999年出了修订本。李著分为史学本体论、历史认识论、史学方法论三大块，体系的整体性强，是那个年代的代表作之一。

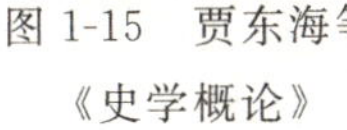

图 1-15　贾东海等《史学概论》

图 1-16　杨豫等《历史学的思想和方法》

图 1-17　李振宏《历史学的理论与方法》

总体来说，由于这一时期历史学概论性著述主要是作为教科书编写和使用的，因此相对统一和规范，不那么具有多样性。相比之下，学者们以论文的形式，对史学概论的体系、内容等方面进行了大量讨论，在一定程度上弥补了教科书编写中存在的单一化和程式化的缺点。① 如张艳国主张史学概论体系应由历史过程论、历史主体论、史家主体论、史学发展论、史学理论与方法论五论构成，②只是没有付诸实践而已。

三、21 世纪以来的史学概论编纂

近 30 年，国际上的历史哲学研究经历了分析的、批判的、叙事、记忆四种形态的变化。中国史学概论的建设，不同程度地反映了这些变化趋势。

1. 史学概论性质的反思

赵世瑜称，史学概论不是历史学习的入门指南，不是历史研究入门或者历史学常识。史学概论也不是历史学中的某一个分支，那个分支应该是史学理论，史学概论不过是通过概括和浓缩的办法把史学理论讲授给学生的一种形式，它只是一种课程名称和该课程的同名教科书。③ 笔者比较认同赵世瑜的看法，史学

---

① 赵世瑜：《20 世纪历史学概论性著作的回顾与评说》，《史学理论研究》2000 年第 4 期。

② 张艳国：《“史学概论”的学科体系究竟应该如何确定》，见张艳国：《史学理论——唯物史观的视域与尺度》，华中科技大学出版社 2009 年版。

③ 赵世瑜：《20 世纪历史学概论性著作的回顾与评说》，《史学理论研究》2000 年第 4 期。

概论就是一门课程名称。至于其内容，史学概论应是对“史学”的“概论”，而不应是“历史哲学”的“概论”。[1] 史学概论是阐述历史学各种理论与方法的一门课程，中心是从理论上思考“历史学是什么”，正如葛剑雄的《历史学是什么》题目所昭示的。

2. 教材规格的国家化

2003 年，有两部史学概论值得关注。这一年，姜义华等的《史学导论》成为高校“十五”国家级规划教材，修订本由复旦大学出版社出版。庞卓恒等《史学概论》列入 2003 年度国家级精品课程，2006 年作为高校“十五”国家级规划教材出版。

图 1-18　姜义华等《史学导论》

图 1-19　庞卓恒等《史学概论》

庞卓恒等的《史学概论》主要由历史学的本体论、方法论和认识论三个部分构成。书中着重阐明唯物史观是“关于现实的人及其历史发展的科学”，是“从劳动发展史中找到了理解全部社会史的锁钥”的学说，它的核心是劳动发展史、生产能力发展史，它揭示的历史发展规律是人们生产和交换能力的发展推动人们的社会交往方式和思想观念从低级向高级发展的规律。在此基础上，尽力吸取当代西方人文社会学科，特别是科学哲学的一切最新的积极成果，以丰富和发展唯物史观。

---

① 庞卓恒等:《史学概论》，高等教育出版社 2006 年版，第 20 页。

3. 史学概论的中国化

张岂之等《史学概论》(高等教育出版社 2009 年版)为马克思主义理论研究和建设工程重点教材。此书的编纂力量，云集了当今中国史界的几大巨头。教材体系上，它强调马克思主义唯物史观指导与历史学学科特色的结合。内容由历史与历史学、唯物史观与历史研究、中国马克思主义史学、历史学的研究方法、历史编纂、中国史学的优良传统、20 世纪西方史学评析、史学工作者的基本素养八部分组成。

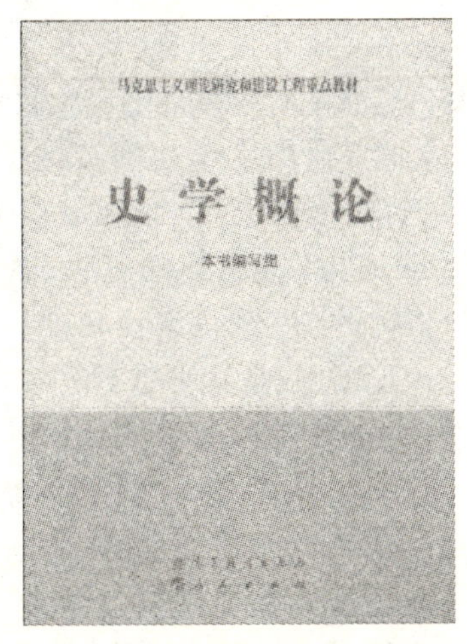

图 1-20　张岂之等《史学概论》及其相关资料

在马克思主义理论指导下，根据现实中国经验，像马克思那样重新思考历史，最后抽象出新颖的适合史学理解的史学理论体系，是我们要努力的方向。从这个角度来说，赵兴彬《史学学研究》(中国科学技术出版社 2004 年版)、王学典《史学引论》、李剑鸣《历史学的技艺与修养》中所体现的探索之路无疑是值得注意的。

图 1-21　李剑鸣《历史学家修养和技艺》

李剑鸣《历史学的技艺与修养》(上海三联书店 2007 年版)，分为历史学的特征、历史知识的性质、研究中的立场、研究者的学养、治学的路径、继承与创新、史料与史学、解释的建构、叙事与分析、选题与研究、体例与规范、写作与表述，共 12 章，每章皆依据问题而分设5个子目。此书是新世纪以来出版的当代历史学家撰著的史学概论性著述中的优秀著述之一，比较适合研究生阅读。该书不仅理论性强，而且信息量大。由于作者注意表述方面遣词造句的技巧，对理论问题的阐释大多能够结合具体的实证历史研究经验，因此有很强的可读性和实践性。李剑鸣也是近三十年培养、成长起来中生代史家，向研究生教授史学方法论多年，有自己的独立思考与心得，这样的作品是马克思主义与中国史学相结合的史学方法论优秀作品。

4. 公民素质教育读本的尝试

图 1-22　王学典《史学引论》

王学典主编的《述往知来：历史学的过去、现状与前瞻》，作为"大学生文化素质教育丛书"之一，是写给非专业的大学生阅读的。根据丛书的统一体例，全书分上下二编，上编为"什么是历史学"，下编为"历史学的过去、现状与前瞻"。此书是从大学生文化素质角度提出的设计体系，这一理念显然是从书宗旨外加的，不是作者的自觉。五年以后，王学典认同且有了自觉的想法，其《编纂缘起》称："随着高等教育由精英教育向大众教育的转变，大学本科层次的主要培养目标已不再是训练职业学者，而是塑造有知识的社会公民……这门课程的首要任务应该是训练学生的洞察力……其次才是方法，才是如何研究历史。"这样的自觉意识非常值得肯定。于是，王学典增加了两章，修订出了《史学引论》(北京大学出版社2008年版)，全书分历史与历史学、历史学的基本层面、历史学的现状与未来上中下三编，下分十章，即"导论"、"作为本体的历史"、"历史学的学科性质"、"历史的价值与意义"、"历史考证：事实的确定"、"历史的叙述与编纂"、"历史解释：意义的追寻"、"现代史学的基本特征：(一)研究领域的扩张"、"现代史学的基本特征：(二)科际整合"、"历史学的新动向后现代主义"。

5. 史学概论的入门化

80年代以来，史学概论的设置，定位于学生历史研究能力的培养。它要求在中外古今通史学完的基础上来学，故一般在二年级下或三年级上开设此课程。然而，新世纪以来出现了另一个变化，往往将此课程设置于二年级上，个别学校设置于一年级，史学概论成为新生入门导论课。这一新情况的出现，促使史学概论设计理念与设计体系跟着发生变化。李隆国《史学概论》（北京大学出版社2009年版）正是这样一部“史学入门手册”。此书重点在介绍如何做历史研究，兼及史学传统、历史理论和史学理论介绍。结合大量中外历史学家的论著来介绍本学科基本的概念和范畴是其特色所在，风格更接近西方人写作的史学概论。此外，葛剑雄《历史学是什么》（北京大学出版社2003年版）、王明辉《何谓历史学》（中国戏剧出版社2005年版），也可以作为入门读物来使用。

总的说来，近十年的史学概论编纂，出现中国化、入门化、素质化变化三大趋势。

图1-23　李隆国
《史学概论》

图1-24　葛剑雄等
《历史学是什么》

第二节　应重视历史认知水平的提高

教材编纂本质上是一种知识体系的建构。教材体系如何建构，取决于编纂理念，而编纂理念又取决于时代与史学的变化现状。时代的变化，教学理念的变化，要求教材设计理念与体系也作较大的调整。设计理念与体系的变动，取决于社会变化外因与史学理论变化内因两大方面。教材体系的设计，要照顾两大方面因素，一是学生，二是学科体系。内容组合要符合学生需求，体系设计要有内在的逻辑性。

一、时代的变迁与教育理念的转型

1. 由臣民时代而公民时代

臣民时代，就是政府控制社会的时代；公民时代，就是公民控制政府的时代。前者是传统的国家时期，后者是现代国家时期。历史上的大部分时间，大多数国家实行君主专制制度，这时的国家成员称为“臣民”。在这种国家体制下，只有皇帝是主人，其余都是臣仆。20 世纪以来，中国公众的“臣民意识”并没有随着封建社会的沉沦而随之离去，而是像幽灵一样深深地扎根于民众的心灵深处。虽然国家赋予了民众公民的权利，宪法上取得了“人民当家做主”的位置，然而人们还不敢把自己当做国家的主人。中国目前正处于由臣民时代向公民时代的转型时期，中国公民的权利意识在改革开放中形成并逐步在发展之中。

2. 由精英教育而公民教育，由应试教育而素质教育

要实现由臣民到公民的转换，须经过一座桥梁，这座桥梁就是公民素质教育。当今时代变化的最大特点是通识教育的受人关注。通识教育，在日本称为“全人教育”，在美国称为“完人教育”。全人教育理论是日本教育家小原国芳(1887—1977)提出的。它产生于 20 世纪 20 年代至 30 年代，成熟和完善于 20 世纪 60 年代至 70 年代。20 世纪 80 年代以来，“全人教育”再度兴盛，并成为一种世界性的教育思潮。

传统的精英教育、应试教育是一种“政府型教育”，而公民教育是一种“社会型教育”。政府型教育的特点是由政府投入，也由政府产出、政府回报，受益面小，“只管少数，不管多数”；公民教育的特点是由公民个人投入，也由个人产出、个人回报，受益面广，强调“一个都不能落下”。教育目标也不同，政府型教育以培养政府所需的少数官员与专家为宗旨，所要素质是政府需要的素质，表现为一元化的；社会型教育则以提升国民整体教育水平为宗旨，所要素质是社会型素质，表现为多元化的。素质是指一个人能正确认识周围环境事物而生存并挑战其环境事物而自觉贡献和服务社会的能力。公民素质教育的核心是公民的生存与发展能力教育。教育的目标应该是培养具有人文精神和科学素养的“完人”，而不是只有科学技能而缺乏人文素质或只有人文知识而不懂科学技术的“半人”。[①] 通识教育的目标是培养宏观与微观的认识与分析能力，提升大众的认知水平，提升大众的人文素质。美国教育的宗旨是，使人常惑常问，开动脑筋，培养

---

① 邓银城、陈丁堂:《人文教育·科学教育·完人教育》,《湖南师范大学教育科学学报》2003 年第 2 期。

一个会思考的“科学人”。在美国，没有霸道的老师，没有统编教材，没有标准答案，公共历史教育发达。[①] 与通人教育相匹配的教育方式是双主体教学，强调启发式、讨论式、理解型教学。只有理解的知识，才是牢固掌握的知识。

二、教育目标由专家而通识的转型

历史学的专家教育与通识教育，目标完全不同。前者是为了培养历史学专家、历史学教育者，后者是为了增进现代人的历史学素养。由于培养目标不同，适合群体的大小也不同。前者只要求一小部分精英接受即可，后者则要求更多的人来接受。由此，在通识教育宗旨下，历史学可能有较多的生存与发展空间。因为，在人文素质教育中，文史是基本的内容。文学可以提升人的语言文字表达能力，史学可以放宽人的时空视野。我们发现，美国著名的耶鲁大学的招生简章，将历史课放在全校核心课程的第一位，其道理正在于此。目前，中国不少大学也正在进行由专家而通识的教育改革，大学一年级是人文素质教育，二年级才逐步接受专业教育。在这样的背景下，学习历史的目标，不再是唯一的成为职业历史学家，而是更多地在于提升自己的人文素养，提高自己的历史认知水平。如此，学习历史的人可能会越来越多，而不是越来越少。为了适应这种局面，历史学教学宗旨、教材体系要作较大的调整。面对高等教育的多样化，加强素质教育，培养“宽口径”的创新人才，也提到了高校改革的议事日程上。按照新的通识教育要求，史学概论的教学目标应该是：由小而大，由近而远，由今而古，全方位地培养学生的历史意识、历史理解力、历史书写能力与历史研究能力，简言之，“一种意识，三种能力”。同时，强调理论与实践结合，理论讲述和实践训练应贯穿于教学的全过程，才能从根本上提高学生的能力。

1. 培养历史意识、文物意识与档案意识

一个学生要培养起自己的历史意识。历史意识是人类经历一定时间段后产生的有意识回溯过去的想法。它是一种人类站在当下重新看待过去的回顾活动，是对过去的一种感性体验和理性认知。历史意识的产生途径有二，一是内在的自我积累，二是外在的教育灌输。历史意识的产生必先具有时间观念。时间是一条长河，人们习惯分为过去、现在与未来三段。历史意识的产生，要经历一定的时间间隔性。历史意识是个体或群体进入历史长河后所产生的自觉意识。一般说来，人生历程短的年轻人、历史进程短的民族不具备历史意识，而人生历程长的中年人、有较长历史进程的民族，往往具备历史意识。历史是所有人的事

① 牛大勇：《中美历史教育的不同》，《南方周末》2008 年 1 月 26 日。

情，历史意识也应是人人确立的意识。

历史意识也是一种历史价值观。由时间差而产生的价值观念，就是历史价值观。价值观是人类对事物价值重要程度的看法，是外在附加的。价值观往往是在同一时空中形成的。时空一变，人们的价值观也会随之变化。个人生活、国家生活，一旦进入历史长河，其意义就会被重新评估。事物一旦进入历史长河，事物的意义就会被重新估价。任何事物，既有实用价值，也有历史价值。事物的实用价值结束，剩下的就是事物的历史价值。独到的历史价值，就是文物价值。用历史意识重新打量物质的价值，会有新的认识。当实用物品数量多的时候，价值不大；一旦稀有，价值就会倍增。时间能考验一切，经得起时间考验的东西，才是无形之宝。要求珍惜、善待、保护历史进程中所留下的档案与实物的观念，就是档案意识、文物意识。目前，政府组织的档案文物保护制度已经确立，但民间个体的档案文物保护制度严重滞后。

2. 小历史书写能力的培养

有了历史意识，才有历史书写。小历史主要是个人传记、家族宗谱。人类的活动必须要记忆，有一部分须用文字加以记录。不及时书写，很多信息就会从我们大脑中消失。人类的价值观决定人类活动记录与否。写回忆录不是老年人的专利，青年人也应写。人人都是自己生活记忆的记录者与整理者。人人应该学历史，书写历史。他者的历史可以不写、不关注，但自己的历史不能不书写、不能不关注。大学生具备文字表达能力、电脑技术、摄影技术、设计技术，完全有能书写自我历程。由于各种原因，小历史书写是我们国家、民族所忽视的地方，并不成风。小历史书写的提出，是大众成长的表现。忽视小历史，是传统史学的一大不足，这种忽视意识，即便在现有历史学队伍中也是存在的，更何况其他人员。这是我们努力要加以改变的，是新史学的努力方向。小历史书写部分弥补了，历史书写就会完整了。同时，也使历史学习与学生们的生活更接近。贴近生活，贴近自我，提高学习的能动性、积极性。通过实际操作，培养关注小历史的意识，提高历史书写能力。有了小历史书写的经验，就可以培养大历史书写的能力。

3. 大历史理解能力的培养

理解是人类接受新知识的基本方式，历史的意义是在诠释中生成的。历史虽然是以客观的形式存在，但它永远是以主观的方式被理解的。一个时代有一个时代的主题，一代人有一代人的历史需求。人类总是以新的兴趣、新的眼光和新的思维不断地重新理解历史。每一代人都按照各自时代的信念和理想去解读和阐释历史。[①] 理解必须具备高度的历史感，鲜活的历史感可以使历史学家尽可能进入当时的历史氛围中去把握历史，从新的高度和深度去挖掘历史的真意义、新意义。历史的理解不是中性的，理解不是一个复制过程，理解者总是以自己的成见去理解的，所以无所谓历史的本来面目。我们理解历史，实际上已经参与了历史。在现实生活中，我们理解别人比较困难。那么，我们要理解另一时空的人物自然更为困难。当然也有方便之处，历史是已经展示的世界，而现实则是正在进行着的未完全展示的世界，因此"后智之明"可能高于前人。

4. 大历史研究、建构能力的培养

在学会小历史书写基础上，关注大历史的书写与建构。写国史是未来的任务，现在主要是了解。历史研究能力的培养，是传统的职业史家培养目标。

总之，如果"一种意识、三种能力"教学目标达到，能关注小历史，进而关注大历史，有兴趣书写小历史，知道历史知识是如何来的，就已经足够了。对于一个二年级学生来说，重要的是意识、兴趣培养，而不是研究能力。

第三节　本教材的设计理念与体系安排

在通识教育视野下，史学概论该讲些什么，这是一个值得思考的理论问题。今天，应该拿出符合当下时代的理想方案。

一、新编教材的设计理念

要编纂一部新理念的史学概论教材，必须注意以下几个问题：

其一，史学概论不同于史学理论。史学概论是一门史学入门导引课、一本同名教材而已。史学理论应该研究什么与史学概论应该讲什么，是两个不完全相同的概念，这是近十年史界达成的共识。深层次的思考是史学理论要研究的事，学生只要提供较粗化的轮廓性史学理论知识即可。

其二，史学概论必须以学生需求为中心，符合其认知结构。教材与学科建构不同，学科可以知识体系的自足加以建构，而教材必须以学生为中心加以建构。教材是学生的学习文本，是知识的传授与运用。要让学生能顺利接受知识体系，必须符合学生的利益需求、认知规律。教材的编纂，应以学生需求为内容取舍标准。史学概论的目标，应是引导初入大学的新生从高中历史教科书中走出，迎向

① 梁方：《用新的历史感去记忆——最初的纪元》，《中华读书报》2002 年 6 月 19 日。

新的史学园地，了解什么是历史与历史学，了解历史知识的性质，如何认知现实世界，进而认知历史世界，学会观察社会、评判历史，并了解史学研究的基本方法与相关问题。

建构以低年级大学生认知结构特点为中心的史学概论体系，即史学概论知识的条块网络体系建构，应根据大学生的认知特点，按由浅入深、由近而远的顺序加以建构。这表现为两个方面：

一是由现实认知而历史认知。由现实而历史，从理解现实开始，进而理解历史。回归生活世界，是世界一大潮流。在现实生活过程中，少不了认知别人、认知社会、认知世界的地方。必须理解现实生活，才能理解历史生活。现实是一种模式，是我们认知历史的参照物。历史理解是一种间接理解，即根据文献了解古人。现实认知受多方面因素影响，历史认知尤受多方面因素影响，如意识形态或信仰、现实利益因素、信息掌握的全面与否，均会影响判断。传统的“三论”体系，从历史学的本体论开始，而以历史学的认识论结尾，中间加上历史学的方法论。直接谈历史理论，当然可以与一年级的通史学习衔接起来，缺陷是使学生始终停留于科学世界，而游离于生活世界。本教材设计，以生活世界为起点，让学生理解历史学是从生活中来的，也是对生活有帮助的。以生活世界为中心建构体系，通过现实生活了解历史生活，进而把握未来生活，这就是历史学习对个人成长的益处。

二是由小历史而大历史，增强学生的参与意识，加强学生的动手能力。传统的观念，历史就是大历史，实际是他者的历史，离我们遥远，书写历史是别人的事，我们是旁观者，但小历史则就在身边，我是参与者，是我可以做的事。由小历史而大历史，人人都是历史学家。历史离我们并不遥远，历史就在我们身边。我既是历史的参与者，同时也是历史的书写者。这要求我们建立区分小历史与大历史的史学概论体系。在传统国家历史观下，只有一种历史，那就是国家的历史、政府的历史。今天，在此之外，多了一种历史，那就是公民的历史，人人的历史。为了有所区别，我们称前者为“大历史”，后者为“小历史”。人人可以做的历史学工作是小历史书写、历史知识的通俗传播。向大众延伸，向普通人延伸，人人都是历史学家，人人都是历史理解者，是本教材设计的核心思想所在。

其三，以历史认知为主线，提升学生的认知水平。历史学本质上是历史认知学。《历史及其理解和解释》[①]提出的四个关键词，即历史、历史的理解、历史的解释、历史的叙述，应成为新体系建构的核心内容。传统史学概论以历史研究为中心建构体系，是培养职业史家目标的结果；在今天的公民素质教育时代，应以历史理解与解释为中心建构体系，目标是提升学生的理解力与洞察力。由此，要

① 周建漳：《历史及其理解和解释》，社会科学文献出版社2005年版。

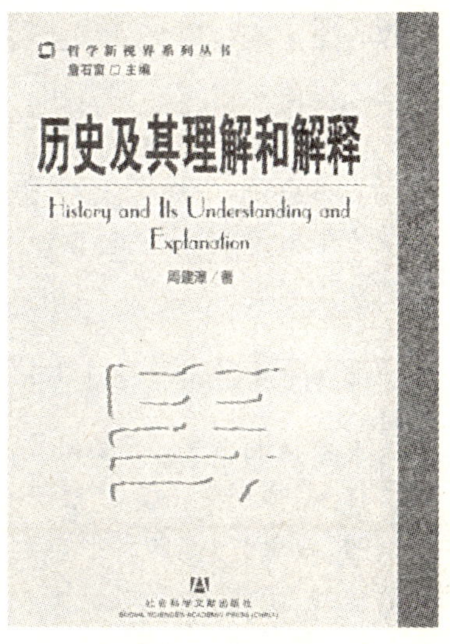

图 1-25　周建漳
《历史及其理解和解释》

突出理解在历史学习与研究中的作用。20 世纪历史学界的最新趋势是，追求理解型史学。理解有两层意思，首先是互相了解，接着是互相体谅。让人们互相了解，然后又说服他们互相体谅，这就是当代历史学的功能。从这个意义上，可以将新史学或 20 世纪西方的历史学称之为"理解型史学"。理解型史学的产生，是为了满足社会上普遍出现的对理解社会、理解他人、理解过去、理解其他民族或其他文化的需要。① 评判是人类的第一大功能，是情感性的；理解是人类的第二大功能，是理性的。由评判而理解，是认知上的一大进步。

其四，教材体系应是开放的。史学概论体系的建构，必须以史学的自身认知特点为核心。凡是有益于史学理解的理论与理念，都是可以吸收进来的。马克思主义理论高于其他一般学者的理论，当然优先采纳，但同时也得吸纳其他有益的史学理论，不能排斥其他优秀的史学理论探索成果。史学概论的中国化，是指根据现实世界发展状况与中国经验，像马克思那样重新思考历史，最后抽象出新颖的适合现代中国人理解的史学通论体系。

二、体系设计的逻辑安排

根据以上的理念，本教材的体系拟由历史与历史学、历史书写、历史认知、历史运用类型四大板块组成，共 15 章，即时代呼唤公民历史素质培育读本、只有人类才有历史编纂、历史记忆是不存在的存在、走入寻常百姓家的小历史、大家来做口述历史、转型中的大历史书写、历史研究的时空视野、与历史持续的对话、被建构的历史图像、与史学文本的对话、人类离不开历史学、历史的人文解读、历史的专业研究、历史的哲学思考、历史从业者的素养。

这四大块板的逻辑安排是这么考虑的：从史学发生学谈起，这是共识。历史学是如何来的，这不应是一个时间概念，而应是一个逻辑概念，即是一个由存在到不存在的过程，由"实在的历史"到"描述的历史"的过程。历史的主要存在方式是历史记忆，历史文本是主客结合体，历史学是一种知识体系。历史书写，由小而大，由近而远，主要有小历史、国家史、人类史三大类，放宽学生的空间视野，

---

① 王加丰：《"理解"：二十世纪西方历史学的追求》，《历史研究》2001 年第 3 期。

可以让学生直接参与进来。历史书写的核心是历史观与认知，包括理解、诠释、叙述。最后是历史该如何用，可分为普及、提高、理论三大类，也可以说是由低往高走。从三个层面上来理解历史学是什么，可能有一个较为全面的认识。这个体系的特点是，由始而末，由低而高。方法论有所浓缩，实践性有所加强；突破了传统史学概论，花大篇幅谈论了历史书写；降低了历史研究训练的分量，加强了历史认识教育。

三、本教材编纂上的特点

本教材的编纂，注意到了以下 10 个问题：

其一，体现学术界最新研究成果。目前国际上的历史哲学，经历了分析的、批判的、叙事、记忆四种形态的变化。从文化上说，经历了由精英文化而大众文化的转型，由此，史学领域不再是专业史学一花独放，大众史学异军突起，分庭抗礼，占据半壁江山。本教材的编纂，顺应了历史哲学界的这一变化。

图 1-26　刘北成、陈新
《史学理论读本》

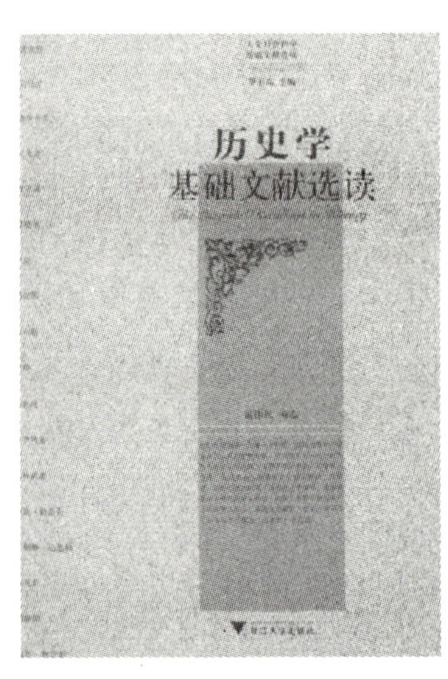

图 1-27　包伟民
《历史学基础文献选读》

其二，经实践检验的教材。史学概论教材的编纂，长期存在理论与实践相脱节的现象。理想的状态是，编纂者应是长期担任第一线教学且有研究的教授。要想编出一部成熟的教材，须有大量艰苦细致、不带偏见的具体研究要做，需要经过长期的探索与琢磨。而且，内容必须是经过课堂上使用与实验的，经过学生严格评判的；不经教师与学生反复使用过的教材是不会成熟的。本教材经过了多轮的反复使用与修订，终成今天的模样。

其三，在成果吸纳方式上，强调集百家之言而成一家之言。在教材模式上，既反对主编制，那往往是临时编纂；也反对纯粹的专著式一家之言，那往往会排斥同行的优秀成果。按照专著习惯，专著是一家之言，观点只能是自己的，如此别人的观点难以进来。一家之言的专著是给专家看的，可以不体现别人的观点；给学生看的教材，则应体现专业同行成果。笔者主张百家之言基础上的一家之言，即将已经公开发表的各家精彩的、高度概括的观点，按笔者的理解，整合在一起，成一部有体系的公共知识教材。本教材在观点的吸纳上，一切以言为准，凡是认为可取的理念，都加以吸纳。本书相当多篇幅不是笔者一人的成果，而是大家的成果，笔者仅是做了二度归纳与系统的梳理工作而已。

其四，加强实践环节，重视学生历史书写能力的培养。从传统的史学概论中，学生只能学到了一些术语，大而无当，缺乏可操作性。我们想反其道而行之，由下而上，以学生的生存与发展为中心加以建构。以学生需求为中心，培养学生的历史意识，提高他们的历史书写能力。加强实践性项目的操练，而不是设计空洞的习题。

其五，强化教材内容的问题意识，让教材成为可以供师生共同讨论用的文本。“问题意识”中的“问题”，首先指向“困难”，指向人类生存和发展的“困境”，包括实际生活中的难题和理论解释的困境。问题意识为“困难”所激发，是人们对于“困难”的觉悟和把握。问题意识内在地蕴含着学者的公共关怀，具有不同程度的公共性。问题意识中的“问题”是学者个人所体验、所把握到的公共困难。它体现的不仅是学者个体的自我超越，也是特定群体乃至人类的自我超越。根据提问方式的不同，可以把“问题”区分为“常人的问题”和“学者的问题”。[①] 西学不同于国学之处，是有一套逻辑的拷问体系，这可以启发学生来思考，从而培养一个会思考的大脑。如此，教材的编纂不能是叙述体，而应用问题讨论法，将一门课程的内容全部作问题化处理，以加深学生的理解。

其六，术语概括的精炼化、学术化、中性化。教科书的编纂，最重要的是术语、理论的逻辑框架体系要清晰。既属史学理论，就得用逻辑概念思考问题。理论化的核心应是术语化，史学概论内容建设必须以术语体系为核心，提倡关键词教学。掌握核心关键词，才会独立掌握、运用专业知识。

其七，逻辑层次的简明扼要。教材应该编成复杂文本，而不是繁琐文本。两者差距在于，前者是逻辑的细化，后者是阐述文字过多。也就是说，层次要复杂，要点要多，但每个点的阐述文字要精练。细化就是深化，是深入的表现。概论就

① 于述胜：《也谈人文社会科学研究的“历史意识”——基于教育研究的理论思考》，《教育学在线》2010 年第 5 期。

是概论，少一点过程性、描述性文字。

其八，教材注释的论著化。传统教材注释的原典化，也是一大误区。由于权威意识作怪，传统的历史类教材编纂，注释基本是原典，没有同行研究成果。一本教科书之中，看不出同一领域专家的名字与成果。在笔者看来，教材注释主要应是同行的研究成果，而不是所谓原典文献。道理很简单，教材不是专著，不是从第一手原典文献中直接研究出来的，大部分的教材是在同行研究成果基础上整合而来的。既然如此，自然得在注释中有所体现。教材注释的论著化，既是对同行成果知识产权的尊重，也是让学生了解同行专家与成果名字的好地方。在这方面，李剑鸣《历史学家的修养和技艺》为我们树立了良好的榜样。

图 1-28 ［英］托什《史学导论》

其九，语言的精练化。既名史学概论，则所用语言应是经高度提炼的归纳性语言，而不是松散的演绎性语言。传统的教材演绎性语言过多，且直接引文、古文引文过多。要解决这些问题，就得强化归纳，将重点、要点突出来，而且少用直接引文，多用间接引文。

其十，图文并茂。如今是读图时代，没有插图是万万不行的。而且史学概论是理论性教材，没有插图会更显抽象而呆板。有了插图，多少可以给人一些新鲜感。国外出版的同类教材如托什的《史学导论》也有不少图片。在国内，庞卓恒等人编纂的《史学概论》也重视插图，开了一个好头。

总之，一部高度归纳、提炼的教材，大概二三十万字左右即可。有独立研究的大学教师，往往有自己的一套讲课体系，所以没有一本教材是会得到全部教师的满意与认同的。本书以纲要形式出现，也是为了给教师留下较多的充实空间。

第二章
被描述的客观历史

【讨论主题】

1. 历史与历史学
2. 历史的存在及表现

【课前阅读材料】

1. ［英］爱德华·卡尔：《历史是什么》，商务印书馆 1983 年版
2. 朱本源：《历史学理论与方法》，人民出版社 2007 年版
3. 王学典主编：《史学引论》，北京大学出版社 2008 年版
4. 王正平：《史学理论和方法》，杭州大学出版社 1990 年版
5. ［英］迈克尔·奥克肖特：《历史是什么》，［英］卢克·奥沙利文编，王加丰、周旭东译，上海财经大学出版社 2009 年版
6. 宁可：《史学理论研讨讲义》，鹭江出版社 2008 年版
7. 杨豫、胡成：《历史学的思想和方法》，南京大学出版社 1999 年版
8. ［英］基思·詹金斯：《论“历史是什么？”》，商务印书馆 2008 年版

【关键词释】

历史与历史学　实在的历史　描述的历史　历史存在的可知性　人文动机　历史存在　历史与新闻　生活世界　历史意识

存在分为两种，一是客观的存在，一是主观的存在。由此，“历史”有两种，一是本体论意义上的历史，一是认识论意义上的历史。前者是“客观的历史”、“实在的历史”，后者是“记忆的历史”、“描述的历史”。[①] 客观的历史是过去的事，即

---

① 详参王学典主编：《史学引论》（北京大学出版社 2008 年版）等。

历史的本体或历史自身。历史学是知识形态的历史，它是由人(主要是史学家)所建构的关于人类过去的知识，是一种人为的、有系统的、重建的关于过去的知识。中国人用的区分概念是“历史与历史学”，如张岂之等的《史学概论》设“历史与历史学”一章，何兆武的文集称《历史与历史学》。

图 2-1　何兆武及其《历史与历史学》

历史是什么，精确的是说法是，历史存在是什么，这是一个历史本体论问题。德国哲学家海德格尔(Martin Heidegger，1889—1976)认为，本体论是关于人的存在的现象学。那么，历史本体论就是关于客观历史存在的本质思考。历史是什么，表面上看起来相当简单，回答起来却相当复杂，它不是一个在常识层面上提出的问题，而是一个极其高深的哲学问题[①]。它包含着“有没有真实历史”、“历史有没有历史编纂者的参与”、“真实客观的历史能否得到”等许多问题。不同时代的不同人，对此有着不同的回答。

如果说卡尔(Edward Hallett Carr，1892—1982)的《历史是什么》一书，曾经是二战以后西方历史系学生了解历史学理论与方法的主要入门书，那么在当今不少人已经开始选择以詹京斯(Keith Jenkins)的《历史的再思考》(1991 年)[②]作为其替代品了。当然，许多人使用詹京斯的著作，并不一定赞成他的观点，只是

① 王学典主编:《述往知来:历史学的过去、现状与前瞻》，山东大学出版社 2003 年版，第 3 页。

② 贾士蘅译，台北麦田出版社 2003 年版。大陆译本称基思・詹金斯《论“历史是什么?”》，商务印书馆 2008 年版。

希望学生了解后现代主义理论对当代历史研究所带来的影响。[①]

图 2-2　[英]爱德华·H·卡尔及其《历史是什么》

图 2-3　[英]基思·詹金斯《论"历史是什么?"》

以讲史学重要问题为己任的史学概论,必须从历史本体讲起。道理很简单,它是史学的对象与基础。但史学概论所讲的历史本体论,毕竟也不似历史理论那样要作出系统的思考,只需了解一些基本的内涵即可。

---

① 王晴佳:《从历史思辨、历史认识到历史再现——当代西方历史哲学的转向与趋向》,《山东社会科学》2008 年第 4 期。

第一节 人类的活动过程即历史

人是什么？分散的人是如何被组织起来的？国家是什么？人类是什么？能否跳出国家视野培养人类视野？这些问题，是每个有文化的现代人要了解与思考的。

一、人类社会的互相依存

人是从自然界分离而又异于甚至对立于自然界其他动物的一种高级动物。人会制造工具，从事生产，改造自然。人的活动是人类历史产生和发展的特定方式。

人类的活动既是个体的，也是群体的。人类的活动方式，主要表现为单个人的活动，每个人都是独立的活动单元。按照西方的上帝面前人人平等的观念，每个人都是上帝的子民，都是独立的个体。现实社会是由无数个体组成的，不同的个体有着不同的活动。如此，世界每天发生的活动是无数的。从个体角度来说，有可能得到“无限自由”。然而，人类又是群体动物，不可能完全独立，必定要与人发生关系，这些关系表现为血缘的、地缘的、业缘的等。丹麦哲学家克尔恺郭尔（Soren Aabye Kierkegaard，1813—1855）说过，人最大的苦恼，就是每个人都想自由地按照独立意志生活，但又必须跟别人生活在一起。[①] 因是群体一员，不能损害其他人的利益，所以，人只能获得“有限自由”。

人类的依存性来源于人对外部环境和人类自身的相互依存关系。人类为了生存和发展，必须通过适应和改造外部环境去取得必需的资源，必须通过个人或集体的劳动为自己或他人提供需要的产品和劳务。人从来就不是孤立的个体，从远古开始，人类在与自然的斗争中形成了部落，后来在漫长的岁月中逐渐发展为许多集团、民族和国家，以及各种各样的社会经济组织。随着社会生产力的发展，人们之间进行着愈来愈细的社会分工。同时人们之间的相互依存关系也越来越紧密。尽管在人类发展的历史中，各个集团、阶级、民族、国家之间经常充满矛盾、冲突和斗争，但人类必须相互依存的特点并没有改变，经济、政治、军事、宗教等各种社会组织也日益严密和完善。

人类是一个不分时间与空间，没有家族、民族、国家色彩的人群总称。实际的人类社会是一个横向的平面概念，不同区域的人活动于地球上。人与人之间结成的关系，就是社会关系。每个人会根据自己的活动空间，结成不同的群体关系，组

---

① 见王家范：《阅读历史：前现代、现代与后现代》，《探索与争鸣》2007 年第 9 期，也见王家范：《史家与史学》，广西师范大学出版社 2007 年版。

成不同的社会网络体系。人类的基本组成方式，由个体而家庭，由家庭而群体，由群体而社会，由社会而国家，由国家而世界。人类社会是一个整体，人类可以从多方面来看待它和区分它，可以分为群体、区域、方面、层次、结构、整体。[①] 群体组织关系，既可以是实际存在的，也可以是观念层面存在的。当他们在一起活动的时候，群体组织是实际存在的，如工作单位；当他们不在一起活动的时候，群体表现为观念层面的，即某个个体是某个群体的一部分，他们的活动是某个群体的一个组成部分。由于等级观念的存在，不同的群体组织是有等级区分的。

二、人类活动的时间过程

人类作为一种动物，为了生存，必须活动，这就是人类活动。人类活动内容，包括生产与生活两大活动。每个人的人生之路，是一个不断选择的过程。人类的活动有一定自由度，可以如此选择，也可以那样选择，并不必然要一定如此选择。人类的选择取决于一定的标准与条件。人类活动理由的最终确定，往往是多种因素结合的产物。这种选择活动，可以称为决策活动。有了决策，就有行动。人类的活动方式，分为精神活动、决策活动、物质活动三大类。人的物质活动方式是人类存在和发展的基础和前提；人的精神活动方式是物质活动的产物；人的决策活动是从人的精神活动方式中分化出来并相对独立的一种活动方式。人的这三种活动方式紧密联系，交互作用，作为合力推动着人类历史的发展进程。[②]

历史是人类社会的历程。历，大约是指人的经历，人类的经历或经验，无论是意识到的事情还是亲身经历的事实，皆属历。史，则应该是指人对"历"的勾勒或描述或记录。人类始终是历史活动的主体，是历史运动的执行者，也是活动的记录者。

历史由人、时、地三个要素构成，是在特定的时间和空间范围内，由特定的人群演绎出的一系列故事。故事包括发生、发展和结果。现在发生的事叫"新闻"，过去发生的事叫"历史"。[③] 历史是已经发生的事情，是陈年往事，是"旧闻"。人类历史是指已经过去的人类实践活动及其创造的结果。

个人每日度过的生活就是个人历史，生命的每一页都是由自己创造的。自己是自己的上帝，别人安排不了你。各级组织自然有自己的历史，每个人、每个家族也有自己的历史。前者可称为"大历史"，后者可称为"小历史"。以前讲到历史，主要是国家的历史，个人、家族的历史似乎不是历史，这种观念是错误的。

由于过去、现在与未来的时间划分，人们往往重视时间的线性观念。其实，

---

① 宁可：《史学理论研讨讲义》，鹭江出版社 2005 年版，第 23—58 页。

② 赵怀玉：《论人的活动方式》，《宝鸡文理学院学报》1996 年第 3 期。

③ 王家范：《阅读历史：前现代、现代与后现代》，《探索与争鸣》2007 年第 9 期。

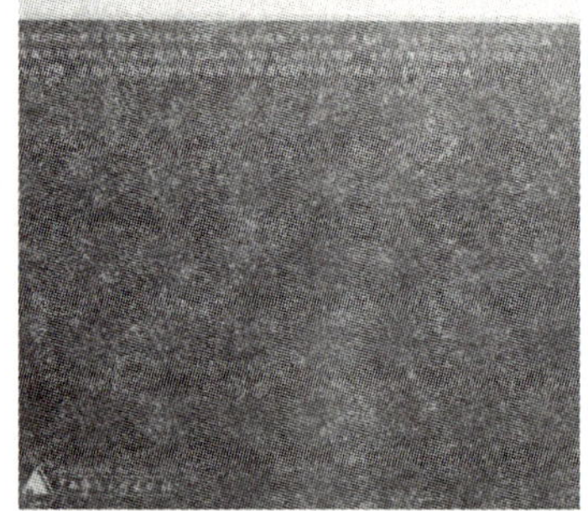

图 2-4　王家范
《史家与史学》

更应重视的是人类社会运动的变化。人类历史是一个在天人合一环境中求生存与发展的运动过程。不同时期，人类的生活方式是不同的。这种不同的生活方式，因时间的划分，分为现实社会与历史社会。正在经历的社会就是现实社会，已经过去相对久远的社会，就是历史社会。

历史与现实的划分是相对的，运动的过去状态就是历史，运动的最新发展状态就是现实。现实不断变为历史，历史不断展示最新状态，人类的运动过程就这样越来越长。

存在分自然存在与社会存在两大类。前者由无机自然与有机自然组成，后者为人类所独有。自然存在是社会存在的基础，但社会存在有相对的独立性。人类的社会存在是以人自觉的历史活动即具有目的性的劳动与实践为基础的。历史可分自然史与人类史。自然史就是宇宙的历史；人类史是人类的活动历程，即人类文明史。人类史就是我们人类习惯所称呼的“历史”。先有地球，后有人类。自从有了人类，就有了人类社会；有了人类，就有了生活世界，也就有了现实存在。人类唯一兼具自然史与文明史。文明不是自然的结果，而是自然史的外化。①

现实生活世界就是现实存在，历史上的生活世界就是历史存在。人类生活的空间，就是生活世界。生活世界是建立在日常交往基础上，由主体和主体之间所结成的丰富而生动的日常生活构成的世界。按照哈贝马斯(Jürgen Habermas)《交往行动理论》的观点，人与人间的交往，分为目的行动、规范调节行动、以自我表演为核心的戏剧行动、主体间通过互动而达到理解与协调一致的交往行动四种。②

人类活动的这种主观性，主体性或自主能动性，使人们不是被动地顺应外部环境，而是积极地利用外界环境，主动地改造外在环境，并在这一进程中不断调节，提升和实现自己的生活目的。一部人类史，就是一部不断尝试如何调适个体与群体、个人与社会相互关系，失败多于成功的经验史，自然我们也可以从这些苦涩多于欢乐、艰难多于顺畅的历史经历中得到许多启示，知道调适人与人之间

① 何兆武：《历史学两重性片论》，《史学理论研究》1998 年第 1 期。
② ［德］哈贝马斯：《交往行为理论》，曹卫东译，上海人民出版社 2004 年版。

的关系，是一门大学问。[①]

三、贯穿人文动机的活动

人类是一群由思维支配行动的动物，是一群会思考、且会用语言与文字表达自己思想的高级动物。人类是我们星球上唯一有智慧、能思考的动物。不同的人有着不同思想观念，不同的观念产生不同的活动。思想是可以积累的，所以文明是可以积累的。有了文明的积累，社会才会不断进步。思想与活动结合，就创造了整体历史。

人类的活动，是人类有意或无意观念支配下的活动。有意识的人类活动形成的社会情景是相当复杂的，[②]其间充满矛盾。人类的复杂，主要表现在成人世界，在孩童世界相对单纯一些。成人是有复杂思想的人，有了复杂思想，人类社会就变得相当复杂了。

人类活动是有利益目的的、有价值观的。人类的利益性，是由动物的本性决定的。一般动物也会有生存利益，为了生存，难免会侵犯别种动物的利益。利益与利益之间，难免发生矛盾。如此，使得生活世界显得复杂而丰富多彩。人的活动是由其心理与利益支配的。趋利避害，只想做有利的、有价值的事，而不想做不利的、无意义的事，是人类的一大特色。

人类的一切活动都是经过大脑思考的、为了达到预期的目的而进行的。在自然界，蜜蜂和白蚁虽然也能营造非常精巧复杂的巢穴，但都只是一种自发的、本能的活动，绝不会有意识地进行规划、设计和组织施工。人类却不同，每个人都有自己的需求、自己的理想，他们不仅为自己的预期目的和理想去奋斗，并且还往往需要与其他人进行共同的努力。甚至可以说，人类正是在为实现预期目的的活动中，在不断地劳动、思考、谋划、设计和组织管理的过程中逐渐进化的。

人类的活动有人文动机。所谓人文动机，是指人类的理想、愿望、热情、思辨、计较、考虑、推测、创造乃至野心、贪婪、阴谋、诡计等好的或坏的思想。没有人类的思想就没有人类所创造的事业（物质文明与精神文明），就没有人类的文明史。[③] 人文历史从始至终贯穿着人的思想，如果把人文动机从历史中抽掉的话，剩下的就只是自然史。

人类的发展过程是一种生存与发展的追求历程。立一个目标，然后照着目标做，就形成了人生轨迹。人类史可说是人类的欲望及实现史，人类历史是人类

---

① 王家范：《阅读历史：前现代、现代与后现代》，《探索与争鸣》2007 年第 9 期。

② 李恒威：《“生活世界”复杂性及其认知动力模式》，中国社会科学出版社 2007 年版。

③ 何兆武：《历史学两重性片论》，《史学理论研究》1998 年第 1 期。

自由意志及实践史。人人都有生存与发展的欲望。人类来到人世间以后，就有一个生存与发展的问题。人们首先得生活（吃穿住行）。为了更好地生存，人们必须生产、工作。“历史不过是追求着自己目的的人的活动而已。”[①]人的活动，无论个人的活动，还是群体的活动，都是出自他们个别的特殊动机、特殊追求。有了某种理念，才有某种实践。人有不同的理想，各种理想均有合理性，在多项合理选择中，得排比出最优与次优顺序。根据自己的当下理解，选择自己认可的最佳理想，走上不同的道路。人生有多种可能，国家也有多种可能。不同的选择，创造出不同的历史。由此可知，历史是由人类导演出来的。

为了更好地生存，人们必须接受教育。人类受教育的过程，就是一个自我素质、社会地位不断提升的过程。受过较高教育的群体，有可能获得更多的回报。维持基本生存，希望生存得更好，希望在人世间活得更有尊严、更为体面，是人类的根本目标。社会由众多怀着不同目的进行实践的个人组成，他们这种有意识的实践活动就构成了人类社会的发展史。生活本身就是人类有意设计的结果，本身就是复杂的。

组织也有生存与发展的欲望，有自己的利益。组织，尤其是政府组织，也要求生存与发展，[②]这是前人忽视的。政府本质上是一个群体组织，政府是由一小撮领导人物控制的，领导往往可以代表集团利益。政府要向人民征税，要剥削人民，正是政府要求生存与发展的表现。

第二节　历史是画上句号的过去

什么是“历史”？如果把将来的、还未出现的东西除去，余下的一切就是“历史”。广义的历史就是人类活动的所有过去式与完成时。章开沅说，历史是画上句号的过去，史学是永无止境的远航。[③] 这句话比较形象地区分了历史与历史学的不同之处。

一、历史存在的属性

人类的存在，是一种历史的存在。现实的人类社会，是由历史社会的发展与积淀构成的存在。历史存在是指人类以往整个历史活动的全部内容。一般说来，

---

① ［德］马克思：《神圣家族》，见《马克思恩格斯全集》第2卷，人民出版社1957年版，第118—119页。

② 王家范：《阅读历史：前现代、现代与后现代》，《探索与争鸣》2007年第9期。

③ 章开沅：《章开沅学术论著选·自序》，华中师范大学出版社2000年版，第3页。

历史具有客观实在性与可知性二重属性。从变化角度来说，可增加“一度性”。

历史存在有三个属性：

(1)历史存在的客观性，也称客观实在性，是一种独立于现实历史认识主体而存在的自在之物。人的活动是主观的，但一旦发生，就成了客观，不能更改。它不以历史主体的注意或不注意为变化。这是历史存在的最基本属性。历史的本体是唯一的、永恒的、不可改变的，换言之，历史本体是客观的。

(2)历史存在的一度性。所谓一度性，即一次性，是指历史活动发生了就不可能重复。用孔子的话说，逝者如斯夫。它是已经发生过的事，是“完成式”，而不是“现在时”与“将来时”。任何一种历史存在发生后，就凝固不变了。“本体意义上的历史或历史事实，是已经发生过的事件或过程，它永远地消失在另一个时空之中了，它是一维性的，既不可回溯，也不可重现，人们无法原封不动地将其复原。”[①]

(3)历史存在的可知性。所谓历史存在的可知性，就是历史存在可以为人类思维所理解的属性。西方许多学者认为，人类历史的发展过程只是一系列不具有客观性的偶然事件的堆积，是不可知的，因而否定历史认识的客观性。其实，人类的生活有相似性，人类可以根据现实生活方式理解过去的生活方式。古今中外的人，都要经过由出生、成长、灭亡的自然过程。人类自身经历的相似性，也使历史认识有了可能。过去、现在、未来间存在无法切断的连续性，三者之间存在既相互包涵又相互排斥，既偶然又必然，既主观又客观的极其复杂的动态联系。只有尚未被认识的，没有不能被认识的。心心相印，既是古人今人思想的相通，也是各地人思想的相通。意大利哲学家、历史学家克罗齐(Benedetto Croce，1866—1952)说：一切历史认识都取决于认识者或研究者自身的感受和理解。

认识的客观性与主体性不是对立关系，而是互存关系。认识的客观性有待于主体性发展去实现，没有了主体性，也就不存在认识的客观性；积极的主体性发挥得越好，越易获得客观性认识。美国学者舒衡哲(Vera Schwarca)认为，历史是主观的，也是客观的，即不是科学性的、完全客观的，也不是完全主观的，它是活的、动态的、不断变化的、很复杂的东西。真的历史恐怕还得在客观与主观的交接点上去找。[②]

二、历史存在的表征

历史存在是人类社会过往的历史行程，具有一度性，不能重现。那么，后人

---

① 韩震、孟鸣歧：《历史·理解·意义》，上海译文出版社2002年版，第41页。

② 乐黛云、舒衡哲：《历史与记忆——对二十世纪我们应记住什么？》，见《跨文化对话》第1期，上海文化出版社1998年版。

靠什么知道历史的存在呢？如何从学理层面上论证历史的存在呢？大体说来，历史的存在，表现为人类的存在、社会的存在、实物的存在、记忆的存在、声音的存在、图像的存在。

图 2-5 ［英］伯克《图像证史》

(1)人类的存在。后代子孙都是前代祖先自我繁殖的结果。孩子是父母合育的，父母是祖父母合育的，人类就是如此代代传承下来的。在海德格尔(Martin Heidegger，1889—1976)看来，人的存在是理解万物的出发点。

(2)社会的存在。现实是历史自然发展的结果，每个现实的人都曾亲身经历过现实由消逝进而成为历史的过程。历史并不遥远，人类刚讲完的话或做完的事，无法再更改，就是历史。历史是"现在完成式"，而不是"过去完成式"。

(3)实物的存在。地上与地下留存的文物，都是人类曾经活动的表现。

(4)图像的存在。就是实物的图像资料。彼得·伯克(Peter Burke)《图像证史》(北京大学出版社 2008 年版)所定义的图像包含图画、雕塑、浮雕、摄影照片、电影和电视画面、时装玩偶等工艺品、奖章和纪念章上的图像等所有可视艺术品，甚至包括地图和建筑在内。

(5)声音的存在。就是用声音记录人类历史。声音是最真实的历史档案，比起文字资料，声音有着独特的感染力。

(6)记忆的存在。人类历史的存在，主要表现为历史记忆的存在。历史存在通过历史记忆而存在。没有记忆，人类的历史活动便会从世界上消失；只有记忆，人类的存在才得以永久体现。口述的与文献的历史记忆，都是曾经存在过的历史的反映。在历史存在的六种表现方式中，历史记忆是最主要的存在方式。记忆是不存在的存在，如果连记忆也不存在了，那就是人或事的彻底不存在，可能是白到地球上一趟。

第三节　史学是永无止境的远航

一、唯人类能自觉到历史

任何生命的存在形式都是具有历史性的，都有自己进化的历史，但它们没有"自觉"到自己的历史。人类是唯一自觉到自己历史的物种，这也是人之为人的原因。由实体历史而叙述历史的过程，其内在动力是历史意识的强化。因“历史意识”，历史才会转变为一种不存在的存在；没有历史意识，不可能有描述的历史。包伟民说，人类有“过去”，动物也有“过去”。但并不是任何动物的“过去”都可以叫做“历史”。一些动物可能会有简单的记忆，但那往往只是个体性的，不可能积淀起来，前后传递，从而构成可以为群体所共享的集体经验。但人类不同，人类发明了语言文字，可以用来记录、传播“过去的事情”，局部的、个体的经验就这样变成了群体的经验。所以我们可以想象，在远古时期，会有一群人围着篝火坐下来，听老人讲讲前辈的故事。这些故事，就是原始人类的历史记忆。人类之外，不管多么聪明的动物，例如黑猩猩，大约总不会坐下来听老猩猩讲故事的吧。①

历史意识是人类对自然、人类自己在时间长河中发展变化现象与本质的认识，是对历史本身的反思。历史作为一种客观存在，自人类产生就存在了，但对历史的领悟和自觉却不是客观给定的。只有在人类有意识地保存自己的过往时，人类才会有明确的历史意识。可以说，先有历史意识，后有历史学。历史意识是一个民族文明进步的标志。每一个民族都有自己的历史，但不是每一个民族都具有历史意识。世界上最早产生历史意识的只有三个民族：中国、希腊、阿拉伯。德国学人对历史意识研究很深，如德国艾森大学教授约恩·吕森（Jorn Rusen）及其《历史思考的新途径》。②

图 2-6　[德]吕森及其《历史思考的新途径》

二、被记忆被描述的历史

人类会说话，更会用文字来书写自己的历史。人类是可以通过文字等载体来书写的高级动物。有了文字，有了历史意识，就有了历史记忆的记录，即历史

① 包伟民:《历史学基础文献选读·导言》，浙江大学出版社 2007 年版。

② [德]吕森:《历史思考的新途径》，綦甲福、来炯译，上海人民出版社 2005 年版。

书写。历史书写，指用外在符号与手段（如写作、录音、录像）记录人类的历史活动及过程。文字书写是最早出现的记载方式，文字的出现是人类书写文化的开始，是人类从史前社会进入文明社会的开端。

历史学是历史学家对真实发生的历史的描述和阐释。“描述的历史”与“实在的历史”有何不同，这是一个值得思考的问题。笔者的观察，两者至少有以下几点不同：

（1）数量的不等。实在的历史内容很丰富、很具体、很生动，而能被记住、被书写出来的历史只能是一小部分。它是粗线条的、节点串联式的历史轮廓。

（2）面貌的不全。人是立体的，一生之中，要与多方位的人打交道，在与不同对象打交道中，人会表现出不同的面貌，说不同的话，做不同的事。而众人对某个对象的记忆，不可能全部被书写出来。能记住、能书写出来的记忆，只是众多记忆的一个局部。瞎子摸象原理导致个体描述的历史只能是实体综合历史的一个片断、一个局部。

（3）选择的不同。叙述是一种有意识的选择表达活动。人类在作口头叙述的时候，会有所选择。到了书面表达的时候，更加重视选择。不利部分会被缩小，有利部分会被放大，从而建构出理想的所谓客观历史形象。实在的历史是不可选择的，但历史书写则是可以选择的。在做什么之前，人类可以选择；一旦活动完成，便是画上句号的不可更改的事。历史书写是在大脑中进行的，记忆是一种相对独立的精神活动，是可以编纂处理的。这样，人类建构起来的历史，就不太可能与“实在的历史”完全吻合。人类可以尽可能地向历史真相逼近，往“实在的历史”靠拢，但两者间可能永远难以重合。

三、可以常书常新的历史

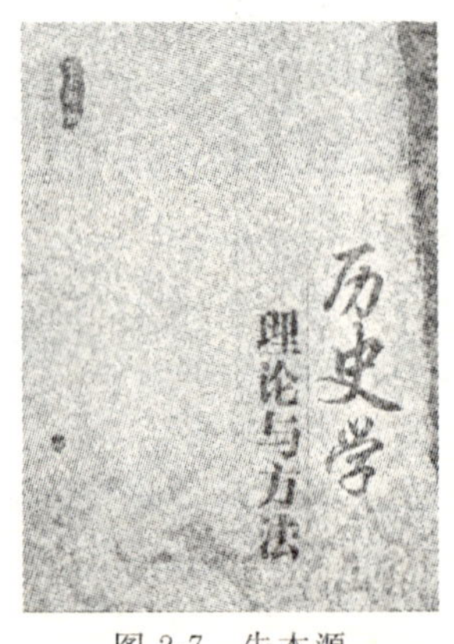

图 2-7　朱本源
《历史学理论与方法》

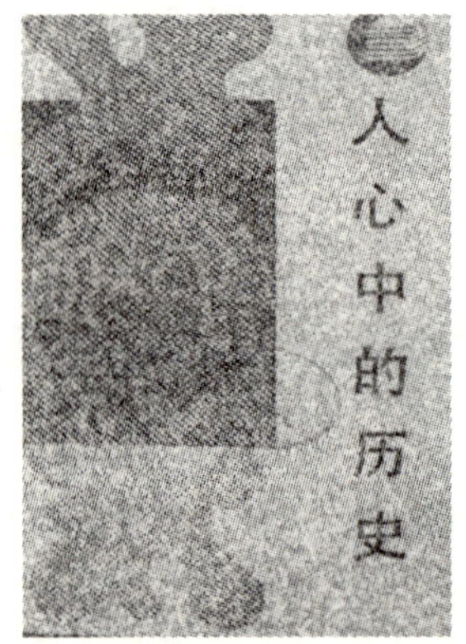

图 2-8　刘昶
《人心中的历史》

客观的历史之所以可以被记忆、被描述，是因为它是可以被人认知的，而认知是会变化的，所以描述的历史也是会变化的。描述的历史，是观念形态的历史，是一种过去观，即对过去的认知与看法。不同的人面对相同的历史，会有不同的历史看法，于是建构出来的历史形态也会不同。建构的历史，本质上是一种知识形态的历史，因人而异，因时而异。史观与知识的不同、诠释的不同、意义认知的不同，就使得“描述的历史”不断地被改写，从而表现出常书常新的特点。[①]历史是过去的，历史学是当下的，且是知识形态的，这正是历史学不断进步的原因。

① 王学典主编：《史学引论》，北京大学出版社2008年版，第12—14页。

第三章
历史记忆是不存在的存在

【讨论主题】

1. 历史记忆的特点
2. 历史记忆的三种形式
3. 历史记忆的可靠性

【课前阅读材料】

1.[法]哈布瓦赫:《论集体记忆》,毕然、郭金华译,上海人民出版社2002年版

2.[法]勒高夫:《历史与记忆》,方仁杰、倪复生译,中国人民大学出版社2010年版

3.刘昶:《人心中的历史》,四川人民出版社1987年版

4.葛剑雄等:《历史学是什么?》,北京大学出版社2002年版

5.杨豫、胡成:《历史学的思想和方法》,南京大学出版社1999年版

【实验观测】

同一历史的不同记录。

【关键词释】

记忆　回忆　历史记忆　历史记录　集体记忆　个人记忆　口耳相传　文字文本　图像文本　影像史学　拍客

实体历史消失后就不存在了,能传承下来的主要是记忆。记忆是历史学最古老的概念之一,记忆女神是历史之母。记忆是历史之源,很多时候记忆就是历

史本身。历史学家再现的东西并不神秘，仅仅是一种记忆，一种有形或者无形的记忆。从历史学来说，更为关注的应是历史的回忆。什么是记忆？什么是回忆？记忆是如何成为历史的？历史记忆可靠吗？本章拟就这些问题作一个梳理。

第一节　历史记忆的普遍性

历史存在之物，包括存在过的人物、做过的事、说过的话，只有一度性，一旦发生，马上就消失了。历史存在之物要想存活下来，除了实物，主要的途径是进入人类大脑记忆，通过语言与文字表达出来。人与其他动物的大脑，均有历史记忆功能。当然，人类的记忆高于其他动物。人与动物记忆的区别，不仅在于记忆的强度和持久性，更在于记忆的集体性、社会性、民族性。记忆与历史记忆，本质上相同但又不完全相同，历史记忆是经筛选过的记忆。

一、记忆的特点

记忆，"记"是指大脑对已有经历或经验或理念的识记或诉诸符号的刻录，"忆"则是指人的回忆或对情景的再认。作为名词使用的记忆，是广义的记忆，包括回忆。记忆是人脑对过去经验的反映。完整的记忆过程，包括识记、保持、再认与重现四个过程。所谓记忆，就是人们对经验的识记、保持和应用过程，是对信息的选择、编码、储存和提取过程。记忆的整个过程，是感性经验摄入之后与经验素材经由意识和潜意识的加工，然后再通过语言组织输出为记忆的过程。当某个事件发生，人类大脑皮层就会被调动起来，接受和储存关于该事件的相关信息，成为某种记忆资源。

记忆有着自己的特点，表现在以下几方面：

(1)记忆的储存性与广泛性。记忆是信息在大脑中的及时刻录，是人脑对过去事物的反映与储存。记忆是一种积极能动的活动，人们对外界输入的信息能主动地进行编码，使其成为大脑可以接受的形式，如此信息得以转变为记忆。它的内容十分广泛，过去感知过的事物、思考过的问题、体验过的情绪与情感、做过的动作等，都可能保存于头脑中。一般说来，没有筛选性，只有记录与未记录之分。所见所闻所知，均可以记录下来。

(2)记忆的本能性与随时性。记忆在人们的生活实践中无时不有，无处不在。它是人的生理、心理活动的一种本质特性。人生是充满活力与创造力的，而一切活力与创造力都离不开记忆这个源泉。失去了记忆，人的行为就必然失去活力与创造力，甚至会失去许多属于本能的本领，人就很难生活下去。

(3)记忆的盲点性与覆盖性。眼见为实,这是人类普遍相信的规则。事实上,眼见的不全是实。人的观察与记忆取决于人的认知能力与水平,能认知的东西就是亮点,没有认知的东西就是盲点。由于认知盲点的存在,人们看到的东西往往是不全面的,一些东西无法看见,自然也无法记忆。人们常说的眼睛很尖与很亮,就是认识水平较高的人注意到的东西相对多一些而已。同时,记忆也会出现干扰与覆盖现象,即后面的记忆信号干扰、覆盖前面的记忆信号,从而导致短时失记,会遗忘一些东西。

(4)记忆的排序性与重复性。记忆是大脑对外在历史存在信息的重构。记忆不完全是刻录,同时也会加工。记忆的最大功能是它对任何事件的排序性与重复性,即用语言和图像以及其他介质,把事件的过程进行有效的排列和组合,使得不可逆的东西可以重复表示。

(5)记忆的自我性与社会性。大脑记忆的内容相当广泛,大体上可以分为自己与他人两大方面。记忆的本质是人类的社会记忆,它的内容存在于社会之中。人类是一个整体,具体是由个体组成的。人类的记忆,体现在不同个体的记忆之中,存在于各种口述或文献文本之中。

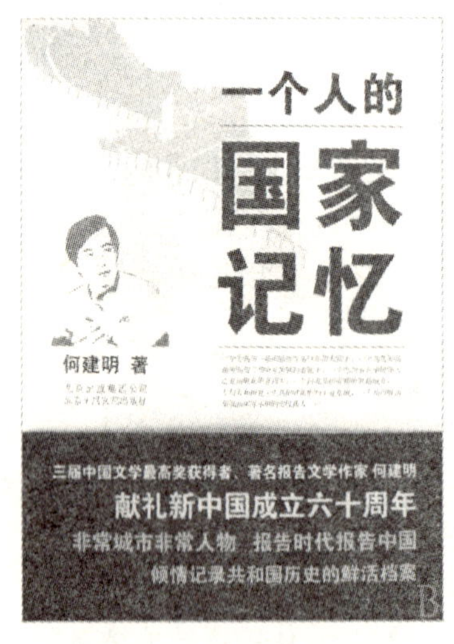

图 3-1 何建明《一个人的国家记忆》

图 3-2 陈煜等《民间记忆 1978—2018》

(6)记忆的延续性与遗忘性。人与人之间,有记忆力好坏之分和遗忘内容多少之分。记忆可分短时记忆与长时记忆。有些只能成为短时记忆,有些则可以成为长时记忆。记忆要间隔性重复才能长久保持。沉睡的记忆如果没有新的刺激,痕迹会越来越淡,以至遗忘。所谓记忆力好,是指一个人保持记忆的时间长。

心理及生理学的研究证明活人的记忆，经数十年仍可以相当准确，其价值绝不亚于文献资料，足可应用于史学研究。

二、回忆的特点

回忆是记忆的一种再现。历史是一段记忆，记忆随时会被激活，这就是回忆。作为动词使用的“记忆”与“回忆”，是有区别的。用英语单词来表达，“记忆”是 memory，回忆是 recall。回忆与记忆是不在同一个层面上、不在同一时间段上的意识活动。记忆是原始经验的摄入，回忆是后起的记忆唤醒或重新寻找，是一种历史记忆的激活机制。

回忆的特点表现为：

(1)主导性。“回忆”不是与主体无关的“客观事物”，而是“我”和“过去”的关系。没有“我”的回忆，过去只是一片空白。“过去”不是任何人都可以同样获得的一种“东西”，而是一种复杂的互动关系。记住的就是我们承认的，也就是存在的；遗忘的就是失去的，也就不再存在，直到有一天“我”再记起了它。

(2)回放性。每个人都有回忆的能力，生命历程中的种种片段残留于每个人的脑海中，在外界因素的作用下，都可能出现回忆。所谓回忆录，就是历史记忆的整理与输出物。真实的事件一旦成为历史，就必然地具有了反思的意义。历史记忆必须通过公众活动，如庆典、节假纪念等才能定期激活，以保持新鲜。这样的情景，可以由重大的社会性纪念日唤起，也可以由家庭或一群(类)人对过去重大事件的述说唤起。

(3)差错性。回忆会出差错，可能是故意的，也可能是无意间的歪曲。信息的干扰与覆盖，均可能产生差错。

(4)整理性。回忆是对大脑储存信息的整理。回忆是在人类的记忆中、心灵中重温往事。回忆中有意识自由与主观的因素在起作用。记忆是无心的经历，而回忆是有心的行走。复习实际是回忆，是经过分析后的重新储存，是一种记忆的归纳与整理，经过整理后的记忆更方便保存。

(5)重构性。回忆不是对过去的重复而是对它的重新编织。回忆本质上是一种历史认知活动，回想过去不单单是“追溯历史”，更是名副其实的“历史思考”。记忆者是主动的加工者和创造者。回忆有一种神秘及情绪性的作用，能将现在与过去的隔膜打破，渗入个人因素及价值判断。历史事实一旦进入记忆领域，就处于被不断加工的状态。回忆随时可以增加，也可以修改，其着重点也是可以改变的。在重构中，记忆者会按目下的社会来重构。具体说来，历史存在的记录会受到以下因素的影响：记录者的立场、视角，掌握信息的全面度，甚至文字表达能力。对同一事件，局内人与局外人掌握的信息量不同，当事人与后人关注重点也会不同。视角单一，信息局部，记录就不全，反之则全面些。同一件事，决策者关注动机，执行者关注后果。时代与个人经历上的因素，以及制度和社会上的因素，会影响人的思维和行为。语言具有多义性，历史表现手法多样化，这些也使历史记忆不完全等同于历史事实。

(6)选择性。传播学理论认为，受众对于信息的接收具有选择性，他们总是选择性地接受、选择性地记忆。记忆是人类有意识的活动，并不是所有事物都会得到记忆。只有对人重要的活动，才会被记忆。每个人对于过去发生在自己身上与周围的事物的记忆也总是选择性的。回忆是主动的，是带着一定的条件去已有的记忆中选择材料。哪些东西得到记忆，哪些被遗忘，取决于选择机制。只有那些对人们生活具有意义的事物，才会被有意识地进行回忆与再记忆。从范围与数量上讲，记忆比实际发生的事情要少得多。

(7)理性化。人利用符号将大脑内的图景有序化的过程就是理性化。历史回忆是理性的、分析的、主观的、泛化的、概略的。人们看待和解释特定历史事件的框架会随时间的推移改变，趋向中性化，事件细节会逐步消失。人类记忆的变化，反映了人类认知的递进。

(8)境域性。回忆总是围绕着某种属性进行的，比如都是某个时段的，都是有关某人、物的，也许都是具有某种情感的（喜庆的或者忧伤的），这个核心可以自由变化，而回忆则是围绕着这个核心的环顾。

回忆情结是人类从一般动物境域中脱离开来的第一步，这是一种伟大的觉悟——历史觉悟或觉悟历史的开端。

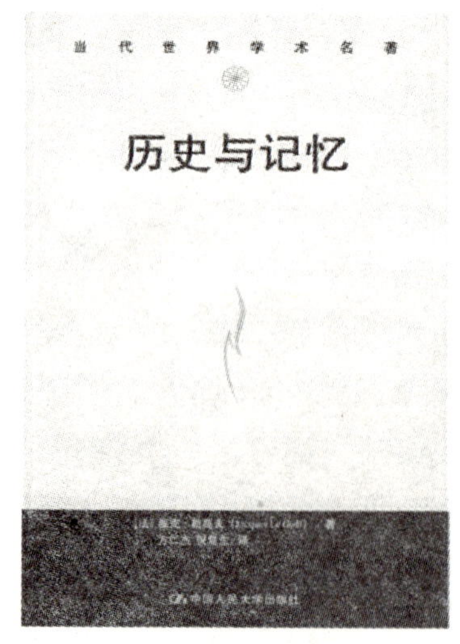

图 3-3 [法]勒高夫《历史与记忆》

图 3-4 [美]王斑《全球化阴影下的历史与记忆》

第二节　历史记忆保存形式

历史记忆保存的核心是传播。个体的思想与所经历的活动，从自我认知来说，是客观存在的，是实际发生过的，大脑也会留下记忆。但因封闭性，如果是在单独状态下发生的活动，可能只有本人有记忆；如果是在群体中发生的活动，少数看见或听见的人会有记忆。个体或群体的大脑记忆，如果不说出来，不记录下来，仍是私密信息，永远不会为其他人类所知。记忆是一种感官活动，它只有通过语言、文字的表述，才能进入公共认知的领域，成为有证据的存在。要将大脑记忆存储的信息表达出来，必须借助一些外在工具，如语言、文字、图像、录音工具。这种表述活动，就是传播。传播，就是将个人说的话、做的事借助一定的工具呈现出来，让更多的人知道。经历是一种自然行为，记忆会不断加工。在讲述或叙述时，会把杂乱无章的经历条理化、明晰化，变成一个有因果关系的时间序列，一个可以理解的故事。

历史记忆的存在方式有四种：作为尚未表达的经验存在于人脑中的大脑记忆、用语言表达的口述、用文字表达的文献、用影像记录的图像。

一、大脑记忆

人类作为一种不同于其他动物的高级动物，大脑有信息记忆、储存、回放、分析功能。大脑作为人类信息的载体，成本最低，不需要借助外力，这种记忆方式应该是最早的，也是最为原始的。信息传播可以划分为声音、符号和图像三种。大脑记忆存储具有立体性，可以同时记录声音、符号和图像，类似于全息照相。这可以称为人类的第一信号系统。但大脑记忆有两大不足：一是遗忘性，时间一长，会模糊与遗忘，甚至随着肉体的消失而永远消失；二是封闭性，或内化性，只有本人知道，别人不知道，是典型的私密信息。

二、口耳相传

语言产生口述。有了思考之后，人脑中的记忆一般都是可以通过语言表达出来的。“记忆”是无法直接认知的，但我们可以借助于“叙述”了解和解读记忆。语言是我们记忆的好帮手。虽然当代学者对于语言的局限性已有了共识，但是却没人会反对继续使用语言。语言是人类交流的最重要手段，是人际沟通不可替代的工具。我们实在还无法找到另外一种比语言更好的沟通工具。所以，语言虽然不是交流的最好工具，却是所有交流工具中表达意愿局限性最小、传播过程中差错率最低的工具。

口述有几个方面的优点：一则口述是基本的，是人类最为普遍的记忆表达方式。语言叙述的门槛较低，只要会说话的人都会。这是不会使用文字或使用文字较少的群体更为喜欢使用的记忆表达方式。二则口述是生活世界最主要的交流工具，说话的语境最为具体，沟通最为直接，说话人与受话人可以直接双向交流，从而有可能得到更为精确与更想知道的信息。三则口述多是个体性的，容易详细、生动。口述是比书面语更有感染力的传播方式，因为它是人类最本质的交流方式，是最人性化的传播方式。[①] 故事的讲述过程也是抒发情感的过程，口述的形式为记录情境的塑造提供了颇具感染力的情感性画面。

当然，口述也有不足之处。一则口述的历史内容具有可变性与非久远性。口述是一次性的，是流动的，可以随时变化、添加。口语是一种即生即灭、位移的符号。二则口述的传播受时空的限制。三则口述缺乏证据性，空口无凭。

要解决以上问题，必须做录音。声音的最佳记录方式是录音，在录音技术发达的今日，应提倡大家来做录音。

三、文字文本

语言的符号化表达，就是文字。口述的成文化、文本化，就是文献或文本。为了长久保存记忆，人类发明了文字，有了文字就有了文本，也就有了文化的积累，这就是文明。中国古人用“文献”表“文化”，正体现了文本在其中的核心作用。文字表达在人类记忆发展史上出现最晚，也是门槛较高的记忆方式。因为文字文本的接受和解读需要经过长时间的教育训练，而会使用文字表达的人即会写作的人在人类群体中总属少数，所以中国人有一种文化崇拜情结。文字从诞生之日起就与“权威”、“垄断”紧密相连，掌握文字一直是上层人士的专利。尽管造纸术和印刷术的发明为各阶层的人们打开了同样的信息之门，但文字依旧在相当长的时间内主宰着人们的话语方式和思维模式。

历史文本不同于其他文本之处在于，它是一个由时间链条建构起来的框架。有了时间框架，就可以将不同的人与事组合进这个框架。一个主题，就可以建构一个时间框架。框架是一个因果关系的框架，事与事之间、人与之间，有着不同的内在的逻辑关系。这种有内在因果联系的时间框架体系，就是历史文本。有精确的时间定位，是历史文本的最大特色所在。口述可能是散漫的叙述，而文本往往是有逻辑的严密叙述。

文字文本是独立于说话人的物质形态，具有几大优势：一则长久记忆，可以

---

① 李苹：《口述新闻在专题新闻报道中的优势》，《传媒》2006年第7期。

有效防止脑记的持久性不足与口述的易变性问题。二则文献是已经凝固不变的东西，不能添加，白纸黑字不能抵赖，有证据性。三则文字表达具有超时空性，只要文本保存下来，所记内容就可以永远流传下来。当然，文字文本也有其不足，一是无法保存声音与图像(受技术支配)，有先天的障碍；二是因说话人与受话人的分开，有较强的单向理解性，语境较为复杂，增加了别人理解的困难度。

四、影像文本

影像文本是指运用现代技术手段记录的事物外在形象文本。

在古代世界，人类只能用画像之法，完成影像的记录工作。到了19世纪后期，照相机、摄像机的发明，发扬了大脑的图像记忆功能，弥补了大脑图像记忆无法直观呈现的缺陷，可以将实物(包括人、动物、植物、物品等)面貌直观呈现出来。而且，不会加工的机械功能，可以保证图像记忆的真实性，不受大脑的人为加工。

21世纪，中国已进入影像视觉时代，也迎来了“读图时代”，影像文本的重要性越来越突显。由插图而进入独立图像时代，发端于几年前风靡一时的《红镜头》、《黑镜头》、《老照片》等。近十多年，数码相机和摄像机、电脑、网络这三项革命性技术的突破，使影像变得与民间如此接近，从而宣告了影像视觉传播时代的来临。

1988年，美国历史学家海登·怀特(Hayden White)在《美国历史学评论》上发表《书写史学与影像史学》，首次提出“影像史学”(或译为“影视史学”、“视听史学”)概念，即“以影视的方式传达历史以及我们对历史的见解”。影像文本，可以是静态的岩画、画像、照片，也可以是动态的电影、电视和数字化多媒体。它们共同的特点是图像文本，是可以看、可以听的，所以也可以称为视听文本。

影像文本对文字没有必然的依赖性，无文字伴随的影像文本可以直接传达信息，塑造形象，讲述事件，独立地构成一个叙事系统；但有时也需要辅以文字说明，而且这是普遍存在的方式。

为什么要提倡影像文本？因为它可以克服大脑图像记忆的不足，更为真实地反映实物面貌。人类的大脑具有摄像功能，能将所见的实物摄入大脑，存储于记忆之中。但大脑存储缺乏输出功能，无法原貌呈现给外界，只能用语言文字来描述。叙述者可以将之描述得十分像，但听者、观者总隔了一层，无法知道最直观、最逼真的图像。在照相机、摄像机(包括手机)两种工具中，前者只可拍录静态的画面，没有声音；而后者则既可以拍摄动态的画面，又可以记录声音，显然后者更能立体地呈现实物面貌与声音，是目前最为高级的记录工具。影像文本具有形象、直观的效果，远比艺术的想象力重要，更具真实感。透过影像，可以还原另一种不同的历史风貌，构建别样的历史阐释。影像文本为立体地、直观地再现、复制人类历史提供了可能。影像文本靠事物本身来说话，可以直接调动人们的感觉即第一信号系统，它不需要学习就可以接受，是任何人都看得懂的，是一种能征服全世界的文化符号，是真正的大众记录工具。

中国要发展影像史学，必须克服两大传统：一是重文字轻图像。古代由于技术无法解决，所以人类只能靠语言文字来书写，久而久之，成为一大传统。19世纪末20世纪初以后，尽管有了照相机，但因为普及率不高，中国人仍不重视照相。直到近20多年，照相机、摄像机大为普及，人们才真正可以做影像记录。但长期形成的重文字轻图像习惯难以一时扭转过来，至今中国人仍缺乏用影像记录历史的习惯，收集、整理和保护工作长期被忽视，更没有利用图像进行历史书写的习惯。二是重精英轻大众。留下的图像资料，多为精英人物，少有普通大众的图像。现在摄像工具的普及，小历史书写的提出，有可能扭转这种传统。

应该为历史留存当下的影像文本。在不存在技术障碍的背景下，尤其应该做大量的宣传工作，要多讲影像史学问题，让人们转变观念，鼓励民众拿起影像工具，养成经常拍摄的习惯，积极参与到历史影像的记录之中。近年，“拍客”(即非专业的摄影爱好者、普通老百姓拿起相机记录身边的人或事)出现，他们将是未来影像史学的主力军。用平民的眼光去观察、记录生活中的芝麻小事，这是最为重要的。当每一个公民都有机会也有能力拿起影像工具来书写自己的历史时，影像史学作为一个史学分支，才会真正深入人心。①

图3-5　章东磐主编《国家记忆》

图3-6　《透过硝烟的镜头：1937—1949中国战地摄影师访谈》

图3-7　中国摄影家协会《跨越时空：1949—2009西藏影像往事》

① 谢勤亮：《影像与历史——“影视史学”及其实践与试验》，《现代传播》2007年第2期。

第三节 历史记忆的可靠性

一、叙述的差异性与选择性

人类的记忆具有本能性,只要大脑的记忆力好,眼见耳闻的东西都会记住。但是否讲出来,是否写成文字,则有着极大的差异性和选择性。

人类记忆表达的差异性表现为叙述的数量有异。从日常生活可知,性格外向的人喜欢沟通,喜欢说,而性格内向的人则不想说不太会说。其结果,说出来的信息由别的大脑代为保存了,而没有说出来的信息则可能永远沉淀在大脑记忆中。至于更高形式的文本书写,则更为稀缺。只要不是哑巴,人人会讲,但是会用文字来表述记忆内容的人则微乎其微。这有文化上的差异,也有历史意识上的差异。这样便导致人类的大脑记忆,只有一部分被叙述出来,一部分被书写下来。

人类记忆表达的选择性,表现为"只书变事、不书常事"的习惯。人类每天所写日记,可能会巨细毕记(事实上也不太可能,至多记录一个要点),但历史书写则不太会这样。在历史书写中,人类普遍存在一个关注变事、忽略常事的传统。人类为什么会只书变事不书常事?这可能与历史作用大小、意义拷问机制的存在有关。从内部视野来看,常事属于不变、常规、熟悉的部分,对人的发展影响较小,大脑刻录痕比较浅;相反,变事是变化、陌生的部分,对人的发展有较大影响,大脑刻录痕特别深,容易成为长时记忆。从传记来说,个人的升学、毕业、工作、结婚、生子、迁移之类,都是一个个节点,对人的影响是比较重要的,从而也是值得优先书写下来的。从历史进化论眼光看待人或事的成长过程,往往重视变化的节点。历史书写总是由众多具有重大意义的关键节点连缀而成。

人类记忆表达的选择性,表现为喜异而略同。如果能跳出内部视野,从外部视野来看,就会有不同的眼光。国家与国家之间,民族与民族之间,一国内的不同区域文化之间,存在着较多的差异性,差异部分会更受人关注。一个外国人到中国,会对所见与其国不同的而对中国人看来十分平常的事物感兴趣。同理,一个人只有跳出他生活的文化圈,与别的文化圈进行比较以后才能认知到文化的独特性与差异性。

人类记忆表达的选择性,还表现为"报喜不报忧"。从现实的个人或群体来说,有一个"报喜不报忧"机制,个人或群体信息,有的想让人知道,有的不想让人知道。所谓做人低调,就是个人做的事不想让更多的人知道,或者说知道的范围比较小。这里有一个根据自己现实利益而作出的坏事与好事区分问题。之所以不想让人知道，是担心坏事有损自己的利益；反之，凡是认为有利自己的好事，则想让人知道。报喜不报忧，就是传播选择问题。老实人是什么事都报，而聪明的人喜欢选择性报告。选择是根据对象来区分的，是根据一定空间作出的选择。有的人不会选择，有的人会选择。在一定的熟人范围内，人会什么都说；而在警觉之处，则会有所选择，不会什么都说。人越聪明，越会选择性说话。选择说话，有的无心，有的有意。好事不出门，坏事传天下，这就是信息传播选择不当的结果。个人或群体，都会因利益考虑而有意隐蔽某些信息。曲笔是符合现实利益的，直书是从历史角度提出的透明要求。只有拥有全面而完整的信息，才能作出科学的判断。

人类记忆表达的选择，取决于人们的价值观与背后的选择权力。有那么多的人或事要得到记录，这就有一个轻重缓急问题。哪些东西有可能被记录下来？一般说来，是被人认为有价值、有意义的内容。问题是，如何判断内容是否有价值与有意义？这里有一个空间视野大小问题。同样的事，在不同大小的空间单位眼光下，会有不同的价值与意义。可以说，历史叙述的重要性，因人而异，因地而异。同时，背后有一个选择权力在起作用。权力操纵了记忆。福柯（Michel Foucault，1926—1984）说："谁控制了人们的记忆，谁就控制了人们的行为的脉络。"[①]现实社会的权力中心，往往也就成为历史记录的中心。因权力不同，不同对象成为不同的记忆重点。国家权力强，国家自然成为记忆的重点，而边缘位置的民众，自然也就处于历史书写的边缘位置；相反，民众力量强大，大众的历史就会受到重视。

历史就是关于历史事件与历史经验的记忆。由此，人类看到的历史叙述是残缺不全的，远远少于历史存在。美国历史学家贝克（Carl Becker，1873—1945）说"历史就是被记住的东西"。我们看到的历史，只是被记住的一部分而已，没有记住、没有被书写下来的历史记忆多的是。

二、记忆是客体的主体反映

历史存在的被记忆，是一个由客体进入主体存储的过程，可以说是历史的主体化存在。人物说过的话只有一度性，一旦发生，马上就消失了。历史存在之物要想存活下来，主要有大脑、口传、文本三种记忆方式。在这三种保存形式中，全部离不开人的主体认知作用。没有人类的主体认知，就没有客体的记忆传播。人有七情六欲，人的认知水平有高低，于是，历史存在的记忆保存也受到主体的

① 福柯：《性经验史》，余碧平译，上海人民出版社 2000 年版，第 37 页。

种种加工。脑记、口述、文献,三者共同的特点是渗透了主体的因素,可以人为加工。第二手文献不可避免会受到加工。其实,即便是眼见为实的第一手记录,也会受到记录者的影响。可以说,历史记忆,尤其是历史文本,是客观事物的主观反映,既有客观性,又有主观性,是主观与客观的结合物。由于记忆与文本有着主观性,于是后现代史学提出:别相信史料记载、史家评论的绝对真实性。后现代史学家有这样的想法是对的,人类主体对历史客体的认知有一定的局限性,不太可能取得绝对正确的理解。

历史成为记忆,记忆外化为历史记录,历史记录进一步建构就成为历史著作。美国弗里兰(Protessor Saul Freidland)《当记忆到来之时》认为,历史很难避免主观的成分,因为历史学家不可能进入他所写的过去的时代,所有的历史都是由后人叙述出来的历史。[①] 历史学是建立在历史记忆整理、分析、建构基础上的历史认识学。作为知识的历史学,不可能完全掌握真相或真实,只能具有高度的近真性,而不是必然的真实性。它要求自己尽量接近真实的历史,但它并不等于历史。

三、用诠释眼光看历史记忆

记忆是难以确保准确的,它既包含着事实,也可能包含着想象。从 20 世纪 70 年代初开始,西方部分史学家就将矛头指向记忆的“不可信性”。他们认为,受访者在回顾过去的时候,无论他的记忆如何鲜明和生动,都不可避免地受到各种因素的影响,比如访谈者与受访者的个人偏见、怀旧情绪、童年的不幸遭遇、对亲人的感情、健康的妨碍以及现实生活经历与社会背景等因素,都会导致记忆被不同程度地扭曲或虚构。[②] 这样的说法是对的,因为叙述行为是当下的,这就不可能不受当下情境的影响,不可能完全照旧。

从 20 世纪 70 年代末开始,学者们更强调用历史认识论眼光看待记忆问题。如从历史解释和重建来说,“记忆的不可信性”可能是一种财富,而不是一个问题。意大利学者阿利桑乔·波特利(Acessandro Portelli)认为,口述资料是可信的,只不过这是一种特殊的可信性;它的意义不在于与事实相符合,“错误的”叙述可能在心理上是“真实的”。重要的是他们的记忆为什么会出现差异和变化,而这种差异与变化的背后又隐藏着什么特定的意义?记忆不是事实的一

① 转引自乐黛云、舒衡哲:《历史与记忆——对二十世纪我们应记住什么?》,《跨文化对话》第 1 期,上海文化出版社 1998 年版。

② 杨祥银:《记忆是可信的吗?口述史学研究的记忆转向》,《人民日报》2011 年 3 月 3 日。

个消极储藏室，而是一个意义创造的积极过程。对于历史学家来说，口述资料的特殊价值更多的不在于它们保存历史的作用，而在于记忆所能呈现的变化过程。[①] 这也就是说，叙述的嬗变本身就是一个过程，是可以体现不同时代变化特点的。

总之，记忆史研究成为历史学的新兴研究领域，历史学出现了新的研究范式。[②]

① 杨祥银：《记忆是可信的吗？口述史学研究的记忆转向》，《人民日报》2011 年 3 月 3 日。

② 沈坚：《记忆与历史的博弈：法国记忆史的建构》，《中国社会科学》2010 年第 3 期。

第四章
大家来做口述历史

【讨论主题】

1. 口述史学的方法
2. 口述史学的原则
3. 民间写史意义上的口述

【课前阅读材料】

1. [美]唐纳德·里奇:《大家来做口述历史》,王芝芝、姚力译,当代中国出版社2006年版

2. [英]汤普逊:《过去的声音——口述史》,覃方明等译,辽宁教育出版社2000年版

3. 定宜庄、汪润主编:《口述史读本》,北京大学出版社2011年版

4. 杨祥银:《与历史对话——口述史学的理论与实践》,中国社会科学出版社2004年版

5. 李向平、魏扬波:《口述史研究方法》,上海人民出版社2010年版

6. 当代上海研究所编:《口述历史的理论与实务:来自海峡两岸的探讨》,上海人民出版社2007年版

7. 周新国主编:《中国口述史的理论与实践》,中国社会科学出版社2005年版

【课后实务项目】

团队合作,选择一个感兴趣的话题,做一个口述史采访项目。

口述史学是20世纪40年代兴起的一种史学形态。在小历史书写中,口述史是最基本的手段。本章拟对口述史的特征、口述史的发展历史与现状、口述史的主题、口述史的程序与规范作一个系统的介绍。

第一节 口述史特征与优缺点

一、口述史基本特征

1. 口述史的定义

口述史，是指以口述方式，记载过往人事、搜集史料的一种学术活动。一份口述史资料，是作为历史学家的主访者和作为历史见证人的受访者共同完成的，是在明确的学术价值指引下的主动存史行为。

口述史采访，与大家熟悉的“新闻采访”最为接近，可以称为“旧闻采访”。现代口述史创始人美国的艾伦·芮文斯（Allan Nevins，1890—1971），原来是一个新闻工作者，由此可见口述史与新闻采访之间的关联度。媒体上的访谈型节目，如中央电视台的《见证》、《讲述》，凤凰卫视的《口述历史》、《杨澜访谈录》、《鲁豫有约》，湖北卫视的《往事》，均属口述史节目。

口述是一种系统性采访。现代口述史的成果，多是独立的文章或专著。

因文献不足而做的补充性采访不算严格意义上的口述，或者说是大历史视野下的口述。如司马迁（前 145—前 87 年后）写《史记》，就使用了不少口述史料。贾思勰（386—543）写《齐民要术》“询之老成”，也采用了口述史的办法。

口述史有三个核心要素，一是采访者，二是被采访者，三是讲话的记录。三者统一，才算是口述。否则，只能是其他类型的文本。譬如自述、回忆录，其特点是自说自话，就不能算严格的口述史作品。口述历史必须是一人口述，一人记录。

2. 口述史的特征

口述史有两大基本特征，一是过去的心声记录，二是双向互动的建构。

过去的心声记录是指由历史当事人讲出来的历史，而不是由后来者写出来的历史。这句话有三层意思，一是必须是在世的当事人；二是必须是当事人亲自说出来的话；三是所述是真实的历史，非真实的内容不在此列。口述史的精髓是声音文本，必须是本人亲自的心声表述，是“声音的外壳”，是关于过去历史的声音记录，所以也称为“过去的声音”。

口述史的重点在于它是当事人讲出来的历史，所以所讲内容的记录手段不是区分标准，并非一定要录音记录。它可以是低级的文字手记，也可以是中级的录音，甚至是高级的录像。文字文本、声音文本、图像文本，均可算口述史学作品。目前,记录设备已经从原始的手工文字记录发展到数码录音机等现代高科技手段。

口述史重视的是当事人的感受,不是解释历史,不是后人的评价。

讲出来的历史,可以用声音来做直接的保存,也可以用文字来做间接的保存。前者可以倾听,后者可以阅读。转化成文字的口述史作品,在形式上虽也是文字文本,但不同于其他写出来的文字文本,它是讲出来的历史,更为生动与细致。

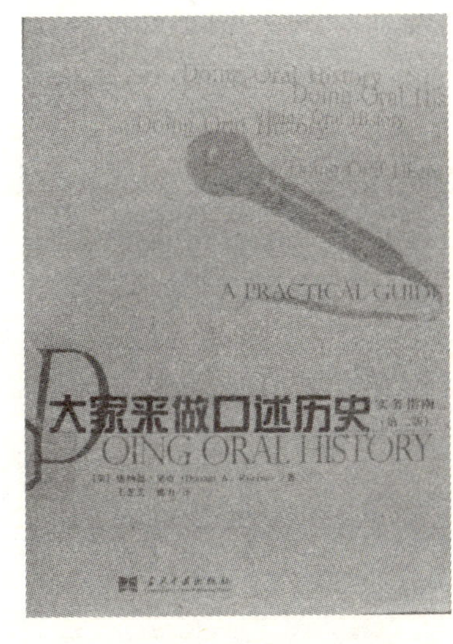

图 4-1　[美]唐纳德·里奇
《大家来做口述历史》

图 4-2　定宜庄等
《口述史读本》

双向互动的建构是指口述史是根据历史书写者与历史当事人双向意志建构起来的作品,有一个合写、共谋特征,它是有声的、直接的双向对话。传统历史作品多是根据历史书写者单方面意志建构起来的文本,多是无声的、间接的单向对话。

个人回忆录是自说自话,写什么不写什么完全自出机杼。口述历史是"人问我答",历史当事人与历史书写者之间互相有制约。口述史是历史书写者想知道的历史当事人的历史,是一种历史的外在拷问,而不是自我发现。由于学术兴趣和素养的不同,内外视野的不同,对历史意义的判断是不同的,历史书写者与历史当事人的关注重点也是不同的。一般说来,口述史主题是历史书写者提出来的,他有着独到的历史意义判断,他主导着与历史当事人的对话活动。当然,如果历史当事人讲出了一些采访者预想之外的内容,也可以由着受访人自由讲述。双向的直接对话,首先满足的是历史书写者的好奇心,其次才会考虑满足历史当事人的自我兴趣。

西方当代口述史学家们摒弃了以往那种排斥一切主体意识、避免留下史学家个人印记的原则，而是主张史学家应该积极地参与到口述者的行列中来，站在他们的立场上，与他们一起交谈。因为只有通过交谈，才能使史学家真正地融入到口述者的感情世界中去，才能使史学家感受到人与人之间的个性与共性，从而增进史学家与口述者之间的相互了解。[①] 受访者如果没有访谈者的适当引导，可能会脱离整个访谈主题，这样记录的口述历史也许仅仅是受访者一部零散的叙述史。[②]

这是一种全新的历史建构、历史书写方式。

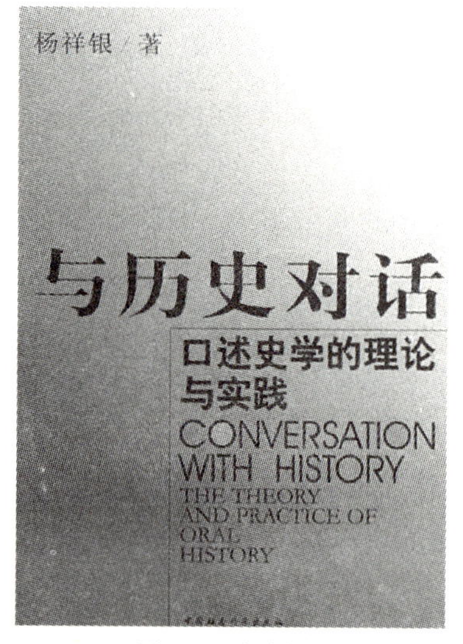

图 4-3　杨祥银
《与历史对话》

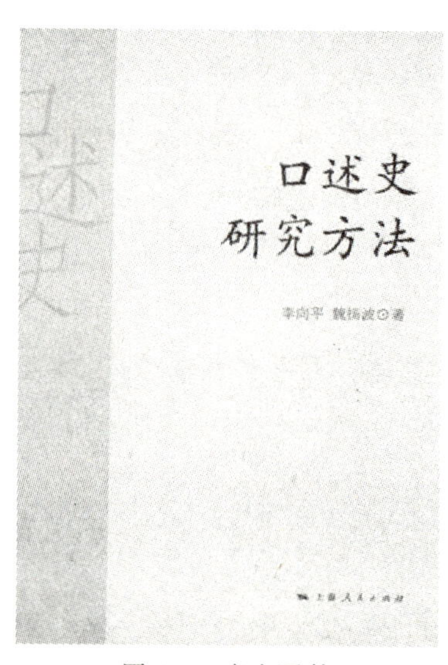

图 4-4　李向平等
《口述史研究方法》

二、口述史的优缺点

1. 口述史的优点

口述史的第一个优点是历史的声音记录。简单的口述是手记，复杂的口述有录音、录像，它至少可以形成文字文本、声音文本、图像文本三大种类。如此，有可能将受访者的音容笑貌、情感思想完整地记录下来。如此多样的记录媒体集中于一个受访者身上，不管这个受访者是伟人贤达还是凡夫俗子，其历史研究价值都远超单一媒体。[③]

---

① 钟少华：《口述史学的特点与方法》，《中华读书报》1999 年 5 月 19 日。

② 杨祥银：《记忆是可信的吗？口述史学研究的记忆转向》，《人民日报》2011 年 3 月 3 日。

③ 曹幸穗：《口述史的应用价值、工作规范及采访程序之讨论》，《中国科技史料》2002 年 4 期。

口述史的第二个优点是生动与细致。"口述"的对应是"文述"。文述是文字叙述，而口述是口头叙述。口述史的采访对象都是历史的亲历者，由于亲身经历过，他们的讲述是一种由内而外的带感情的叙述，是带着感情的历史，所以非常生动。[①] 口述史比较生活化，很有人情味，有可能使历史展现出有血有肉的个性特征，不像传统史学由外而内的那种理性的、干巴巴的、学究气的、离老百姓比较远的叙述。口述史作品语言生动活泼，图文并茂，符合一般民众的阅读兴趣，具有很强的可读性。香港新妇女协进会出版的《又喊又笑：阿婆口述历史》(1999)题目就反映出口述史的这一特征。

图 4-5　香港《又喊又笑：阿婆口述历史》、《16＋少女口述历史》

2. 口述史的不足

口述历史具有源于记忆、主观性较强、不够稳定等特点，故而需要文本资料、实物资料的查证与核实。真实是口述历史的价值所在，但口述历史要求的真实，不仅仅是口述访谈录音整理的"真实"，更重要的是受访者所口述的"历史内容"的真实。当然，要求受访者所讲的一切都符合"客观事实"，几乎是不可能的。即使口述者无意作伪造假，而是抱着实话实说的真诚，由于其当时的见闻条件、历时记忆在一定程度上的必然失真以及不可能不加进的主观因素等，对历史事件的忆述也不可能完全符合已逝的客观真实。[②] 为了保证记忆的可靠性，选择一个记忆力好的人作为采访对象是相当重要的。

---

① 王建学、王岩：《专家建议重视口述史：让亲历者留下真实辽宁》，《辽宁日报》2009 年 11 月 23 日。

② 左玉河、王洪波：《口述历史能否给予"历史的真实"？》，《中华读书报》2008 年 8 月 20 日。

三、口述史的意义

1. 书写对象的革命

传统史学关注的往往是统治阶级、社会精英以及与这些社会上层直接相关的历史事件，而对处于社会底层的芸芸众生，较少予以注意，留下的史料很少。口述史克服了传统史学的这一偏向，它不仅注目于社会显要，同时也注目于市井街巷、黎民百姓、寻常人家。口述史给了普通人一个机会，把历史恢复成普通人的历史。这样，不仅可以纠正各种史料中遗留下来的统治阶级上层人物的偏见，使历史学更加全面地反映人类社会的历史，而且可以增强普通人的主体意识，从而有助于历史学的教育和启迪功能的实现。弱势声音的考古带来了书写权力的开放，推进了小历史的书写。口述史使那些不掌握话语霸权的人有了发出自己声音的可能性，使这些人的经历、行为和记忆有了进入历史记录的机会，并因此成为历史的一部分。人人都是自己历史的书写者，人人可以书写出自己记忆中的社会历史。从此，历史文本的书写不再是历史学家的专利，而成为公民的书写工具。抢救性地保存证据、证物、证人，是公民写史的最大价值所在。如果能进一步建立一个民间档案馆，则更为有效。从这层意义上说，口述史学对于传统史学具有颠覆性和革命性。

2. 书写方式的革命

口述史是在既定的学术架构下进行的学术活动，是将存藏于受访人大脑中的活史料物化为能传之后世的多媒体史料的主动存史行为。因此，作为史学家的主访人就具有足够大的获取史料的空间。他们能够根据自己的学术意愿，多角度、多层面来获得某一历史事件或历史人物的相关史料。在这一点上，传统史学是无法企及的。换句话说，口述史料的实质是“历史学家希望给历史留下什么”，而传统史料则是“历史给历史学家留下了什么”。前者是主动的，后者是被动的。以往的历史研究采用的是一种被动的研究模式，主要依据有限的文本资料和实物资料，而口述历史则采取了更为主动和接近历史的研究方式。口述史学家在制订口述计划和访谈时，有很大的选择余地，也就是说他们可以有目的地查寻和发现历史。[①] 他们可以有意识地增加文献，为精英人物撰写自传提供补

---

① 赵晓阳：《文本与口述之间——YMCA 干事口述访谈及口述史料在基督教研究中》，《基督宗教研究》第 7 辑，宗教文化出版社 2004 年版。

充证据，为恢复边缘和弱势群体的隐藏历史提供全新资料。[①]

3. 研究方式的革命

长期以来，历史学家都将目光投向文本资料，历史研究过程就是历史学家与证据之间的对话，只能是读与被读的单向关系，文献不会说话，作何理解都是阅读者的事。口述史学的出现则打破了这种墨守成规的旧有模式，向几千年的传统史学观念提出了挑战。口述资料不仅可以与同一对象反复对话，而且还可以就同一主题与不同对象重复对话，反复验证结论，不断地去伪存真，去芜存菁，其结果，可以使得研究结论越来越接近历史的真实。[②] 历史的创造者与历史的研究者共同书写着刚刚逝去的历史的文本，客观存在的“本然的历史”与历史学家撰写的“历史的文本”之间结合的程度由此加深了。[③] 有人称为“与历史对话”。[④]

第二节　口述史的历史与现状

一、口述史学的历史

事实上，历史最古老的传承方式是口口相传，而历史最原始的记录方式就是口述。只是随着文字记载的高度发达，人们对于历史的研究趣味从口述转向了考据，口述历史被当成一种原始落后、可信度低、精准度差的办法列在最不起眼的地方。[⑤]

现代意义上的口述史是由美国的现代史学家艾伦·芮文斯于 20 世纪 40 年代提出的。它的最初旨意在于弥补现存文件记录的不足或档案的空白，强调口述历史的史料价值。当然，他是“口述历史”术语的有意识发明人，而不是口述历史的老祖宗。他通过访谈笔录方式搜集了美国普通民众的大量口述回忆资料，并以此为基础于 1948 年在哥伦比亚大学建立了一个口述史档案馆，使哥伦比亚大学成为名扬学坛的口述史基地，并由此扩大了口述史的学术影响，推动了口述史的发展。因此，国际口述史学界一般将 1948 年美国哥伦比亚大学口述历史研究室的创建视为现代口述史学诞生的标志。

---

① 杨祥银：《记忆是可信的吗？口述史学研究的记忆转向》，《人民日报》2011 年 3 月 3 日。

② 熊月之：《口述史的价值》，《史林》2000 年第 3 期。

③ 左玉河、王洪波：《口述历史能否给予“历史的真实”?》，《中华读书报》2008 年 8 月 20 日。

④ 杨祥银：《与历史对话——口述史学的理论与实践》，中国社会科学出版社 2004 年版。

⑤ 杨祥银、梓皓：《口述历史“草根史学”冲击“精英史学”》，《民主与法制时报》2011 年 3 月 28 日。

图 4-6 [美]艾伦·芮文斯

图 4-7 哥伦比亚大学

西方口述史学的发展经历了两个阶段。20 世纪六七十年代是第一个阶段，口述史在西方各国得到广泛应用。1960 年至 1966 年，全美相继建立了 90 个研究口述史的专门机构。1967 年，美国成立"口述史协会"。1973 年，英国口述史学会成立。1974 年，加拿大口述史协会成立。对中国历史人物最早进行口述采访的是唐德刚(1920—2009)，他于 1957 年开始在美国哥伦比亚大学做口述史，完成了《张学良口述历史》、《胡适口述自传》等名著。前期的口述史学只是停留在史料学阶段，可以称为"口述史"阶段，以确定历史人物、事件的存在形态为目的。70 年代中叶以来属后期，可以称为"口述史学"阶段，口述史学家们开始把口述史学当做一种治史方法，结合社会学和心理学等跨学科方法来研究大众历史意识的形成过程。1980 年，美国口述史协会制定了口述史的学术规范和评价标准。至此，口述史有了一套被学术界普遍认同的游戏规则，真正成为历史学的一个分支学科，而且是一个富于生气、富于活力的新兴学科。1987 年，国际口述历史协会在英国牛津成立，以后定期在欧洲各地集会。目前，世界许多国家都成立了口述史的学术组织，开展了卓有成效的活动，取得了具有文化积累意义的大量学术成果。用美国著名口述史家唐诺·里齐(Donald A. Ritchie)的话说，如今世界上已找不到有哪个地方的人不在进行口述历史了。口述史与口述史学，应是两个不同的概念，前者是历史书写意义上的概念，后者是历史研究意义的概念。前一阶段，近口述史；后一阶段，近口述史学。①

中国的口述史，台湾起步较早。台湾的中研院近代史研究所 1955 年注意到口述历史的重要性，并于 1959 年 10 月开始访谈。1960 年，近代史所与"哥伦比亚大学中国口述历史计划"合作，在美国福特基金会的资助下，有条不紊地推进口述历史计划。至今已访谈了 700 多人，成稿 1000 多万字，自 1982 年起，以《口

① 详参杨雁冰:《百年口述史学透视》,《国外社会科学》1998 年第 2—3 期。

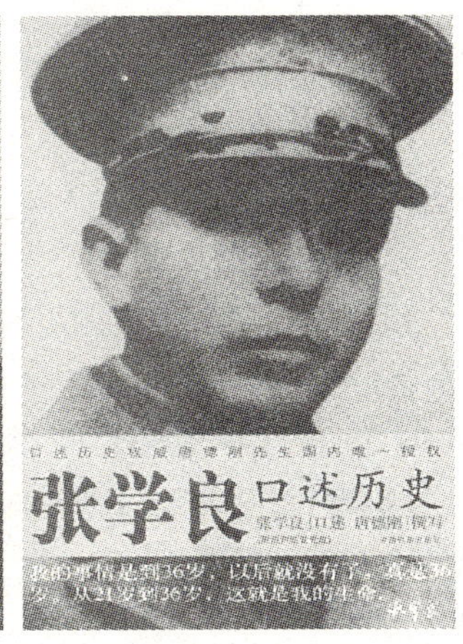

图 4-8　唐德刚及其《张学良口述历史》、《胡适口述自传》

述历史丛书》的形式发表，至今已有上百种，访谈人包括政治家、军事家、望族、妇女、原住民等，内容包括政治、经济、军事、民俗节庆、生活习惯等多方面。现在定期出版《口述历史》期刊，举办“口述历史研习营”，推广、培训口述历史工作者。

1979 年，新加坡政府设立口述历史组，有系统地收集近代新加坡的史料。1985 年，口述历史组升格为档案与口述历史馆，组织专门人员从事口述历史工作。香港博物馆 20 世纪 80 年代开始从事口述历史工作，以“香港人及其生活”为主题，比较集中的主题是 20 世纪 20 年代至 60 年代的香港市民生活。①

20 世纪 50 年代起，大陆也有大历史书写视野下的口述采访活动。50 至 60 年代，全国各地对太平天国、义和团运动、辛亥革命、五四运动等事件的“实地调查”，搜集口碑资料，使用的就是口述历史的方法。60 年代兴起编写“新四史”活动，即家史、厂史、社史、村史，广泛搜集来自基层的口述资料。影响广泛的革命回忆录《红旗飘飘》、《星火燎原》两套丛书，近千万字，其中相当一部分是口述资料。1959 年，周恩来总理号召 60 岁以上的政协委员记下自己的经历、见闻、掌故。从此，全国各地政协设立文史资料馆，多方搜集史料，整理出版各种各样的文史资料选辑。全国文史资料选辑出版了 100 多辑，2000 多万字，其中大部分是口述资料。当然，所有的内容都被纳入到国家意识形态话语中，过分突出政治，突出阶级斗争、民族斗争，突出新旧对比，忽略了许多社会生活的内容，与今天小历史书写意义上的口述史有所区别。②

---

① 赵晓阳：《文本与口述之间——YMCA 干事口述访谈及口述史料在基督教研究中》，见《基督宗教研究》第 7 辑，宗教文化出版社 2004 年版。

② 熊月之：《口述史的价值》，《史林》2000 年第 3 期。

真正的口述史学始于20世纪80年代初期。北京社会科学院的钟少华自1982年起对150位80岁至96岁的科学家进行了录音采访，出版了口述史专著《早年留日者谈日本》(1996)。80年代中期，杨立文在北京大学历史系开设了“口述史选修课”，首次在我国高校系统介绍口述史学。近年来，大陆的“口述历史”在悄悄升温。电视屏幕上，陆续出现了《口述历史》、《往事》、《大家》等纪实性栏目；出版界陆续推出“当代中国口述史”系列、“20世纪中国妇女口述史”丛书、《口述历史》丛刊等。口述史学在中国发展很快，参与者不但有史学工作者，也有新闻记者、作家和社会学、人类学、民俗学等学科的学者。2004年12月，“中华口述历史研究会”成立。中国社会科学院成立了口述史学中心，中国社会科学出版社推出了《口述历史》杂志，《口述自传丛书》以政治、军事、经济、文化等领域的高龄知名人士为传主，由学者或作家与传主合作完成，一传一书。2008年11月，温州大学成立了口述历史研究所，主要由杨祥银博士主持，2009年且获得了国家社会科学基金项目“美国现代口述史学研究”，这是第一个口述史研究国家级项目。2010年，网络发起了首届“国家记忆2010”评选活动。本次评选活动主要关注于在中国历史的发现、保存、记录及向公众传播方面做出贡献的人物、作品或行为。2012年4月，崔永元与中国传媒大学联合，建立中国传媒大学崔永元口述历史研究中心和口述历史博物馆，这使中国传媒大学成为中国第一个有口述历史专业和口述历史博物馆的高等学府。

图4-9　钟少华《早年留日者谈日本》

图4-10　周新国主编《中国口述史的理论与实践》

二、民间写史的探索

1978 年之后的民间历史写作，几乎是从一片空白处生根发芽的。

1. 20 世纪 80 年代的精英反省

今天的个人写作史是从个人意愿和诉求出发的写作，这是个人主观认识和选择的结集。1978 年后，政治环境稍微宽松，就给个人写史留下了空间。这股反省潮以名人和高层的精英为主，如巴金的《随想录》、刘晓庆的《我的路》、徐迟的《哥德巴赫猜想》，等等。因为他们的话语权比小人物要大，所以他们就先行一步了。报告文学可以对个人史和社会史进行一种全景式的描述。还有一种形式是口述，如张辛欣和桑晔合作的《北京人：100 个普通人的自述》、冯骥才的《一百个人的十年》。80 年代的个人写作是在一定的框架之内叙事。虽然要表达一些个人经历和不同的感受，但还是尽量让作品趋同于主流，总体来讲不是对体制的反思，也不是对时代的彻底反思。

图 4-11　张辛欣等《北京人：100 个普通人的自述》

图 4-12　冯骥才《一百个人的十年》

2. 20 世纪 90 年代的民间写史

90 年代基本是个分化过程，一部分人正式地跟主流分道扬镳了，完全按自己的方式搞个性化写作。民间写史和民间社会是紧密联系起来的，没有民间社会就没有民间写史。其发表平台则有《百年潮》、《炎黄春秋》、《随笔》、《人物》等。

90年代还曾出版过很多有冲击力的回忆录，如李锐的《庐山会议实录》、夏衍的《懒寻旧梦录》、韦君宜的《思痛录》、季羡林的《牛棚杂记》、周一良的《毕竟是书生》等。历史就像一张拼图，每个人只是其中的一块。历史想完全还原是做不到的，但我们还是要尽量地还原，这实际上就像是一个拼图作业。很多人把他自己经历的某一段历史集中地写出来的时候，这一段历史会越来越清晰。历史是一个非常庞大的系统，每个人其实都有权书写，而且写出来的东西，和主流的东西可能是不尽相同的，它就是一个正史的参照系统。

3. 21世纪初的走向成熟

2000年之后，对于个人写史，有个很重要的事物，就是互联网的应用和普及。过去所有的出版渠道都是纸媒，都是国家以书号的形式，要经过编辑加工和审读，个人想发表这些东西很困难的。但是自从有了互联网以后，情况就有了很大的不同。一些文字可以通过无纸化的方式在虚拟世界传播了，而且这种传播的速度不亚于书籍，甚至超过书籍，它的成本比书还小，这种传播的便利就造成了第二波民间写史潮。互联网为很多好的写作提供了第一道平台，互联网还提供了一个作者和出版者之间结合的平台。很多人认为，在互联网上写史很随意、不专业。其实，历史写作和历史研究是两回事，不要将其混为一谈，每个人都有写自己经历的权利，这些经历为历史研究者提供了大量的史料，怎样研究史料，是历史研究者通过专业手段实现的。可以看到，近年出现的比较畅销的历史书，也不是单纯地记录或简单地演绎一下历史，作者的水平不见得比专业的差，有很多人还是很有史识的，有些人有观点，文采也很不错。写这种回忆录未见得就是研究，但如果互不认识的人，写到同一个事情，很多细节能符合，那么就能得出一个大致相同的结论来。或许有的只是个人情愫，是很个性化的，甚至是有些私人化的，但是社会一旦注意到它，它的价值就出来了。个人记述的写法应该是多样性的，不见得要和教科书或者国史的写法一样，完全可以用多种笔法来写，所以不应该有一定之规。除了文字，包括影像记述的历史也很重要，如《红旗照相馆》。影像有时候比文字更管用，它是非常直观的，视觉一冲击，不用说什么就能明白。互联网也为影像历史的传播提供了便利。这种个人历史写作会越来越多，越来越多元化。大部分人也许只是一个线索，但公民写史或者是个人写史为以后的历史研究提供的是不可或缺的细节，而历史的真正精彩之处就在细节之中。①

2011年真正将“口述历史”带入大众文化视野的还是崔永元的口述史作品《我的抗战》。崔永元自筹巨资拍摄的大型电视纪录片《我的抗战》，于2010年

① 关于民间写史一节，据雷颐、章立凡：《历史书写：民间的努力与探索》，《看历史》2011年第3期。

11 月 15 日在全国 85 家电视台同步播出，其同名图书《我的抗战》也在同一天上市。《我的抗战》呈现了纪录片的原貌，展现了历史画面的原生态魅力，同时逾越了电视表现不可为的边界，还原了为编导们割舍的精彩内容，在电视初编的大量资料基础上，做了颇有历史深度的延伸。

图 4-13　晋永权
《红旗照相馆》

图 4-14　崔永元
《我的抗战》

第三节　民间口述历史的主题

口述史学的最大需求者是民间小历史书写与研究。政府史向来有比较完备的档案制度，有比较丰富的文字、录音、图像记录，所以对口述的需求度相对就小；相反，民间的小历史，因没有档案制度与习惯，文字记录比较少，所以对口述的需求度就相当大。可以说，没有口述史学，就没有大众史学。毛泽东说"人民，只有人民，才是创造历史的动力"，大众史学的发展将做实这句名言。

目前的民间历史记录者们大抵可以分为两类，一类通过考察、采访搜集历史素材予以书写，另一类在此基础上做了更多归纳、研究的工作。前一类介入历史多半与自己的家世、经历有关，从个人史、家族史入手，逐渐被庞大的历史命题吸引，不断投入其中。后一类写史者则因为兴趣、专业、职业等关系，有能力对历史作更多的分析和探讨，他们常常就一个领域或一段历史进行专门研究，渐渐成为民间专家学者。

民间历史口述主题，主要有人物、事件和专题三种形式，这三种形式各呈现出一定的发展趋势。

一、人物由精英而大众

历史人物口述对象的选定，经历了由精英而平民的过程。最早的人物口述，多选择精英人物，习惯选择大人物做口述。国内也如此。如叶永烈，被人称为“旧闻记者”，以写知名人物、高层人物、历史传记知名。其特点是高层次、大选题、第一手。他写作的原则就是追求真实，坚持用第一手资料，决不搞东拼西凑。他认为，要写好书必须找到众多历史的关键点，大量采访历史当事人，通过他们的口述再现历史，这样写出来的东西才有深度，有价值。①

20 世纪 70 年代，新一代美国历史学者开始着手撰写来自社会底层的历史。他们将口述历史的对象瞄准那些不使用文字记录或者被剥夺权利的人群，他们终于超越了第一代口述历史学家主导的精英访谈模式，扩展了口述历史的视野。第二代口述史学家希望摆脱精英史学观，重视下层平民，撰写草根的历史。其中最有代表性的是美国作家斯塔兹·特克尔（Studs Terkel），他以“美国到底怎么了”为题，采访了美国政商界人士、美国小姐、影星、工人、学生、黑人、移民等三教九流的人，用丰富的口述资料写成四部口述历史著作。②

目前，中国的口述史正在朝写大众人物方向发展。中国社会科学出版社《口述自传丛书》出版了许福芦的《舒芜口述自传》、刘延民的《文强口述自传》、蔡彻的《黄药眠口述自传》。北京大学出版社《口述传记丛书》推出了《风雨人生——萧乾口述自传》、《小书生大时代——朱正口述自传》等。

当下，也出版了不少凡人的口述史传记，如李耀宇、李东平父子合作的《一位中国革命亲历者的私人记录》，它是一个自幼参加中国革命的普通士兵对其人生经历的私人记录，这个平凡的小人物，拥有非凡的经历。此书摈弃了以往革命者回忆录的正统性、严肃性和革命性，完全以世俗的角度来讲我们熟悉的人生历程，充满了生活的趣味。可以说，小人物见证了大历史。

陈文的《吃饭长大》，严格意义上不是口述史，而是自传。不过，敢写凡人生活经历的理念值得关注。这是一本每个人都可以写可以出版的书，就是细心记录一个人的成长和生活历史。它通过对平凡琐碎生活中大量的人与事的回忆，真实地还原了时代的原生态。③ 考虑到借助他人来做口述史总会受到一定的限制，所以自己动手写自传最为要紧。自传可与口述史学相辅相成。

大众人物书写，可以是个体记忆，也可以是集体记忆。“集体记忆”，也叫“大

---

① 叶永烈、李雪萌：《叶永烈：史笔记录中国“大转折”》，《济南日报》2008 年 12 月 16 日。

② 杨祥银、梓皓：《口述历史“草根史学”冲击“精英史学”》，《民主与法制时报》2011 年 3 月 28 日。

③ 李存修：《人人都可出本书——评陈文的口碑历史书〈吃饭长大〉》，《南方日报》2003 年 11 月 15 日。

图 4-15　陈文《吃饭长大》

众记忆"，即"作为社会发展进程的大众记忆"。素材主要来自地方和民间，记录的是名不见经传，甚至是被视为社会边缘人的生活与思考。它关注的是沉默的人群（如妇女、少数民族、社会底层）和人们沉默的声音（私人情感、生命体验等）。美国学术界对口述历史的重视集中在口述者的多元人文群体特征上，包括移民、妇女、同性恋、激进左翼、女权主义者、印第安人、亚裔、非洲裔、拉美裔等。①

钟少华《早年留日者谈日本》，定宜庄《最后的记忆——十六位旗人妇女的口述历史》，吕国光《农民工口述史》，张健飞、杨念群《雪域求法记：一个汉人喇嘛的口述史》，刘小萌《中国知青口述史》，李小江主编的"20 世纪中国妇女口述史"丛书等著作是值得关注的口述史作品。

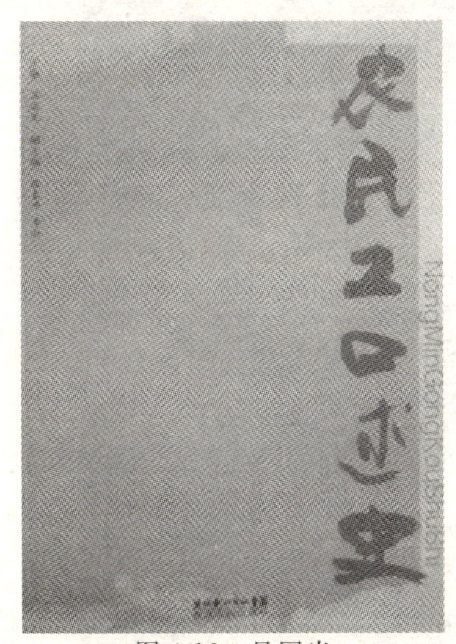

图 4-16　吕国光
《农民工口述史》

图 4-17　刘小萌
《中国知青口述史》

二、事件由宏观而微观

日常生活的历史最重要。在宏大叙事之下，缺乏中观及微观层面的描述与

① 赵晓阳：《文本与口述之间——YMCA 干事口述访谈及口述史料在基督教研究中》，《基督宗教研究》第 7 辑，宗教文化出版社 2004 年版。

记录，是国内主流史学的缺失。陈秉安对从深圳逃亡香港的近百万人的故事产生了兴趣。22 年时间过去，他写出了长篇报告文学《大逃港》（广东人民出版社 2010 版），记录了“冷战时期”历时最长、人数最多的群体性逃亡事件。谢朝平将三门峡移民的历史写成书，于 2010 年 5 月出版了 30 余万字的纪实文学《大迁徙》(2010)。[①]

图 4-18　陈秉安《大逃港》

图 4-19　谢朝平《大迁徙》

三、专题由单一而多元

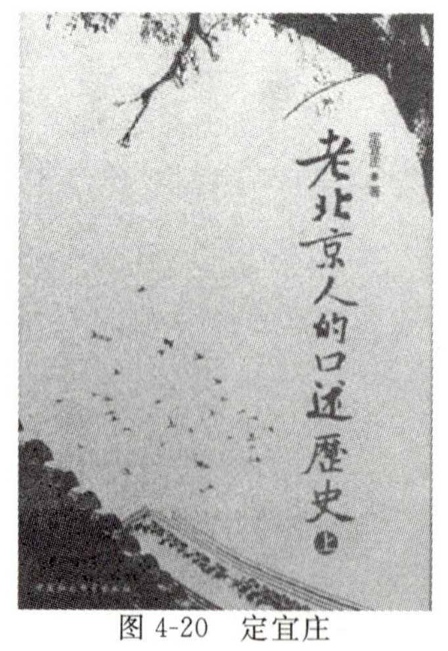

图 4-20　定宜庄《老北京人的口述历史》

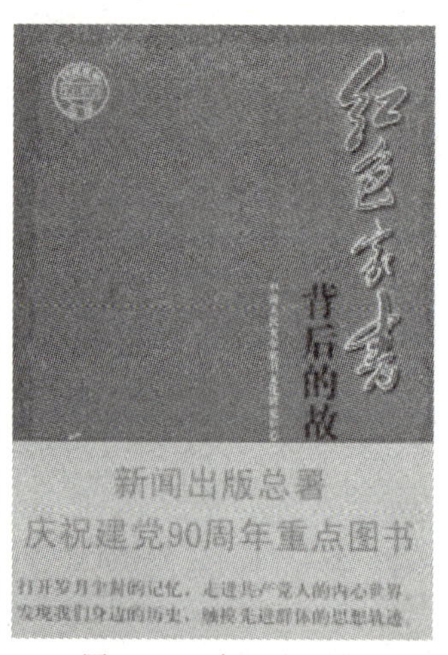

图 4-21　中国人民大学家书文化研究中心《红色家书背后的故事》

① 刘芳：《当代中国的民间写史者》，《瞭望东方周刊》2011 年 2 月 20 日。

定宜庄《老北京人的口述历史》(中国社会科学出版社 2009 年版)，旨在以访谈形式通过老北京人的口述，反映晚清以来北京人的生活变迁与历史命运，进而追溯近百年来北京城市生活史。本书的访谈围绕着人来展开，关注的是人和人的生命史，正是这些人的生活、人的生命，构成了一个城市的灵魂与神韵，是研究一个城市不可或缺的重要部分。

尔冬强喜欢研究历史，率先提出了视觉文献的概念。经过近一年的努力，他对 150 余名"茶客"进行了访谈，都是上了年纪的老人，对朱家角有一肚子掌故要说。于是，就有了《口述历史:尔冬强和 108 位茶客》(上海古籍出版社 2010 年版)的问世。

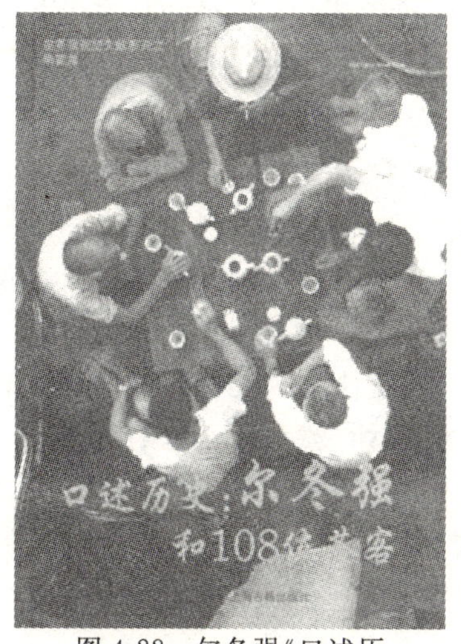

图 4-22　尔冬强《口述历史:尔冬强和 108 位茶客》

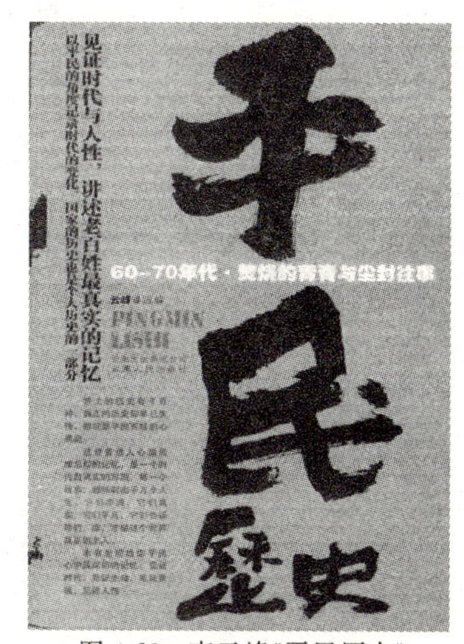

图 4-23　李云峰《平民历史》

我们提倡大家都来做"口述历史"，不为别的，为了让每个人都能够活出历史感和价值感。口述历史，从宏观来说，是在浩瀚的历史海洋中增加一滴水；从微观来说，是为子孙后代留一个记录，留一段记忆，乃至留一种精神。[①] 我们亲自记录历史的时刻已经到来了。

口述访谈对象的开放性与多元化格局，为中国口述历史的迅速发展奠定了基础。

① 曹静:《大家来做"口述历史"》,《解放日报》2006 年 3 月 31 日。

第四节　口述史的流程与规范

口述史是历史学的一个分支学科，是学科就得遵从科学的逻辑，就得有一套合符学术范式的游戏规则。曹幸穗认为，口述史的工作应遵循“四化、五原则、三阶段”[①]，下面结合曹幸穗诸人的观点略述之。

一、口述采访加工流程

口述史采访加工包括三个阶段：项目准备阶段、实地采访阶段、资料整理阶段。

首先是项目准备阶段。

先要设立项目，明确采访的宗旨与内容。然后收集与项目相关的历史背景资料，包括重要事件、重要人物、专业术语等。在此基础上，根据自己的需求，编制设问提纲。最后是制定项目各种业务工作表格，如口述访问资料登记表、受访者捐赠资料目录、受访者口述记录资料。如果是大型项目，应举办项目主访人培训班，统一认识，提高项目完成质量。美国口述史协会规定口述访谈工作必不可少的一条是访谈者与受访者之间要签署契约、法律授权书等，这明显带有西方法制社会的传统。中国人一向喜欢用温情的人际关系来办事，所以暂时可以靠关系来联络访谈对象[②]。不过，从长远来看，项目主办者与受访人应签订一份某某项目口述史访谈协议书，这双方均有约束作用，避免不必要的麻烦。

然后进入实地采访阶段。

口述史采访采取小组负责制，至少得有二人，一人负责提问，一人负责录音与记录。然后制定采访计划草案，商量好采访时间，配备必要采访器材如录音笔。在采访过程中，既要按既定计划和设问提纲进行，又要根据现时情况灵活变通。采访中要讲究谈话艺术。针对不同的采访对象，应采取不同的提问形式和谈话技巧。针对文化层次低的人，通常采用由浅入深，层层追问，环环相扣，发掘细节的提问形式，再配以拉家常和谈话中耐心倾听、善于引导的技巧。这既营造了一种双方融洽的气氛，又拉近了采访者与被采访对象的距离，还避免了谈话中主题的偏离。针对有文化层次高的人，通常采用抓住讨论主题，开门见山，单刀直入，切中要害的提问形式，再配以专业化术语，既能使被采访者感

① 曹幸穗：《口述史的应用价值、工作规范及采访程序之讨论》，《中国科技史料》2002年第4期。

② 姚力：《我国口述史学的困境与前景》，《当代中国史研究》2005年第1期。

觉采访者讲求效率，不会产生过多占用时间的厌烦情绪，又能让被采访者知道采访者内行，值得交谈。针对上层人士提问，通常采用诱导性的提问形式，再配以谦虚谨慎，察言观色，旁敲侧击，刨根问底的谈话技巧，从而经常能得到生动具体、细节鲜明的访谈成果或意想不到的珍贵口述史料。采访中善于观察、沉默、倾听，同样是谈话艺术非同凡响的表现。特别是遇到采访对象隐晦或易于伤感的问题时，要善于采取不直接问当事人而以迂回采访的方式获取答案。[①] 也有人反对引导，称口述历史就是倾听，好好地听，让对方按照他自己的逻辑和思路顺畅地去讲，要跟着受访者一起喜怒哀乐。这是两种不同的口述方式，均可采纳。

最后是资料整理阶段。

主访人负责口述原始资料的整理，整理后的文本要及时送请受访者确认签字。将汇集的资料移交指定的收藏保管部门，办理移交手续。根据与各个受访者签订的口述资料协议的条款，区别情况进行口述资料的处理。[②]

二、口述史的工作规范

至于口述史的工作规范，曹幸穗提出了五点：

其一，史学单元原则。一个具体的口述史项目，必须构成历史学意义上的完整的学术单元，不妨可称之为史学单元。一个史学单元由许多采访单元组成，如社区类项目、事件类项目、人物类项目、行业类项目、群体类项目等。

其二，回忆性陈述原则。口述史侧重于受访者对过去人事的真实回忆。只有在事过境迁、物是人非之后，只有在“昔日当事者，而今局外人”的现实状态之下，受访者才能以局外人的身份回忆其亲历、亲见、亲闻，并且道出迄今鲜为人知的故旧往事。

其三，尊重受访者意愿和隐私原则，要贯穿于口述史活动的全过程。在访谈阶段，凡涉及访谈内容、记录方式（笔录、录音、摄影、录像）等问题，都要事先征得受访者的同意。对于口述史料的刊行和使用，要有明确的书面协议。

其四，忠实于口述记录原则。口述史的第一主体应当是受访者，因此受访者口述的原始记录是至为重要的，其后的整理加工都应遵循忠实于口述记录的原则。主访者只能在理顺文法、调理逻辑结构等技术层面上进行整理加工。这正是口述史资料的原始性价值。

---

① 黄文魁：《论口述历史与人物访谈——以黄现璠的访谈成果为例》，中国经济史论坛，2009 年 11 月 6 日。

② 曹幸穗：《口述史的应用价值、工作规范及采访程序之讨论》，《中国科技史料》2002 年第 4 期。

其五，口述资料整体性收藏原则。原则上，一个项目的资料应当专函专柜收藏，以便查阅利用。为了方便使用，要编写一份详细的某某项目资料总目以及互见式索引目录。[①]

① 曹幸穗：《口述史的应用价值、工作规范及采访程序之讨论》，《中国科技史料》2002年第4期。

第五章
走入寻常百姓家的小历史

【讨论主题】

1. 大历史与小历史
2. 小历史的主要形式
3. 大众史学兴起的背景及现状

【课前阅读材料】

1.［英］艾瑞克·霍布斯鲍姆：《非凡的小人物——反抗、造反及爵士乐》，王翔译，新华出版社 2003 年版

2. 王鹤鸣：《中国家谱通论》，上海古籍出版社 2010 年版

3. 朱文华：《传记通论》，复旦大学出版社 1993 年版

4. 陈兰村：《中国传记文学发展史》，语文出版社 1999 年版

5. 杨正润：《现代传记学》，南京大学出版社 2009 年版

6. 姚建康：《家谱编修指南》，云南人民出版社 2006 年版

【课后实务项目】

书写一部家族历史，题目为《××（省）××（市、县、区）××（镇或街道）×氏家谱》，体例详本章。完成时间一个月。

中国是一个有着悠久历史书写传统的国家，然而，它重视的是国家历史书写，至于小历史书写即平民历史的书写，则是被忽视的。中国当然有传记、家谱、村志编纂的传统，然而离“小历史”还有不少距离。换言之，我们现有的传记、家谱、村志，多是着眼于“大历史”视野。这正是我们不满意之处。身处在走向现代

公民社会的当下时代，“人人都是他自己的历史学家”[①]，美国史家贝克（Carl Becker，1873—1945）1931年说的话，让我们的内心深切呼唤着小历史书写时代的早日到来。什么是小历史？小历史包括哪些？为什么要书写小历史？小历史书写产生的动力是什么？如何书写小历史？本章拟对这些基本的理论问题做一系统探讨。

第一节　什么是小历史书写

一、小历史书写的定义

“大历史”、“小历史”是由黄仁宇提出的，是从历史视角入眼的。“大历史”是指宏观历史，“小历史”就是微观历史，就是历史的细节。赵世瑜所谓“小历史”，是“那些局部的历史，比如个人性的、地方性的历史；也是那些常态的历史，日常的、生活经历的历史，喜怒哀乐的历史，社会惯制的历史”。所谓大历史，就是“那些全局性的历史，比如改朝换代的历史、治乱兴衰的历史，重要事件、重要人物、典章制度的历史等等”。[②]

笔者所谓“大历史”与“小历史”，是从历史书写单位入眼的，是根据国家与社会视野来划分的。以国家或全球为对象的历史书写，就是大历史；反之，以社会民众为对象的历史书写，就是小历史。小历史主要有个人史、家庭（家族）史、乡村（小区）史、公司（企业）史、特殊群体史（女性、劳工等）。

传记是记录某人生平事迹的文字，是记载人类生命历程的载体。其种类，包括一般的传记、自传、评传、小传、特写、回忆录、年谱、小说化的传记，等等。传记可分自传与他传，生传与史传，长篇与短篇。

家谱（宗谱），简单地说，就是以记载父系家族世系、人物为中心的历史图籍。它是一种以家族为记录客体的书籍，侧重于族人世系及相关的历史。家谱是一个动态的概念，不同的时代有不同的含义。家谱的演变，从记载家族来看，经历了由上（皇室）而下（士大夫）的演变过程；从功能上说，经历了由档案到历史的过程。有什么样的家族体制就有什么样的家谱。到了现代社会，家族以核心家庭为主，所以，家谱的编纂会出现小家庭家谱与大家族宗谱同步发展的趋势。家谱的功能也就成了家族历史载体，是一种记录家族变迁和家族人物世系、传记的图

① ［美］卡尔·贝克：《人人都是他自己的历史学家》，《中学历史教学》2005年第11期。

② 赵世瑜：《小历史与大历史：区域社会史的理念、方法与实践》，三联书店2006年版，第10页。

书，家谱回归为纯粹的家族史。家谱的编纂，其作用在于寻根问祖，在于平民历史的回归。

二、小历史书写的特点

小历史书写有以下特点：

(1)坚持大众史学观，即人人都有历史，一个人有自己的历史。一个家族有自己的历史，一个村落也有自己的历史。“大众史的撰述是人人可以写的历史”，这就是大众史学口号。大众史学一方面以同情了解的心态，肯定每个人的历史书写；另一方面也鼓励人人书写历史，并且书写大众的历史，大胆地提笔，为个人、家族到小区、职场等写历史。确立大众史观，写平民，写普通人，是其导向所在。人人可以成为历史的书写者。

(2)既写大人物，也写人小物。在传统精英史观下，历史的书写，突出大人物，忽略小人物。大人物是指那些视线的焦点和关注的焦点，也是被一般人仰望的存在。小人物是指那些平时不起眼的人物，这些人平常多被人们的视线所忽略，只是将他们看作一个移动的存在。人类社会古往今来都是由大人物和小人物构成的，小人物创造历史，大人物统领历史，但是创造者往往被历史湮没，而统领者的名字则被记载甚至镌刻，供后人解读。正因为如此，对小人物的关注，成为解读历史的新方式之一。

(3)日常取向，写庶民日常生活。小历史讲述的是老百姓的故事，是人类个体生活经验的回忆。

(4)仍可借用传统载体传记、家谱、村志(村史)。小历史所及的三种文体，中国历史上早已存在。然而，因受大历史观的影响，其内容以写大人物为主。今天提倡的小历史书写，虽仍借用这些形式，但实际上作了较大的变动，既写大人物，更写小人物。不然，也不必打出“小历史书写”的旗号。

每个人的记忆都是历史的一部分，可惜个人记忆记录往往被大历史长河所淹没。胡适(1891—1962)生前一直鼓励大家写回忆录、写传记，不仅名人写，普通人更应该写。在他看来，这就是在记录历史。我们相信，在未来，个人记忆类文本将会越来越多。除了各类名人记忆以外，也会出现更多的普通人记忆。当然，小人物记忆文本的传播空间不会像大人物记忆文本那么广，这也是应有思想准备的。

第二节　何以要书写小历史

传统的理念，历史就是国家史。在这种大历史视野下，平民是没有历史的，在历史这个舞台上能“走几步”的都是帝王将相、英雄豪杰。

一、民间历史书写的冷落

民间历史书写在传统中国的冷落有两个原因：

其一，是强国家与弱社会效应的结果。历史书写背后有一个历史选择权问题。权力在谁手中，历史书写就朝对谁有利的方向发展。传统中国是一个“包容式的家国同构”的国家。由于国家可以涵盖社会，只有国家没有社会。在一个国家强权时代，政府的是否存在，是否记录，影响全局。至于个人的存在与否，不会影响全局。平民无权，没有自己的管道，也不会想到做这种事。百姓的声音，不会形诸文字，不会被保存下来。所以，中国传统史学的本质即是一项为统治者提供“资治”的学问，历史不过是政治史（政府的政治意识与政治活动史）的代名词，这种历史视角是“自上而下”的，它只注重宏大的历史叙事。

其二，也是由农耕社会生产生活方式的简单性决定的。传统中国一直处于农耕社会，农耕社会与工商社会相比明显不同。农耕生产是一种简单再生产，农耕社会以乡村为中心，生活方式相对单调。在照明条件落后的情况下，农民生活是一种自然型生活，遵循日出而作、日落而息的规律，没有夜生活。农民是穷人，是弱势群体。农民的弱势，决定了其社会地位的低下。民间力量非常之弱，民间之事自然不受人重视。

由此说明，大家学习的历史都是民族的历史，国家的历史，精英的历史。这样的史学，实际上是一种精英史学。只是到了20世纪，梁启超提出“新史学”，要求写“民史”，反对只写“君史”（国家史学、政府史学）。此时，中国才有“民史”（民间史学）概念，才有所谓小历史书写的影子。人是有自我尊严感的动物，“雁过留声，人过留名”，谁不想把自己的名字、自己的事情留在世上呢？现代社会的发展，使百姓也能享受这种待遇。何以如此？主要有以下几个因素：

一是农耕文明逐步向工商文明的转型。大众书写的发展状况，取决于民众在历史发展中作用的突出程度，取决于历史书写价值观念的解决，否则就不会有大众书写的存在与发展。这种变化，首先发生于西方。工商社会是一种扩大再生产，以城市为中心，是一种打破自然规律的生活，有丰富的夜生活，从而促使城市娱乐文化的发达。市民尤其是其中的工商者，都是拥有资金的资本人，是强势群体。有经济力量，才有社会地位。工商者的强势，决定了其社会地位的崇高。他们是国家的主人，是家族的英雄，自然值得关注。社会（民间）的力量越来越强大，社会民众在历史发展中的作用越来越突出。这时国家（政府）显然无法再一手遮天，国家对社会的掌控松动，单一价值崩解，于是民间的历史书写开始受人重视。

二是政治的开明化。君主时代逐步向民主时代的转型，赋予了公民写史的可能。记忆可以成为不同集团演绎权力的方式，强者可以通过塑造记忆来控制弱者，记忆也可以成为弱势民众的武器。书写小历史是公民的权利。历史是我们国家、社会乃至整个人类的集体经验，这种集体经验的保存，是真正的公共事务。从这个意义上讲，书写与知道历史就是一种公民权利。因此，这是一个"公民写史"的时代，它给了我们每个人一支笔，以打破几千年来被官方和史官垄断的历史书写权和解释权。

三是教育的普及化。古代社会，读书人数量总体上不足。教育程度低，自然无法写自己的历史。今天，教育日益普及化，进入了所谓的大众教育时代，受教育人口数量大增，各个家族多多少少都有出文化人，这些文化人为小历史书写创造了人才队伍。

四是历史观念由精英史观而大众史观的转型。传统史家"把历史发展的动力归结为精英人物精神作用的结果，致使普通人在以往的历史著作中，只是被看做是大人物的陪衬，是精英统治下的永久牺牲品。"①。现代史家抛却过去传统历史关注政治和宏大事件的目光和呆板的叙事方式，转而关注日常微不足道的细节，成就普通人的历史，这就是历史观念的进步。人人都有自己的历史观，人人的历史都是历史。人民既是历史的创造者，也是历史的书写者。提倡大众史学观，开辟了一条大众都可以参与的史学研究之路，让大众明了自己走过来的历史真相，让大众真正有知情权。从我写起，从我家族写起，从身边写起，由近及远，由小历史到大历史，这就是大众史学的小历史书写要旨。

五是书写与传播技术的普及化，使民间历史书写成为可能。过去之所以只有显贵的历史，部分原因是普通百姓无力自印书籍。当代的技术发展，令一般人都有机会参与历史书写。印刷术的普及，还有摄影、录像、互联网，提供了许多历史书写的机会。近年越来越普遍的个人回忆录出版、口述历史计划，以至个人网站、数码录像、摄影等等，都可以说是历史材料，可补充官方文献与新闻媒体记录之不足。

---

① 庞玉洁:《从往事的简单再现到大众历史意识的重建——西方口述史学方法述》,《世界历史》1998年第6期。

二、小历史书写基本理由

小历史书写的意义，可以从以下几个方面加以观察：

其一，是公民主体修史，而不是被动写史。其实，普通人不只是历史的注脚，也可以成为历史的主角。写自己的小历史，就是主动修史。每个人都是历史的亲历者和见证者。作为普通百姓，个人对社会进步的推动或许极其有限，但这样的个人却是社会变革最真切的感受者，他们的故事、他们的喜怒哀乐，最能说明时代的变化和社会的进步。小历史书写可以让自己的生命旅程留下永恒的纪录，也为乡土的历史传承保存可贵的史料。历史是任何已经发生而不应忘记的事情。这样写就的历史，未必是宏大叙事，但点点滴滴的事实，将会汇成最本真的大历史。[①] 如《看历史》是一本以"黑色的眼睛，发现彩色的历史"为宗旨的杂志。

其二，借小历史可以观照大历史。家族史是小群体史，是大群体史的实验场所。小历史重在从小视角下看到的真实历史。英雄豪杰、才子佳人的故事会，是人类漫漫的历史长河中最华丽的元素。但普通人的故事，普通人家庭命运的变迁，他们的梦想追求、悲欢离合，在大历史背景下的迷惘无助、痛苦挣扎，也常常让人感动。最起码，是一种对生命和人性的尊重。普通人影响不了大历史，但没有他们，大历史该多么苍白无力。个人生活史可以折射时代变迁，是大历史的有益补充。而且，这种个人化的小历史往往更生动，历史的真相有时隐藏在不经意的细节中，更能呈现出历史的原貌。[②]

其三，小历史书写将普及历史学。普通人的命运被真实地记入史册，不仅还原了历史的真相，而且也是"人民群众创造历史"这一历史观的回归。这样的历史学，才是普遍的历史学，与每个人相关的历史学，历史学的功能才能充分体现出来。让史学成为与每个人命运相关的学科，成为广泛的人类之学。只有人人都感觉到了历史记载的重要性，史学的功能广泛化了，才能使史学之树常青。在这个大众化的时代，只有能成为大众关注的东西，才有生命力。史学能成为大众关注的学问，史学就会有生命力。通俗传播只是一个方面，通俗是史学成果与历史内容的面向大众的传播问题，大众史学则是使史学成为人人可用的工具，人人都是自己的史家。史学不再是政府关心的，也是大众关注的东西。大历史为政府所用，小历史为民众所用，大历史与小历史结合，史学的功能就会充分出来。只有小历史与大历史结合的历史学，才是全面的充分的历史学。小历史将扩大历史学的影响，有可能成为人人关注的显学。

---

① 左月：《我们一起来书写历史》，《看历史》2010 年第 4 期。

② 殷晓章：《小村浓缩 6000 年历史，还原普通人生活风貌》，《新民晚报》2004 年 4 月 7 日。

其四，小历史书写可以培养人的历史意识。在回顾之中，可以培养出人的历史意识。刚来到人世的人，当然不会有历史意识；但在逐步走向暮世的人，历史意识会越来越强。因为，他们经历的时间长。人会不断回顾自己，总结自己，必须隔一个时间段才会思考问题，那是在考虑自己身后会留下什么。回顾与展望是人类的特性。现实的判断标准是实用价值，而历史的判断标准是文化价值。历史意识可以让人多一只高级眼睛，在实用价值之外能关注历史价值。

其五，提升历史书写的能力。历史书不书写，取决于历史意识与书写能力。老人自然具备了历史意识，但不一定具备书写能力。今天的大学生既具备了历史意识，也具备了书写能力。大学生是文化人，是生活于书林之人，关注精神性东西，当然可以参与历史书写活动。对一个大学生来说，大历史书写暂时派不上，但可以做小历史书写。学生要学会讲故事，至少学会叙述自己的故事，说自己家族的故事，说自己家乡的故事。以后，则是在众多资料基础上，说自己民族的故事，说自己国家的故事。会书写小历史，才会书写大历史。这项活动可以促进历史意识与书写能力的培养，这是历史学书写最好的训练工具，值得推广。历史系大学生应成为小历史书写的主力军与倡导者。通过小历史书写，可以培养学生的历史意识、历史感，加深对历史学的理解。从历史系学生入手，培养小历史书写人才，无疑是一个好的选择。有意识，有能力，有榜样，才会形成一个好的社会风气。

三、新修家谱的当下意义

新修家谱于当下具有重要的意义：

首先，接续中国家谱编纂的传统。中国有着悠久的宗族历史，也有着悠久的家谱编纂历史。到了20世纪50年代，宗族制度崩溃，政府深入基层，行政组织代替自然组织，生产队队长代替了自然村的族长，宗族成为普通的邻居，同宗观念弱化，只在红白喜事时保留。现代的个人负责制度，也促进了宗族的解体。区域组织代替血缘组织，这是必然的趋势。在这个过程中，家族史编纂传统也遗失了。经过“文革”，中国的家谱编纂断档了三四十年。20世纪80年代以后，家谱编纂传统才逐步恢复。今天有必要接续这个传统，并且要大力普及、推广这项活动，让每一个家族都有自己的家谱。

其次，没有家谱就没有家族历史，没有完整的家族传承。家族史为什么重要？可以不写吗？不写当然可以，不影响一个普通人的生存与发展。但如果有了家族史，会更好，更有意义。不写，先人事迹没有记载。不写，自己的事迹也不会被记载，死后没有人知道。人来一趟人世间不容易，时间不长，至多百年。百年似乎相当长，但从历史长河来看其实相当短暂。要将短暂的生命延续下去，必须做繁殖工作，一是子孙的繁殖，二是精神的延续。不孝有三，无后为大，这是中国人的基本常识，也是一个优良的种族繁殖传统。然而，中国人也有一个不足，那就是轻视精神的延续、历史的延续，忽视了家谱这个传家宝。没有家谱，人类的家族记忆多只能追溯三代。因为，家族上下代成员可以交叉生活的时间多不出三代，而且在时空上只能是部分交叉。如果30年为一代的话，则父亲只会了解爷爷的中晚年历史，孙辈只能直接接触爷爷的晚年，谁也无法完整地接触上代或下代的一生历程。同时，人的一生表现是多领域的、多面相的。由此可知，上下代家族成员的直接接触有较大的局限，时间上不可能全过程，空间上不可能全方位。直接接触不可能全，间接接触更不可能全。三代交叉的百年之内，可以通过直接的接触，有一个直接的大脑记忆。三代之后，必须通过文献的间接记忆来了解家族祖先的言行。随着未来生活的无限延伸，人类大脑的历史记忆会出现无限递减现象，祖辈的事迹会不断地被遗忘。在这种情况下，如果祖辈的思想、事迹不转化成文字记录下来，祖先们的历史记忆就会全部丧失，会彻底消失于地球，祖先业绩不为人所知，家族历史若明若暗，家族从此成为一个没有文化之根的家族。相反，如果将家族历史写进一本书中，就有了一个文化之根，残缺的家族传承就有了一个完整的传承，能知道祖先的来源，知道“我是谁，我从那里来”。中国不能成为一个永远只有三代记忆的实用民族，得知道自己从哪儿来。只有血缘传承与文献传承相结合，这样的传承才是完整的传承。

其三，家谱可以让祖宗与后代有一个共同的精神家园。有人会问，为什么要记住家族历史？记住它干什么？最为重要的一点是，留住历史记忆，可以随时回味，温故而知新，从中获得一些收获。大脑中的历史记忆是一笔财富，留存大脑中，可以自用；如果外化，讲给人听，可以小范围内他用；如果进一步写成书面文字，可供更大空间人所用。人类的高明，在于可以将智慧用文本写下来，不断流传下去。编纂自传、家族史，让自己的事迹与记忆不断传承下来，至少在家族中不断传承，这是一种相当积极的人生观。追溯生活历程，总结人生得失，是做人的一大任务。人类的伟大，正在于能用文字记录人类的言行。祖先逝世以后，只剩下文化价值，其人生经验、人生历程，会对后人有一定启发。有了文本，人死后，其故事仍可流传于世，影响后世，可以为后辈所传。有了家族史，就建构起一座家族精神家园，可以激励后人，让前后代精神相通。一个人站在列祖列宗前，翻阅着记录着祖辈生命承继过程的家谱，会升起一种生命的神圣感与历史感，从而让人学会尊重生命、敬畏生命、珍重亲情，提高自己的家族责任感。

其四，写家谱是家族历史文化积累的开始。一个家族平淡或辉煌的历史，必须通过文本来展示。只有文本才可以超时空流传。没有历史记载的家族，是一个文本中不存在的家族。有了家族历史的文献积累，才有资格称为文化家族。

家族文化有一个积累过程，没有几代人的积累，是不可能进步的。俗话说："乱世藏黄金，盛世修家谱。"今天，物质生活水平提高了，接下来应该提升精神生活，家族文化建设应提上议事日程。只有建设好家，才能建设好国。写自传、修家谱是一项家族文化工程建设活动，正是家族文化积累的开始。普通人面对写传与修家谱，第一反应往往是"吃饱了饭，闲着没有事干"。此话没有错，它是需要吃饱了饭的人才会想到做的事。一个人解决温饱以后，只想着物质享受的人，是境界较低之人；如果能进一步做一些文化事业，那就是一个境界较高的人。受过中等以上教育的文化人，应有所觉醒，主动地承担起家族文化建设之任。我辈今日不修谱，三代之后谁知你。你记住你的祖辈，子孙也会记住你。修了家谱，从此就开了一个好头，进入家族文化传承时代，以后可以不断续修，让家族文化不断传承下去。

其五，修谱是公民修史权的回归。到了公民社会，公民成为国家的主人。既然是国家的主人，当然有资格书写自己的小历史，写自己家族的历史，这是历史书写权的回归。

其六，可以丰富大国家史。到了公民社会，要修大国家史。大国家史如何修？应从小历史书写的积累开始。传统的小国家史即政府史要成为大国家史，必须建立在家族史丰富积累的基础上。古代政府史发达，是因为政府记载受重视。今天要改变这个习惯，必须从家谱编纂开始。只有有了丰富的家族史，才可能有丰富的大国家史。公民家族史越丰富，大国家史才越丰富。

图 5-1　王鹤鸣《中国家谱通论》

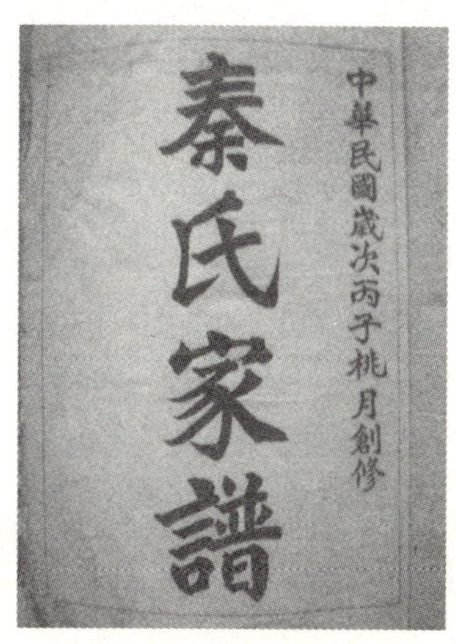

图 5-2《秦氏家谱》

四、小历史也要写成文本

小历史之所以要写成文本，一方面是由口述的劣势决定的，表现为接触的不足、记忆的不足、口传的不足。其一，受农耕民族习惯影响，中国人尤其是低层社会，比较注重物质层面，而忽视精神层面。人类的现实交往首先是一种感性交往，多凭自己的感官来感知。见面谈现状、谈琐事。只有感性的交往，就会缺乏深度的系统观察与思考。其二，人类的普遍习惯是关注现实，而少谈过去。因为现实有用而过去无用。过去的就让它过去吧，过去只在反思事物或人物时才有一定的参考意义。能偶尔关注过去、想想未来的人，总是少数。从时间段来说，老人因为有丰富的人生经历，退休后闲下来没事可做，就会反观自己以前的历程，故有“历史老人”的倾向。而青少年与中年忙于现在与未来，没有时间打理过去，自然不关心历史。其实，一个人到了一定的年龄段，应停下来反思一下自己的历程，目的是为了更好地前进。写个人的历史，写家族的历史，本质上是反思，就是回头观看，温故是可以知新的。其三，中国人往往只有大脑记忆的历史，没有外化的书面记忆历史。在现实生活世界，人类更习惯于用口头来表达自己的思想，而不习惯于用书面方式来表达自己的思想。能用文字来表达思想的人，总是少数。文献历史可以说是记忆的延伸与扩大。

另一方面是文本的优势决定的，便于阅读与流传。文本的阅读效率相当高。人类的讲话速度远低于阅读速度，讲话传递的信息量远低于文本传递的信息量。要讲完自己的故事，十分钟讲不完；而一篇上万字的传记或家谱，可以在十分钟内阅读完毕。由此，传播效率也高。有了文本，可以让人在较短时间内了解自己，这是推销自己，让人了解，增加透明度的手段。更为重要的是，没有文字传记就不可能对一个人的一生有一个全面的理解。靠直接的接触或间接的接触，无法形成一个整体的、全面的人物形象建构。直接接触所形成的认知，只能以片断形式储存于人的大脑记忆之中，类似瞎子摸大象原理，任何一个个体无法形成一个整体的形象建构。没有文本，理解是相当困难的。人类的历史记忆，一旦脱离大脑，成为文字，就可以自由组合了。文本建构可以将自我认知与他者认知结合，可以将不同视野、不同人的认知组合起来，形成一个完整的图像。这种由文字、图像组合而成的历史记忆文本，是一个自足的文本。有了文本，人与家族的历史就可以独立流传了。百年之后，故事仍存于世。只要后辈保存，图书馆收藏，其事迹可以永远流传。后人可以通过查阅家谱，了解某些家族的人员做了什么事。

第三节　如何书写小历史

一、凡人传记的写法

其一，对家族发展有贡献的凡人均可写传。立传，有一个什么人有资格成为历史书写对象的问题。传统中国人立不立传，取决于“三立”（立德、立功、立言）观念。古人受“三立”观念影响，凡是符合“三立”者立传。“三立”观念是一种大历史视野，是典型的精英史学观。其实，人的重要性取决于选择空间范围的大小。空间不同，人的价值大小也不同。从国家、民族来说，符合“三立”要求的精英有资格成为历史书写的对象；而从小范围来看，普通的家族、个体也有资格成为历史书写的对象。小历史书写，应在小范围内考量人物的重要性。对一个家族来说，每个人员都是重要的。尽管他可能只是一个普通人，工作是平凡的，但能将孩子哺育长大，让一个家族生存下来就是贡献。没有祖先就没有后人，它是一个自然发展链，一环扣一环。凡对家族有贡献的人，均是值得关注、可以列为传记的人。也就是说，必须从家族的自我繁殖、从家族的生存与发展历程来考察不同家族成员的作用。

其二，凡人有凡人的写法。凡人传记的写作，要避免传统史传“三立”观念的束缚。既为凡人，必定没有丰功伟绩可写。凡人传记，更适合用文学传记法。“性格决定命运，性格主宰人生”[①]，“胸怀决定格局”，故要研究人物的性格类型。传记的写作，主张从性格分析入手，重在讲述一个人的命运，要顺着他（她）生活的轨迹来寻找他（她）的一切。全面展示一个人的生活轨迹，写出凡人的生活方式、生活经历、人际交往网络及生活经验体验。家谱中的人物传，尤其主张从家族史角度，整体建构人物形象。凡是能说明其特点与精神的材料与事例，譬如如何辛勤地操持家庭、养育子女、孝敬长辈、尊敬同辈、友爱下辈等朴素的做人思想，均应成为关注重点。

其三，要善于发掘小人物故事背后的大意义。要不要全部记住家族成员，他们的思想与事迹有什么意义，这是不断要让人来回答的问题。由此可知，历史是否被记载，取决于人们对此事意义的追寻。人类只做有意义的事，不做无意义的事。如果觉得有意义，就会记载下来；如果觉得没有意义，就不会记载。不过，对意义的认定，不同的人有不同的角度，所以这是一个相对的概念，不是绝对的。

① 潘东麟：《性格决定命运》，吉林大学出版社 2010 年版。

凡人往往会觉得没有东西可写，那是因为没有发现意义。其实，揭示一个人的生活方式、生活经历，总结生活经验，给后人以启示，就是意义所在。

其四，发扬实录精神。真实性是传记的第一特征，传记应是真话的文字表现。因为传记叙写的是历史或现实中存在的活生生的人，有真名实姓、居住地点、活动范围等，写作时不允许任意虚构。但传记不同于一般的枯燥的历史记录，它又具有文学性。它是写人的，有人的生命、情感在内；它通过作者的选择、剪辑、组接，倾注了作者的爱憎情感；它需要用艺术的手法加以表现，以达到传神的目的。

其五，多角度来观察人物的行为特征。人的行为会多面性展示，扮演不同的角色。一个人在工作单位的表现与在家中的表现是不同的，在不同人面前的表现也是不同的。要理解一个人，并不是一件容易的事。空间的远近、性格的异同、专业的远近，这些均可影响人的观察与理解。相对说来，空间近的人、性格相同者，对人的性格与行为特征的理解容易些。至于专业工作则更为复杂，只有同一专业工作圈的人，才能感受与理解对方的专业思想与专业影响。传记的建构，要外部视角与内部视角相结合。

其六，要用肯定与欣赏的眼光来写凡人。史学原则向来强调实事求是，于是要求善恶必书。在现实生活中，相当多家族成员间对人的评价也是肯定与批评相兼的。其实，家谱中人物传记的写作，不一定完全遵循这个原则，要考虑扬善不及恶的避讳原则。写到纸上，当事人看了会觉得有损面子。不管怎样，历史传记写作原则强调理解，它对历史人物的态度是理解性的，而非褒贬性的。由于长期受精英史观的影响，大众也有忽视大众历史的倾向。他们也以观看大人物故事为兴趣，对小人物的兴趣不浓，缺乏自我肯定性。对于大众与凡人传记，写作时更应持肯定态度，这可以增强传主的自信心。

其七，要注意中国式纪年与西方式纪年的不同。中国古代的纪年，习惯以皇帝在位年号为参照系数，建立一个大家共同遵守的时间框架。中国人也有连续时间纪年法，那就是干支纪年，它是一种抽象的可以连续纪年的纪事体系，类西方的公元纪事法，只是不是数字，是中国术语而已。它是60年一轮回，这让中国人有一个轮回概念；公元则是一个无限的数字累积式概念，可以无限发展下去，从而形成进化思维。今天的小历史书写，还面临另一种纪年转换问题，即将个人年龄累计纪年法转换成公元纪年。民间的普通中国人，往往不用公元纪年，习惯用以自己为参照系的纪年法，譬如某位人的过世，会用“某人过世时，我几岁”来表达。据此，再推算为公元纪年。又民间有祭祀习惯，他们会记住某人今年几十周年，据此可推算出某人的生年。

此外，他传宜用第三人称，直书其名。家谱中的小传，要用第三人称，因为这是公开的作品。由于受中国式的血缘文化影响，中国人往往不会用姓名符号来表达人物，而习惯使用中国式的上下辈分称呼。在国外，多用名字，少用血缘称呼。当然，自传不在此例。

二、新编家谱的设想

其一，要区分公谱与私谱编纂的不同要求。前者强调客观，让家族成员都能接受；后者可能不公开，别人认不认可无所谓，而强调将自己的观察写出来，是一家之言。目前所见家谱，大概多属后者。后者省力，只要尽力即可。前者则须征求大家的意见，要开会讨论。另外，所写语言也应注意，要本着公开原则，让本人也读得下来。不能是背着人来写的，让人感觉有点背后说坏话的味道。尽量用相对客观的语言，少用过于情感化的语言来写作。

其二，要区分详谱与简谱的不同规定。大传与小传写作方式不同，小传是简略式的，大传是详尽的时间过程。履历式是小传，详尽的人生故事就是大传。小家谱编纂，人数不多，可用大传；宗谱人数多，适合小传。古代的通谱，记载的人员过多，印刷困难，于是只能简谱，只有一个名字，有时连生卒年也不详。传记虽有，但数量有限，只有一些家族名人才有。过于简洁，就会导致空洞化。古代中国的家谱主要是档案，家族史功能是其次的。今天新修的家谱，由于机械模仿传统家谱，仍有太简之感，家谱的历史信息量太少。笔者主张改造传统家谱，增强其历史资料性，写详传。今天的小家谱有必要替每人立一小传，只有如此，才能提升其资料价值。

其三，先写小家庭的家谱，然后修同宗的宗谱。应该区分家族与宗族，古代是相同的，而在今天则是不同的。古代的家族是大家族，包括多个支派。今天的家族，主要是小家族，就以自己的家族为主。今天以宗族为单位的宗谱编纂起来可能困难较多，以小家庭为核心的关系网络是可以写出来的。人人参与，家家参与，最后扩大、汇总，就会有宗谱。

其四，简化修谱程序与格式。小历史书写比较理想的状态是，让每一家都能拥有自己家族的家谱。要实现这样的目标，要做相当多的工作，其中简化修谱程序与格式是相当重要的。古人修谱成本很高，今天要降低成本。今天的家谱，只要双胶纸的平装本或铜版纸精装本即可，不一定要用宣纸。用什么纸张，是由时代条件决定的。今天，更多的是双胶纸，价廉物美。近十多年来，四川的成都谱牒文化有限公司（新家谱网）创办人阎晋修创立了表格式修谱法，这是中国家谱编纂史上的一大变化。阎氏新家谱有多种格式，有仿古的，也有现代的。此法简便，使修谱成为每个公民都可以做的事。特别是通过出版社出版了家谱印刷格式文本，人们只要填一下即可，且可以不断填下去，方便快捷。当然此法也有不足之处，主要有二。一是商业化操作模式限制了推广程度，无法推广到全国各地。二是成本仍高。阎氏文本式表格化家谱比较适合不懂电脑的人使用，家谱格式是印刷体，但填写方式仍是手工的，实际仍是一个抄本，要全部变成印刷文本，必须上印刷厂印刷，这样成本仍高。如果电脑化程序操作，就可以一步到位。笔者从中获得灵感，另创一种更为方便的表格式家谱编纂模版，只要有电脑即可做。对于会用电脑的人来说，只要有一份《入谱登记表》，搜集到相关信息即可编纂成书，然后在电脑中不断增补与修订。这样可以将编纂与印刷同步完成，不需要再排版。从实践来看，表格式家谱是相当重要的。没有统一的表格，要素残缺不全，新手不知如何入手。而表格体完全是一种西式拷问体，借此可以问出相关信息，适合新手使用。

其五，要重视资料的搜集。修谱最难的是资料的搜集工作。历史书写的材料来源，一是大脑记忆，二是文字、图像材料。从长辈中调查家族历史，这是关键的一个部分。如果仅凭小辈的部分记忆来写，那是相当不全面的，必须多问长辈。现实生活中，只有大人关注小孩的传统，没有孩子关心家长的传统，大人对小孩了解多些，而小孩对大人的了解则少得可怜。这就提出了一个上下代信息不对称问题。目前的小历史书写，实际相对简单，因为主要从大脑记忆中搜集资料。难度更大的是搜集材料，组织成文。小历史的书写刚开始，没有资料的积累，没有书写经验的积累，开始的时候问题会较多。调查研究，搜集材料，要花费较多精力。实际的资料调查过程中，会遇到一些问题。在家谱调查中，心态与理解是相当重要的。修家谱，要与家中大人商量，取得他们的支持。如果无法理解，得不到支持，可以不提及，只管有意识地询问有关情况。资料的调查，是在问题意识支配下进行的。有什么问题，关注什么资料，就有什么收获。沉睡的历史记忆是被外在拷问唤醒的，一旦有人来提问，储存于大脑之中的历史记忆就有可能被外化，被叙述出来；相反，如果没有人来拷问，也许永远就沉睡在那儿了。口述历史是一种主动拷问历史主体、寻找有关历史记忆、进行文本建构的行为。反思人生，才会有传记；没有反思，传记是叙述的，是平凡的。

为了提高资料征集的速度，可以使用《入谱登记表》，一人一张。《入谱登记表》格式，姓名×××(1931.3.5—)，包括称谓、生肖、身高、血型、学习经历、结婚时间、工作经历、性格特征、生活事迹诸方面。凡有文化之人，可以直接发表，调查有关信息；凡是不识字之人，则可以据表询问。调查方式，可以写信，也可通过电话或网络。

个人与家族事迹要及时记载。只有积累材料与记载，才会丰富写作。不能等编纂时再来搜集材料。那时可能相当多材料已经被毁掉，许多记载已经消失了。自传与家谱要不断续写，可以过十年续写一次，补充相关材料。

其六，创新家谱体例。提倡修家谱，但不等于说提倡修旧式家谱。修谱的总原则是能客观地反映家族的繁衍生息、迁徙分化、荣衰升沉的史实，不夸张、不溢美，注重史料稽考，力求资料丰富。对有功德、有影响的人物，不分男性、女性，列传表彰，并可配备照片。不够立传标准的人物可列表展示；劣迹昭彰者，应点明其过，以警后世。人物选择标准上，要克服重官重商重学，轻视工农大众倾向，还要克服重男轻女现象，女子应与男子有同等地位，应该上谱。①

笔者设计的表格体家谱编纂体例，正文由六大块组成。

文档名与谱名相同：××(省)××(市、县、区)××(镇或街道)×氏家谱。括号中的省、市、县、区、镇或街道等字可以省略，以免谱名过长。

其内容架构如下：

一、修谱缘起

指本次修谱原因、经过、说明。

二、谱系图

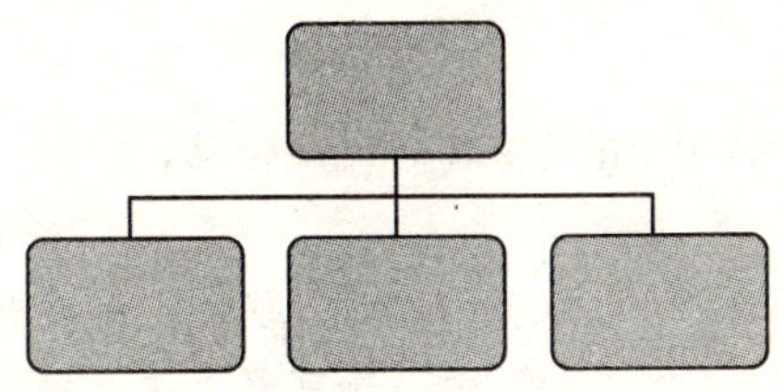

1. 每格只写夫与妻名字即可，省“夫”与“妻”字及冒号；儿子，夫前妻后；女儿，妻前夫后。

2. 使用“组织结构图”，在 word 下，“插入”—“图示”—“组织结构图”，点击，即出现上图。如不足，可增加格子。增格之法为在“组织结构图”中找到“插入形状”，找到“下属”。每单击一次，可增加一格。如多余，可删除。删除之法为左单击一次，然后右单击一次，出现“删除”，单击一下即可删除格子。

3. 谱系图，一般做成三代一图较为合适。

4. 格子中的文字，一律用小五号或六号。

三、家族小传

1. 小传格式：×××(1931. 3. 5—)，称谓、生肖、身高、血型、家庭地址、学习经历、结婚时间、工作经历、性格特征、生活事迹。注意，传主名字不要用辈分如爸爸之类，应直呼其名。要有明确的时间框架，可加年龄，不要写

① 钱茂伟：《我对家谱新修的设想》，《社会科学报》1998 年 12 月 17 日。

成个人总结。语言尽量客观，少用情感性语言。文字描述尽量写得自然些，不要过于生硬。小传格式中提及的是采访要素。

2. 各小传排列格式：

第一代

第二代

第三代

……

3. 每一代传记的排列，凡结过婚之人，先写丈夫，后写妻子。如果是姑姑，先写姑姑，后写姑夫，再写姑姑子女。如何安排女儿一系，确实要动脑。按照中国人的习惯，阿姨家之类属亲戚关系。中国的家谱只有一姓，是同姓家谱。大家族的宗谱是不允许外姓人进入的，但小家族的家谱是可以考虑的。女儿家成员，可以用附传形式出现。

4. 每一个人的传记，原则上配备一幅照片；如果篇幅允许，可以多配几幅照片。

四、家族大传

部分家族重要人员、直接亲属的详细传记，文字上千字。

五、家族纪事

家族大事是决策性大事、高兴的事、影响较大的事，举凡家族成员出生与过世、结婚、学习、工作、迁移、荣誉等可算大事。按时间顺序编排，直接用第三人称的名字，不用亲谓称呼。做家族大事记甚有意义，一部百年的家族史框架逐渐浮出。

六、家族简史

指自己的小家族历史，可根据家族大事记，对家族历史作一个综合的叙述。有了完整的大事记，就可能建构完整的家族史。

此外，网络上也有类似家谱写作网。如盛大文学起点中文网 2009 年 4 月创办的“家族”(jia. qidian. com)，是一个在线家族故事写作平台。该系统是国内首个在线建家谱、记录故事、保存家族照片的平台，充分考虑到了网民需求，在实用性方面下了很大工夫，写作和交流都简单、易用，和网民平时使用的论坛、博客等区别不大，没有技术门槛，部分操作今后亦可通过手机完成。通过这个平台，你可以在线维护你的家族关系，记录下他们生活中的点点滴滴，为你以及你的家人留下一笔宝贵的财富。

总之，家谱本是平民百姓的历史，也应由平民百姓来写。

第六章
转型中的大历史书写

【讨论主题】

1. 大国家与小国家
2. 国家史书写
3. 全球史

【课前阅读材料】

1.[美]斯塔夫里阿诺斯:《全球通史》,董书慧、王永旭、徐正源等译,北京大学出版社 2005 年版

2.[美]伊曼纽尔·沃勒斯坦:《现代世界体系》,罗荣渠等译,高等教育出版社 1998 年版

3.许倬云:《万古江河》,上海文艺出版社 2006 年版

4.刘新成主编:《全球史评论》,商务印书馆 2009 年版

5.姜义华主编:《历史变迁与历史学》第六章《欧洲中心与全球视野:史学体系新建构》,上海人民出版社 2009 年版

图 6-1 《书写历史》

【关键词释】

国家史　小国家史　大国家史　总体史　全球史　《全球通史》《现代世界体系》《万古江河》中国通史》《中华人民通史》《中国文化通志》

“历史书写”(history writing)是西方学术界创造的一个概念。所谓历史书写,就是将历史记录下来并加以编纂。历史书写可以涵盖传统的“历史记录”与“历史编纂”两重含义,是一个比较中性化的学术术

语。以往的历史学较多地以“国家”为单位来书写,国家史是基本的建构单位,主要的大历史种类。列夫·托尔斯泰说“历史是国家和人类的传记”。今天的大历史书写面临着新的转型,以国家史为中心,向内部延伸就是民间史,向外部延伸就是全球史。由国家史而民间史,由国家史而全球史,是大历史书写面临的两大转型所在。

第一节　国家史书写

不同的历史观察视野决定了不同的书写方式与书写内容。从国家与社会来看,根据记录内容的不同,历史书写可以区分为“国家书写”与“民间书写”两种。记录国家政府内容与记录民间社会内容,这是区分两种视野的关键。

一、由小国家观而大国家观

最早的国家史,必然是小国家史;到了现代社会,才有大国家史。这背后经历了国家形态的转型,即由“小国家”而“大国家”的转型。相应地,历史观念上,也经历了“小国家观”而“大国家观”的转型。

现代人所讲的“国家”概念,实际上存在双重内涵,既指横向的地域意义上的国家,又指纵向的政权意义上的国家。“横向的地域意义上的国家”,是指国际意义上的、近代以来的完整国家概念,包括土地、人民、主权、政府四个基本要素,此可称“大国家”。“纵向的政权意义上的国家”,主要指一个国家之内的不同政府,不妨称“小国家”。

传统中国,两层意义上的“国家”概念都存在,但用词不同。横向的地域意义上的“国家”,就是从古到今中国人一直在使用的“中国”。“中国”是一个与“四夷”对应的横向空间概念,即中央之国。“中国”加上“四夷”,即构成了中国人理解的“天下”体系。这是一种“文化/种族中心论”。地域意义上的“中国”是一个永恒的概念,可以分别代指不同的中原王朝。“中国”是一个自称,也是一个他称,即建立在中原的王朝。

纵向的政权意义上的国家,即汉语的“国家”,可称为“小国家”。“国家”是一个泛称,指“中国”内部的、纵向的各个政权、各个朝代,是家天下的政府,如“大宋”、“宋国”、“元国”。中国政治有一个“革命”传统,当统治权从一个家族转移到另一个家族时,开国的新君主总要为自己的政权起一个新国号,这就是后人所讲的“国号”。“大宋”、“宋国”、“元国”等称呼,正是政权意义上的“国家”。今天仍在使用的“建国前”、“建国后”,此处的“国”即“政权”。

国家始于私有。国家的起源,是私有制发展的产物。国家的核心是政府,政府的核心是权力。社会权力原来是平等占有的，后来因为血缘与军事诸因素，出现不平等占有现象，权力平衡局面被打破。少数人权力不断上升，成为强势群体，他们是百官；而大部分人权力则不断下降，成为弱势群体，他们是百姓。强势群体为了控制弱势群体，就要建立管理组织，这就是政府。在中国，称为朝廷。有了政府，就有了国家。

在帝国时期，国家是皇帝所有的，所以，“国有”即“皇有”。《诗经·小雅·北山》称“普天之下，莫非王土；率土之滨，莫非王臣”。这首诗所表达的理念，典型地反映了家天下、国家为君王的私有财产属性。国家是皇帝的家产，这种观念一直延续到清朝。如果用今天的公司体制来比照，帝国就是独资的无限责任公司，皇帝就是董事长。当然，皇帝一人无法治国，必须有一大批文武百官来担任从中央到地方的各级政府管理人员。各级官员，就是职业经理群体。百官没有国家的所有权，但拥有部分国家治理权。由于他们拥有部分国家权力，所以至少也是国家的半个主人。皇帝与百官，构成了强势群体。相反，被管理被统治的百姓，是这个国家的臣民，成为没有国家权力的弱势群体。政府及其官员，成为国家权力的实际拥有者。这样的体制，可称为“官主社会”。在这种体制下，“朝廷”即“国家”，政府官员可以全权代表百姓说话做事。相反，在百姓眼中，“国家”是政府的国家，不是人民的国家。

到了近代，西方人形成了“主权在民”观念，人民是国家的主人，人人即国家。由于不可能人人治国，于是得委托一批职业政治人来治国。政治家也不可能个体来治国，必须组成一个集团，这就是政党。一个政党长期治国，容易出问题，于是得由多个党派轮流来治国，这就是多党制。每到选举，人民选择一个合适的政党来治国。政党组成的管理机构，就是政府。政府只是代理机构，政府官员是选民的公仆，几年一届，必须由不同党派轮流执政。政府只是执行机构，另外组织一个议会，全由民意代表组成，负责立法与监督政府。复有强大的媒体，代表人民，监督政府官员。这种社会型的现代国家，就是“大国家”。这样的国家观念，就是“大国家观”。根据“大国家观”来书写的国家历史，就是“大国家史”，即“民史”。“民史”是全体国民及政府活动的历史。

随着西学的传播，西方意义上的大国家观念，也传播进中国。20 世纪初年，接受过近代国家思想影响的梁启超(1873—1929)写成《新史学》一文，指出中国传统史学有四弊，第一弊就是“知有朝廷而不知有国家”，认为从来作史者，都是为君臣而作，没有一部为国家与国民而作的历史。[①] 我们发现，梁启超的概念使用相当清晰与准确，“国家”、“朝廷”是两个完全不同的概念，“国家”范围大，是

① 王汎森：《晚清的政治概念与“新史学”》，见罗志田主编：《20 世纪的中国：学术与社会史学卷(上)》，山东人民出版社 2001 年版，第 19 页。

"大国家";"朝廷"范围小,是"小国家"。梁启超的"四弊"观点,虽然经常为时人提到,但笔者发现很多人的理解并不到位,没有区分"大国家"与"小国家"。他们对"国家"的认知水平,不及梁启超。新史学在历史观念、治史目的、研究对象等方面,都与传统史学有着根本的不同:新史学持历史进化论观点,区别于传统史学复古、循环的观念;新史学以国民群体为历史重心,区别于传统史学以皇族王朝为历史中心;新史学以全体国民为读者对象,区别于传统史学为帝王个人提供借鉴。总之,新史学的宗旨是为全体国民写史,写全体国民的历史。

二、传统的小国家史书写

由"小国家观"而来的国家书写,必然是"小国家书写"。小国家史就是政府史,就是"君史",即"权力的历史"[①]。在帝国时代,全国就是帝王一人的,只有帝王是实际的国家主人,其他都是名义上的国家主人,实际上的下人。如此,国史的写作,必然是突出帝王将相,不可能是臣民。

古代世界为什么恰好选择了权力的历史呢?波普尔(Sir Karl Raimund Popper,1902—1994)给出了三个理由:一是权力影响我们每个人。二是人有权力崇拜的倾向。权力崇拜是人类最坏的一种偶像崇拜,是洞穴时代的遗迹之一,也是人类的一种奴性。权力崇拜起源于恐惧,是一种应当受到轻视的情绪。三是那些掌权的人要别人崇拜他们,他们因此可以实现他们的愿望。许多历史学家是在皇帝、将军和独裁者的监督下写作的。[②] 克里斯托弗·希尔(Christopher Hill)认为,国家历史的写作与国家建设事业存在着天然的联系,并且是为其服务的。[③]

图 6-2 二十四史

史学在东、西方的古代世界扮演的角色明显不同。在西方,史学处于民间位置,而在东方世界的中国,史学一开始就与政权结下了不解之缘,适合官方统治,得到官方的扶植,史学较早地充当了政府统治社会的工具,纪事、垂训,是其根本使命。由于国史是政府史,涉及国家利益,所以国家专门设官负责记录与编纂事务,也有专门的修史机构,国家对史学纂修权的控

① [英]卡尔·波普尔:《历史有意义吗?》,《开放社会及其敌人》第 25 章结尾,中国社会科学出版社 1999 年版。

② [英]卡尔·波普尔:《历史有意义吗?》,《开放社会及其敌人》第 25 章结尾,中国社会科学出版社 1999 年版。

③ 王晴佳、[美]格奥尔格·G. 伊格尔斯:《历史的重构与史学的转折——一个跨文化的考察》,李扬眉译,《文史哲》2004 年第 6 期。

制也越来越严。国史完全由政府操控。一部二十四史，就是王朝政治演变史。二十四史的遭人诟病，正在于政府思维的控制。国家史（王朝史）编纂特别发达，王朝史是传统史学的强项。这种现象的出现，正是中国存在“强国家”的表现。因为有了强政府，所以也就有了正史、别史、野史的说法。

三、大国家史书写的探索

由“君史”而“民史”，是人类史学发展的必然规律。不过，大国家史如何书写，却是一个需要不断探索的问题。

古代中国也有类似的大国家史书写，那就是司马迁的《史记》，不仅关注了政治，也关注商业、社会、交通等问题。不仅关注到皇帝的家事和国事，还关注到老百姓中的一些特殊人物。《汉书》以下的断代史，讲的几乎都是政府、国家与皇帝的事情，还有就是对外的征伐等等，对于老百姓的事情，对于一般社会、经济、文化等方面的现象几乎都没有多少关注。[①]

20 世纪以来的大国家史书写经历了三个阶段：

1. 20 世纪 40 至 80 年代的大国家史探索

以与民众生活史最密切的社会史来说，30 年代的社会史论战，名为史的研究，关注的是社会性质和生产关系，强烈的政治性和观念性冲淡了社会史的平民色彩。[②] 40 年代以来，马克思主义史学强调人民群众的历史作用，甚至有人主张打破王朝体系。毛泽东说：“人民，只有人民，才是推动世界前进的动力。”在阶级斗争史观指导下，突出了农民起义、妇女运动、工人运动的作用，在中国通史及专题研究与书写中，加强了农民起义、妇女运动、工人运动的比重，恢复了劳动人民的历史地位。然而，由于阶级斗争的绝对化，一部丰富多彩的历史又变成人与人的斗争史。

对于这种“民史”想象方式，相当多的学者不满意。80 年代，有人想另辟蹊径，专门写人民的通史，其代表是张舜徽（1911—1992）的《中华人民通史》。自序称：“我感觉到历史是人民创造的，应打破王朝体系，而以人民为历史主人，围绕人民来进行叙述。”有鉴于 20 世纪 40 年代以后的新通史习惯于政治、经济、文化三块之弊，决意突显文化，分类将之统贯起来。张舜徽在 73 岁高龄时厚积薄发，历三载，独力撰成百余万字的《中华人民通史》（湖北人民出版社 1988 年版）。全书分为地理编、社会编、创造编、制度编、学艺编、人物编六大部分，依时代顺序，

① 许倬云：《我为何写〈万古江河〉》，见陆挺、徐宏主编：《人文通识讲演录·历史卷》，文化艺术出版社 2007 年。

② 刘志琴：《史学要聚焦平民》，《深圳特区报》2001 年 4 月 15 日。

以年月为经。这是一部以人民为叙事主线，反映劳动人民创造历史全过程的史学著作。作者强调一个学术大家“应该以提高与普及并重”，于是在专深之余，决意写一部专门“写给广大人民看的”的通史，故而叙事浅明，通俗易懂。此书的最大亮点是替人民写史，打破了纪传体以帝王将相为中心的体系，并且消除了章节体以理论肢解史实的弊端，着力于系统阐述历史事件、典章制度、学术思想等发展的全过程，再现其自身演变的完整体系。此书的为人民写史主旨甚好，符合现代性发展趋势，值得今人学习。不足之处是，其想象的方式得不到大家的认可，后来的学界很少提到此书，就是一个显证。打破王朝体系，专写人民，为人民写通俗作品，这些均是50年代以来大陆史界提倡的观念。张舜徽正是这股史潮的产物，他代表了改革开放以前中国学人对民史的想象方式。

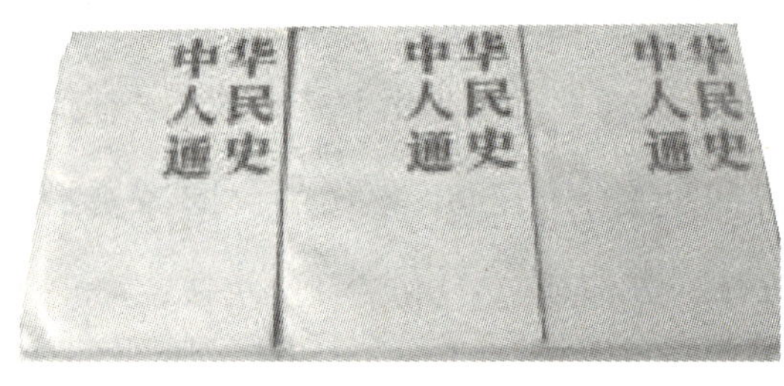

图 6-3　张舜徽及其《中华人民通史》

2. 90 年代的大国家史探索

由于开放国门，中国史界与国际史界接轨，新史学思潮不断涌进来。文化史与社会史的兴起，是新史学的两大轮子，拓宽了学人对“民史”的想象方式。这表现为三个方面：首先是民间视野的提出。社会史研究提倡“自下而上”看问题，这是研究立场的调整。将目光从帝王将相转向基层生活，将立场移到民众一方，由此观察整个世界。这是一种民间视野，要求以人民的本位来看历史发展。从民众的角度和立场来重新审视国家与权力，审视政治、经济和社会体制，审视帝王将相，审视重大的历史事件与现象。[①]民间书写本质上是一种不受国家记忆或遗忘任意控制或操纵的社会记忆、集体记忆。因此，自下而上看历史，是历史编纂学上的一个阶段性的进步。其次是民间写史的崛起。随着网络的发展，民间写手崛起，写史不再受专家控制，人人有资格写史。其三就是写大众的历史。小历

① 赵世瑜：《“自上而下”、“自下而上”与整合的历史观》，《光明日报》2002年10月12日。

史书写兴趣渐浓，传记得到广泛的发展，家谱的编纂受人重视。村史、镇史之类小历史，也受到关注。小历史书写是大国民史书写的基础。只有政府与民间生活得到共同记录的历史，才是完整的国家史，这是人类史学的最高理想。

这个时期的史学作品较多，主要有：

图 6-4　史仲文等《中国全史》

史仲文等总主编的《中国全史》（人民出版社 1994 年版）百卷的编纂，有大国家史味道。《中国全史》将中国历史分为远古暨三代、春秋战国、秦汉、魏晋南北朝、隋唐五代、宋辽金夏、元代、明代、清代、民国十个历史阶段，每个历史阶段又分别从政治、经济、军事、思想、宗教、习俗、科技、教育、文学、艺术十个方面进行详细论述。此书的亮点是中国十大类专史的汇编，相当十套专题史丛书。此外，以普及历史知识、贴近生活、面向大众读者为原则，采用通俗易懂的编写风格，没有深奥的文言文，一般读者都能读懂。它代表了 90 年代以来新生代学人对大国家史的想象方式，是一个有益的探索。

龚书铎（1929—2011）总主编的《中国社会通史》（山西教育出版社 1996 年版），分为先秦卷、秦汉魏晋南北朝卷、隋唐五代卷、宋元卷、明代卷、清前期卷、晚清卷、民国卷，共八卷。作者们理解的社会史，既非以所谓新史观指导的全部的史学内容，又非繁琐的杂碎汇集，也非简单的下层社会史或社会生活史。社会史是研究以人为主体的社会本身的历史，即社会构成、社会运行和社会变迁的历史。据此，每卷大体分为自然环境疆域和生产力水平、人口和民族、家庭宗族和社区、阶级和阶层、社会生活方式、社会调控、社会问题、宗教信仰与社会观念、社会变革九章。由此可见，此书偏重社会史的宏观研究。

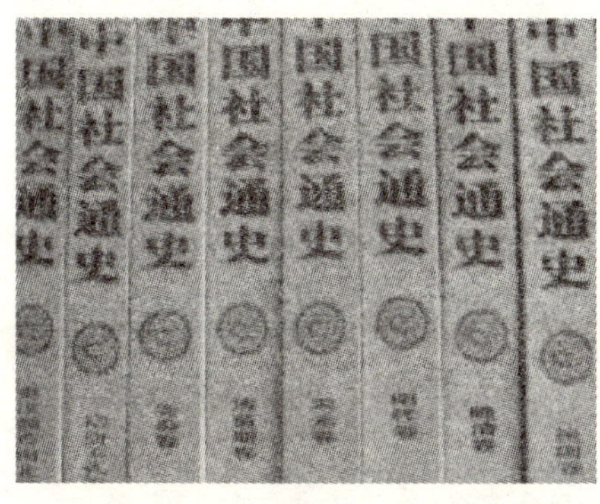

图 6-5　龚书铎《中国社会通史》

《中国古代社会生活史》是中国社会科学院历史研究所承担的国家社会科学基金资助项目。全书共有夏商、西周、春秋战国、秦汉、魏晋南北朝、隋唐、宋辽金、元、明、清十卷，最后以“中国古代社会生活史书系”之名，由中国社会科学出版社出版。

萧克总主编的《中华文化通志》（上海人民出版社 1998 年版），分历代文化沿革典、地域文化典、民族文化典、制度文化典、教化与礼仪典、学术典、科学技术典、艺文典、宗教与民俗典、中外文化交流典十典，每典十志，共 100 卷，继承了郑樵《通志》精神。它是中华炎黄文化研究会直接筹划的一大文化工程，是中国第一部系统全面的文化通志。

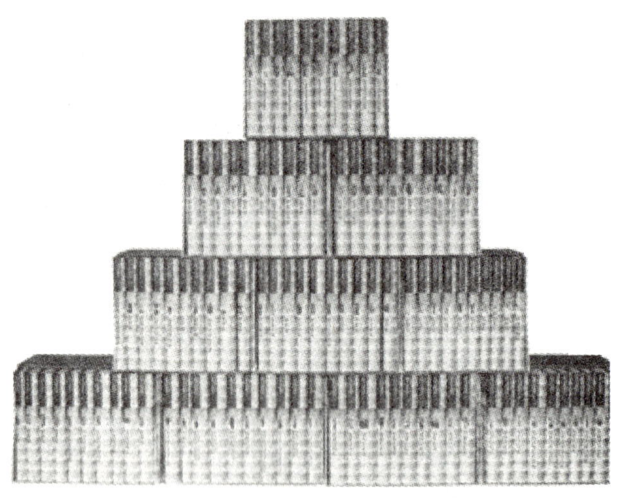

图 6-6　萧克主编《中华文化通志》

徐海荣、徐吉军主编的《中国饮食史》(华夏出版社 1999 年版)，共分 6 卷，约 300 万字，设绪论、原始社会的饮食、夏商时期的饮食、西周时期的饮食、宋代的饮食、辽金西夏饮食、元代饮食、明代饮食、清代饮食、民国时期的饮食、少数民族饮食 15 编。每编又设数章，对各时期饮食文化涉及的饮食原料的生产与制作、饮食的烹饪方法、饮食器具以及中外饮食文化交流等进行多方位的阐述。

白寿彝总主编的《中国通史》(上海人民出版社 1999 年版)共 12 卷，22 册。以马克思主义理论系统论述了上自远古时代、下迄 1949 年间的中国历史的发展过程。多卷本《中国通史》因创造并使用了一种全新的史书体裁而备受瞩目。这种被称作新综合体的史书体裁是白寿彝汲取传统史学之长，结合近现代通史撰述的表现形式，以数十年的研究心得综合而成。新综合体首次使用于这部通史中，由甲编序说、乙编综述、丙编典志、丁编传记四部分组成。序说包括基本资料、研究状况和编撰意图；综述包括政治、经济、军事、文化、民族等方面；典志专题论述典章制度；传记反映历史人物。于是，一部立体的、多层次的中国历史图景便呈现于读者面前。这部通史有继承发扬《史记》精神上的考虑，也可以理解为民史写作的探索。

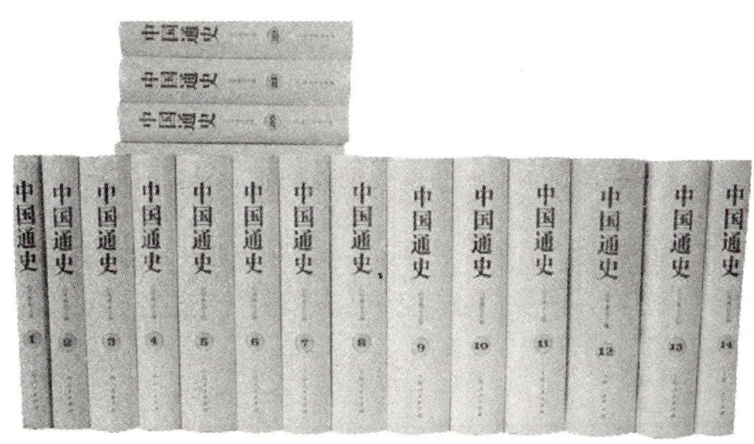

图 6-7　白寿彝主编《中国通史》

3. 21 世纪大国家史的继续探索

陈高华、徐吉军主编的《中国风俗通史》(上海文艺出版社 2001 年版)，按历史断代划分为原始社会、夏商、两周、秦汉、魏晋南北朝、隋唐五代、宋、辽金西夏、元、明、清，共 11 卷。

图 6-8　陈高华等《中国风俗通史》

这种通史，可能是 90 年代大国家史探索的代表。不过，更能代表新时期以来的大国民史探索的，是各类小型专史。此类作品的数量太多，在此无法一一列举。刘志琴称，各类社会生活丛书的出版，将芸芸众生的穿衣吃饭、婚丧嫁娶、休闲娱乐，推上大雅之堂，这对专事研究社会发展规律、王朝兴亡盛衰那种大事变、大业绩的中国人文社会科学是前所未有的挑战。新世纪的史学，更要有视角下移的胆识，充分反映各种人群多姿多彩的境遇和心路历程，史学研究需要有多方位多角度的纵横编织，才能谱写出一部中华民族的全息史。史学走向平民，必将给史学开辟一片灿烂的园地。[①]

传统中国史学只有国家史学，没有民间史学，当下要发展的正是民间史学。人类的历史观察视野，相当长时期内是“由上而下”看历史，当下正在“由下而上”看历史。由王朝史而全民史，历史书写范围的不断扩大，正反映出历史学的进步。让我们从“大历史”中解放出来，更加关注“小历史”书写。中国在发展，民间在成长，相应地，民间史学也在成长之中。传统中国的国家史学发展了3000多年，有了丰富的成绩；民间史学则刚起步，民间史学要成为主体，仍有相当长的路要走。现代西方史学中的一些新东西，都是在民间史学发展过程提出来的。中国没有独立的民间社会，没有民间史学，就不可能发展出新史学，也就不可能真正地与国际接轨。与国际接轨，是研究旨趣、方法以及视野的接轨。未来中国史学的发展，只有结合民间的成长，发展民间史学，才能找到自己的发展方向。

第二节　全球史书写

全球化的加速，全球意识的出现，极大地改变了人们关于国家的概念和主权观念。几千年以来，人类一直为国家观念所束缚，而现在则有可能出现新的变化。国家的行为，是否反人类、反社会，成为新的是非判断标准。在以往，“国家”是第一位的历史空间概念；现在，“全球”才是最大的历史空间概念。全球化也逐步改变了人们长久以来的国家观念，相当多的人逐步确立起全球整体人类史观。全球观念，是现代公民必须具备的基本素养。

一、全球化进程

世界的各地发展，经历了由分立到联系的过程。开始，人类分布在地球各地，在相对分离的情况下，形成差别很大的文化、社会形态和生存发展模式。这可以称为多元文明发展时期。汤因比(Arnold Joseph Toynbee，1889—1975)将世界各地的文明单位归纳为20多种。

世界各地的各族各国人民，经历了空间的扩大过程。经过不断的空间放大，形成了空间范围不等的世界观念。希腊、罗马也有自己的世界观念，大约以地中海及周边为主。中国人用的是“天下”观念，认为天下由中国与四夷这五大民族集团组成。从今天来看，中国人的“天下”范围，实际上是东亚，可以理解为农耕文明的“天下”。农耕民族是一个因农业而被束缚在土地上的民族，对外扩张意

① 刘志琴：《史学要聚焦平民》，《深圳特区报》2001年4月15日。

识不强，所以，“天下”所及的空间有限。梁二平《谁在世界的中央——古代中国的天下观》（花城出版社 2009 年版）与《谁在地球的另一边——从古代海图看世界》（花城出版社 2009 年版）是姊妹篇，关注的是古人对世界的认识以及最初的全球化进程，前者讲中国的故事，后者讲外国的故事。

图 6-9　梁二平作品

在这个时代，比较活跃的是游牧民族。游牧民族因游牧的需要，要求更宽广的空间，因此特性，有较多的扩张性。游牧民族空间扩张的极限是蒙古帝国时代，因蒙古人的军事征服，人类首次实现了大空间活动。其间，也有一定的工商因子。美国学者杰克·威泽弗德（Jack Weatherford）《成吉思汗与现代世界的形成》（温海清、姚建根译，重庆出版社 2006 年版）认为，蒙古商业的影响力要比他们的军队更深远，在忽必烈汗统治时期，蒙古帝国转变为“蒙古公司”。也就是说，13 世纪 70 年代以后的蒙古帝国，既有军事的扩张，更有商业的扩张。不管如何，这可以理解为东方人探索出来的、代表游牧文明的“天下”。可惜，游牧民族建立的帝国存在时间不长，蒙古以后的东方世界不断退缩。满族虽然也征服了明朝，建立起清朝，但气魄远比不上蒙古人。游牧民族无法带领农耕民族去征服西方人，成为全世界的霸主。

现在大家更为关注的是西方人探索出来的、代表现代工商文明的“天下”体系。15 世纪地理大发现以后，西方人通过贸易，逐渐扩张到全世界。欧洲的航海发现，把欧亚大陆业已存在的互动网络进一步延伸到了美洲、澳洲，甚至非洲。15 世纪以后，整个世界逐步处于西方势力的直接统治或者强烈影响下，“同一个世界”日益形成。美国托马斯·弗里德曼（Thomas Friedman）2005 年出版了《世界是平的》一书，把全球化划分为三个阶段，分别称为“全球化 1.0”、“全球化

2.0”和“全球化 3.0”。从 1492 年到 1800 年是全球化的第一个阶段，它是在国家层面上发生的——西班牙发现美洲，英国殖民印度——世界从一个庞大的尺寸，变成了中等尺寸。从 1820 年或 1825 年开始，一直持续到 2000 年是第二阶段，这是发生在企业的层面上，市场和劳动力造就了全球化，世界也从中等大小缩为尺寸。第三个阶段，世界变成“迷你型”，这一过程开始于 2000 年。“地球村”概念愈来愈多地被使用，显示出人类活动的空间相对于人的能力而言大大缩小。在这个“村庄”里，完全孤立的生存已经愈来愈不可能了。在这个阶段的全球化，整个世界的竞技场被夷平了。这一阶段全球化的主要元素是个人，各地的个人拥有着各自的机会进行全球化，与其他个人进行竞争。全球化是 20 世纪 80 年代以来在世界范围日益凸现的新现象，是当今时代的基本特征，也是当代人类文明的实质。

图 6-10 [英]托马斯
《世界是平的》

图 6-11 何顺果
《全球化的历史考察》

汤因比快去世的时候得出一个结论：世界的希望寄托于中国文明和西方文明的结合。他认为西方文明的优点在于不断地发明、创造、追求、向外扩张，是“动”的文化；中国文明的优点在于和平，就好像长城，处于守势，平稳、调和，是“静”的文化。现在许多西方学者都认为，地球就这样大了，无止境地追求、扩充，是不可能的，也是不可取的。今后只能接受中国的哲学，要平衡、要和谐，民族与民族之间要相互协作，避免战争。所有文化与文明均开始互相接触，全球沟通必然要演变成全球理解。①

① 《金庸北大演讲记录》，《明报月刊》1994 年 12 月号。

二、全球史书写

盛行于当今西方史学界的“全球史”之风，刮了已经有几十年了。1955 年，英国史家巴勒克拉夫(Geoffrey Barraclough)首先提出“全球史”概念。自从 20 世纪 60 年代麦克卢汉(Marshall Mcluhan，1911—1980)首次把世界唤作“地球村”起，一些富于文化敏感和社会责任感的西方史学家就感到了一种必要，那就是必须突破 19 世纪以来国别史和西方中心论传统，从文明比较的角度重写世界史，以便提供某种参照，对地球村中某种健康的共同文化的培育产生积极的影响。于是，他们开始有意识地淡化世界史中政治方面的内容(这常常与起分裂作用的民族国家紧密相关)，而把全人类的文化、社会生活的演进作为史学考察的重点，同时试图赋予过去长期被忽视的、被认为是“没有历史的”非西方民族以平等的历史地位，突出文化多元共存的合理性以及人类各区域文明之间交往互动的历史推动意义——所谓的“全球史”，就这样渐渐发展了起来。[①] 20 世纪 90 年代，全球史成为西方史坛关注的热点。

“全球史”最早是作为宏观世界史提出来的，写的实际上是文明史，有别于传统的政治史、国家史，其目的是要推动地球村中某种健康的共同文化即现代文明的建设。汤因比早就提出，研究宏观历史现象的适当的单位是社会而不是国家，他主张以“文明”为宏观世界史的书写单位。

理解型史学的必然结果，是把研究范围扩大到人类全部活动领域。研究人类活动的全部领域，意味着一方面它要研究一国或一地区在某一时段内人们的全部活动，另一方面又要研究世界上所有人类的历史。年鉴学派研究历史的视角大多不是国家单位的，是地区的和超国家的。布罗代尔(Fernand Braudel，1902—1985)在《论历史》一书中，把历史一分为三。其一为几乎不发生变化的历史，这主要是指人类与其周围的地理、自然环境之间关系的历史。这种历史进展缓慢，变化细微，自我重复，周而复始，似乎和时间没有任何关联，讲述的是人类与无生气的自然界接触的故事。其二为人类群体活动的历史，它涉及经济、国家、社会、文明以及所有这些力量如何进入战争的角斗场。此类历史类似于影响地中海海面生物的深层暗流。其三为传统历史，亦即更注重个人作用的事件史。这种历史关心海面的波涛和浪潮，是一种短期的、迅猛的和神经质的振动，其感情色彩最为浓重，内容丰富，人们也最感兴趣。这三种历史，后来称为长时段、中

① 高毅：《斯塔夫里阿诺斯的乐观与踌躇》，见[美]斯塔夫里阿诺斯：《全球通史》卷首，北京大学出版社 2005 年版。

时段和短时段。长时段是以世纪为尺度的历史。[①] 他认为"总体史"应揭示历史过程的三个互相关联的方面：其一，历史运动的纵深性、层次性和阶梯性，即历史运动存在着几个内在层次；其二，作为纵深的历史运动的存在形式之一的统一的社会时间；其三，只有同时从时间和空间这两个方面来观察历史过程及其运动，把社会现象同其占有的特定时间和空间联系起来，才能认识人类的历史。布罗代尔的成名之作《腓力二世时代的地中海和地中海世界》及其另一部代表作《15—18 世纪的物质文明、经济和资本主义》，描述和分析的就是一个世界体系在"长时段"内的发生和发展的不同层面空间和时间运动。总之，所谓"总体"，是个有机体、生命体，是各种"关系"的结合体和综合体。典型的总体史，应该不是国别史或世界史（国别史的拼合），而是全球史（国别史的交融）。他们的总体史，既大又小，认为人类社会总体史从来就是活生生的、以成千上万的普通民众的活动为主体的人的历史。

图 6-12 [法]布罗代尔及其作品

美国的威廉·麦克尼尔（Willian H. McNeill）是美国芝加哥大学历史学荣休教授，有《世界史》、《西方的兴起》等多种名著，人称"全球史之父"。《西方的兴起——人类共同体史》(1963)，是专业历史学家写的第一部综合（宏观）世界史，是"全球史"作为一个学术领域诞生的标志。麦克尼尔与斯宾格勒、汤因比一起，被称为"20 世纪对历史进行世界性解释的巨人"[②]。人类世界是如何一步一步演变到现在的？麦克尼尔父子（约翰·R. 麦克尼尔，美国乔治敦大学外交事务学

① [法]布罗代尔：《论历史》，刘北成、周立红译，北京大学出版社 2008 年版。参何兆武、陈启能主编：《当代西方史学理论》，中国社会科学出版社 1996 年版，第 517—520 页。

② 郭方：《评麦克尼尔的〈西方的兴起〉》，《史学理论研究》2000 年第 2 期。

院历史学教授)纵观上万年的人类历史,合作的《人类之网——鸟瞰世界历史》(王晋新等译,北京大学出版社 2011 年版)为我们提供了一种崭新的框架。他们的答案是,在漫长的时间脉络中,文明的变化生长,关键在于人类彼此之间结成的各种网络组织。从早期农业社会的地方性的网络,进展到电子时代的全球网络,人类越来越紧密地结合在一起,其中有互动和交换,也有合作或竞争。作者用这一独特的视角鸟瞰世界历史,用神奇的墨笔勾勒出自远古以来的人类历程,启发读者思考人类在世界上的位置及其未来的走向。

图 6-13　[英]麦克尼尔等《人类之网》

美国加利福尼亚大学历史教授斯塔夫里阿诺斯(Leften Stavros Stavrianos,1913—2004)的《全球通史》成于 20 世纪 70 年代,是全球史潮流的一部奠基性的杰作,如今它已经是一部风靡全球的全球史经典了。上册主要讲的是人类的起源以及文明的起源和发展、各大洲的古代文明;下册则讲述了 1500 年后欧洲文明在世界上的领先及与同时期的世界其他文明的关系,然后世界在西方的带领下走向一体化。上册的单位是以文明为基础的,认为历史研究中不可再小的、可理解的基本单位是文明,并且在全书中始终贯彻了对各个文明的起源、发展直至世界在西方文明的发展中逐渐一体化的思想。因为在近代化以前,世界并不是一个整体,而是分散的、各自独立的,这种独立的分散就体现在各个地区都有着自己的文明发展史。其主要特点就在于:研究的是全球而不是某一国家或地区的历史;关注的是整个

图 6-14　[美]斯塔夫里阿诺斯及《全球通史》

人类，而不是局限于西方人或非西方人。它将整个世界看作一个不可分割的有机的统一体，从全球的角度而不是从某一国家或某一地区的角度来考察世界各地区人类文明的产生和发展，并把研究重点放在对人类历史进程有重大影响的诸历史运动、历史事件和它们之间的相互关联和相互影响上，努力反映局部与整体的对抗以及它们之间的相互作用。本书就如一位栖身月球的观察者从整体上对我们所在的球体进行考察时形成的观点。

美国政治学家伊曼纽尔·沃勒斯坦(Immanuel Wallerstein)被西方学术界称为“新马克思主义”学者，其世界体系理论被称为“沃勒斯坦世界体系学派”。在美国获博士学位后，沃勒斯坦游学法国，受业于法国“年鉴学派”和“新史学”的学术大师费尔南德·布罗代尔。1974 年，《现代世界体系》第一卷出版。沃勒斯坦的代表作《现代世界体系》集中体现了他的世界体系理论。他提出一个世界体系已伴随着几个世纪以来的国际关系的变化而出现，需要一种包含政治、经济因素的结构分析模式，即通过“世界体系分析”来认识现代世界。他认为自由把世界政治置于全球资本主义结构的框架之中才能使其实质和内容得以揭示。《现代世界体系》以全新的视角阐述了 16 世纪至 19 世纪 40 年代资本主义世界体系自萌芽、产生，到发展、繁荣的历史过程。它吸收了布罗代尔的时段理论和作为相对稳定结构的体系理论，可以说是一部美国版的“总体史”。《现代世界体系》的主要内容为：世界经济体系的产生；资本主义世界体系的发展及其结构性要素：中心、边缘、半边缘；资本主义世界经济体系与多国体系的建立；资本主义文明与资本主义世界体系的终结。强大的国家金融体系，是一个国家能力的第一表达，美国持久的金融危机，就是这个帝国衰落的征兆，“世界体系”的中心和霸权或者转移，或者这个体系走向终结，并出现一个新的网罗全球的体系也未可知。

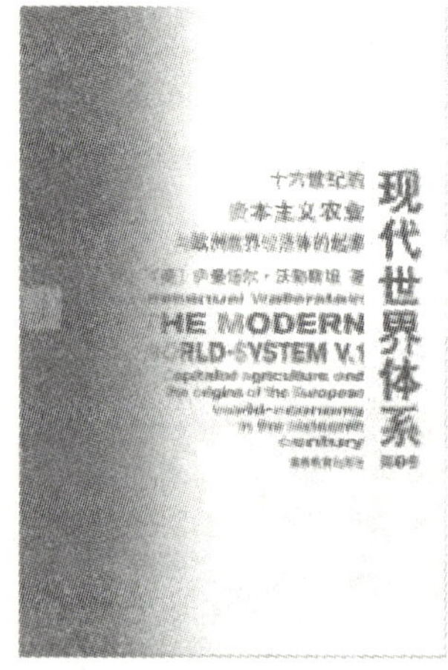

图 6-15 ［美］沃勒斯坦及其《现代世界体系》

目前来看，美国人最热衷于全球史研究。这与美国的实力、世界霸主地位不可分。美国的实力使它成为世界霸主，这使得美国人有余力关注全世界事务，从而养成了全球视野。美国华裔史家许倬云用全球眼光观察中国文化，提出了相当独到的见解。他认为：

> 21 世纪是一个全球化加速进行的时代。世界各地区之间，将难有区隔。中国曾经自成局面，俨然东亚天下的中心；中国文化的发展，也俨然有自己的过程。其实，中国从来不能遗世而独立；中国的历史也始终是人类共同经验的一部分。在今天，如果中国人仍以为自己的历史经验是一个单独进行的过程，中国人将不能准确地认识自己，也不能清楚地认识别人。中国人必须要调整心态，从中外息息相关的角度，认识自己，也认识世界别处的人类。我们人类曾经同源，经过扩散于各处后，又正在聚合为一个共同的社会体。各处人类曾走过不同的途径，又终于走向共同的方向。我们曾有过自己的历史；这些独特的历史，又终究只是人类共同历史中的不同章节。至于强势西方文化，在走向全球化的今日必须有“他者”提供不同的思想与行为，以弥补其数百年淀积的不足。……在各种文化相激相荡时，人类社会终于走向天下一家，其中各文化体系的精粹，将成为全体人类的共同文化资源。经过这一转折点，非西方国族重获活力，能与数百年来的“主流”进行有意义的对话，并且由此对话弥补彼此的不足。我们盼望，今日科技文明、工业生产为手段的市场经济，以及国族范围的民主政治，能纳入中国文化的以仁为己任、己所不欲勿施于人的人文精神；能纳入印度文化众生平等的观念，以矫正人类的妄自尊大；能纳入伊斯兰文化对自然的尊重，以匡正人类浪费资源、毁坏环境的错误。这一重要的志业，有待全体人类的自觉与合作。①

图 6-16 许倬云《万古江河》

全球化视野下中国文化历程的思考。许倬云《万古江河》讲中国文化成长发展的故事及对于这一过程的解释。本书以江河流域的扩大比喻文化的进展，从中国文化发轫的地理空间开始谈起，论及史前时期中国文化的多元发展与分合，然后再细述中国文化在不断的冲突与融合中，一步步扩大进入

① 许倬云：《万古江河·后言》，上海文艺出版社 2006 年版。

史学通论

世界体系的历程。此书有两个观察点值得注意：一是世界眼光。他借鉴了梁启超提出的历史观念，将中国文化圈当做不断扩张的过程，由中原的中国，扩大为中国的中国，东亚的中国，亚洲的中国，以至世界的中国。前五章以1500年为断代下限，此时正是全球经济体系成形的前夕。后三章叙述的则是中国在全球化浪潮冲击下的500年。由此可知，这是一部全球视野下的中国文化演变史。他强调要克服中国中心观，学会在世界上过国际社会的日子。二是不写政治、战争、制度、帝王将相，只写老百姓。此书于日常文化、人群心态及社会思想多所注意，尤其注意一般小民百姓的生活起居及心灵关怀。

三、全球史范式

全球史主张从全球视角考察和分析世界历史的进程，专注跨民族、跨国家和跨地区的文化或文明交往和联系，其实质是史学界对于日益深化的全球化的学术反思与回应。

全球史的核心价值取向是关注人类的共同命运。它是人类历史建构单位高度的提升，这表现为两个方面：

其一，突破了"国家本位"思维。人类认识自己的历史单位建构，最多的是"国家"。自从国家产生以来，"国家"一直是史学建构的最基本单位。中国史学的国家性最为典型，是"国家史学"。西方自德国以来，也强调以"国家"为历史基本建构单位。20世纪70至80年代，意大利"微观史学"的兴起，开了西方史学突破"国家本位"的先河。他们认为，人们的日常生活是最值得关注的研究对象，而与日常生活关系最密切的并非国家，而是一个个具有内聚力的生活圈子，这个生活圈子就是"社会空间"。全球史接受了"社会空间"概念，并将其从微观放大到宏观。全球史学者认为，在描述人类历史进程时，以国家为单元存在两个明显的缺陷：一是物种（包括农作物、动物等等）传播、疾病蔓延、气候变化等超越国界的现象被忽略，而这些现象对全球历史发展曾经产生过重要影响；二是每个社会都是全球的组成部分，但每个社会都不是孤立存在的，社会与社会之间互为发展条件，相互之间的竞争、交融、碰撞以及力量对比关系都是推动全球发展的重要动力，但是由于这些动力不发生在国家政治框架之内，因而长期被忽视。全球史学者认为，世界历史的基本叙述单元应该是具有相互依存关系的"社会空间"，这个"社会空间"可能覆盖一个局部地区，也可能覆盖整块大陆、整个大洋、半球乃至全球。[①]

其二，从学理上破除了"欧洲中心论"。这主要表现在两个方面：一是他们自觉地抵制"从现实反推历史"的思辨逻辑，即反对从欧美国家处于强势地位的现

① 刘新成：《值得关注的全球史》，《光明日报》2006年6月26日。

实出发，苦心孤诣地在欧洲国家内部寻找其“兴起”的原因，围绕“西方有什么而东方没有什么”的问题兜圈子，不遗余力地挖掘“欧洲文化的优秀传统”。二是他们自觉地突破强调社会特殊性、文化排他性、经验地方性的史学传统，转而强调各个社会之间发展的相关性和互动性，突出影响各个社会的共同因素，将每个地区的发展都视为更为宏大的自然与社会结构运动的一部分，淡化单一地区或国家的个性和特殊性，这样也就淡化了欧洲国家的榜样作用。①

全球史研究，有可能培养起中国人的世界全球视野。中国正在崛起之中，有可能成为继美国之后的世界大国，自然中国人也应关注全球史研究，以培养起真正全球视野的“天下观”。中国的全球史研究尚处于起步阶段，但已受到学者们的广泛关注，是一个发展迅速的新的学术增长点。首都师范大学成立了全球史研究中心，创办了《全球史评论》，希望以此对国内的全球史研究起到积极的推动作用。

图 6-17　于沛主编
《全球化和全球史》

图 6-18　刘新成主编
《全球史评论》

如何理解全球史？中国学者也在探索之中。中国史学界讨论了“整体的世界史观”问题，力求把人类历史作为一个整体的单位加以考察。南开大学张伟伟对全球史的探索有一定的典型性。他的基本观点是，全球史没有中心，是人类多样统一的整体发展。有三个关键词，无中心、整体和混合。具体地说：第一，全球史唯一的研究单位是全球，即在已知时空内人类历史的整体发展。第二，全球失衡决定全球史整体发展并塑造不可比较的各个部分（民族国家等）。全球失衡是绝对的，全球均衡是相对的。一个部分的发展变化要取决于其他部分和整体的

① 刘新成：《值得关注的全球史》，《光明日报》2006 年 6 月 26 日。

发展变化。全球史中不同部分的“衰落”和“崛起”都是相对的现象。无所不包的全球失衡决定全球史。第三，全球失衡产生于生态、经济、政治、军事、社会、文化、宗教、心理等各种发挥作用或不发挥作用的力量相互作用形成的合力。全球失衡是全球史中各种力量组成的历史合力导致的失衡。换言之，全球失衡就是全球危机。例如，蒙古统治下的和平时期各种矛盾冲突的发展、奥斯曼帝国的伊斯兰教西扩、欧洲与东方贸易的逆差、天灾人祸（黑死病、战争和宗教冲突等）以及马可波罗的《游记》带来的东方心理诱惑和全球的其他许多变迁汇集而成的合力导致了全球失衡：文明差异导致的相互吸引与争夺生存空间竞争产生的排斥（种族、文化、宗教、经济和军事等对撞）交织导致局部地区生存压力加强，促使西班牙、葡萄牙、尼德兰和英国等贫穷的西欧小国为了生存不得不下海远航谋生，从而开始了导致多米诺效应的海洋探险。全球史上的任何重大历史事件都是全球失衡的结果。第四，从整体看，全球史上的生产关系和社会关系等等都是混合的。一个特定社会的生产关系和社会关系以及全球的总生产关系和社会关系都是由全球均衡和全球失衡决定的。正是这些地区的、国家的、区域的不同“生产方式”共同构成了全球的混合生产方式。总之，整体研究全球史主要分析导致全球失衡的合力形成的过程和构成。全球史不是国别史的集成，也不是专门史的汇编，而是从全球角度综合分析各种因素相互依存相互作用的原因和结果，从而理解和描述全球史整体的发展。①

不过，首都师范大学的学者认为，“全球史不总是，甚至不经常是把全球作为其分析单位。倘如是，全球史研究就会停留于不着边际的推论的层面上，历史进程中个体的作用将很难得到承认”。②刘新成认为，全球史的核心理念是互动，全球史研究就是大范围的互动研究。在认真梳理全球史研究既有成果的基础上，他列出了全球史学者表达互动模式的八种方式：阐述不同人群相遇之后，文化影响的相互性和双向性；描述人类历史上曾经存在的各种类型的“交往网络”或“共生圈”；论述产生于某个地区的发明创造如何在世界范围内引起连锁反应；探讨“小地方”与“大世界”的关系；地方史全球化；全球范围的专题比较研究；生态史、环境史研究；探讨互动规律与归宿。③ 这些为有志从事全球史研究的人提供了选题的方便。

全球史如何书写？大体说来不出四种：一是按时间来写，即人类社会发展规律；二是按空间来写，可以是洲为单位；三是国别史的组合；四是按人类各地交往

① 以上见张伟伟：《在南开大学讲授近现代全球史——无中心整体研究法教学》。原为英文，见美国曼宁教授主编的《世界史全球实践》第五章，美国 Markus Wiener 出版社 2007 年版。

② 夏继果：《理解全球史》，《史学理论研究》2010 年第 1 期。

③ 刘新成：《在互动中构建世界历史》，《光明日报》2009 年 2 月 17 日。

过程，尤其是东西方由自立而联系的过程。对于欧洲历年来的全球史研究范式，美国达特茅斯学院历史学教授柯娇燕(Pamela Kyle Crossley)撰写的《什么是全球史》[①]将之概括成四大范式，即“分流”、“合流”、“传染”、“体系”。这四种范式表明了具有世界眼光的学者们从不同视角对全球性现象与过程的历史理解与解读。

新近出版的《全球视野下的西方文明史——从古代城邦到现代都市》(第 2 版，上中下三卷，[美]丹尼斯·谢尔曼、乔伊斯·索尔兹伯里著，上海三联书店 2011 年 5 月)正是全球史观的产物，书里充满了宏大叙事，也充满了生动细节，既见证着民族国家的兴旺与衰败，也反映了英雄个人的梦想和血泪。该书是以全球史的目光考察西方文明，其间到处显露着全球史视野的影响。作者在序言里强调了文明的关联性和互动性。[②]

图 6-19　[美]丹尼斯等《全球视野下的西方文明史》

在全球化的今天，新兴国家成为世界经济的发动机。今天的中国已经成为全球历史的创造者，未来的全球史编纂也应该有中国人的声音。

① 刘文明译，北京大学出版社 2009 年版。

② 陈恒、洪庆明：《全球史视野下的西方文明》，《中国社会科学报》第 217 期，2011 年 8 月 25 日。

第七章
历史研究的时空视野

【讨论主题】

1. 当代意识与历史意识
2. 社会观与历史观
3. 历史研究视野
4. 领袖与民众的关系

【课前阅读材料】

1. 王家范:《中国通史通论》,华东师大出版社 2000 年版
2. 朱本源:《历史学理论与方法》,人民出版社出版 2007 年版
3. 刘泽华:《中国的王权主义》,上海人民出版社 2000 年版
4. 杨豫、胡成:《历史学的思想和方法》,南京大学出版社 1999 年版
5. 张分田:《中国帝王观念》,中国人民大学出版社 2004 年版

【关键词释】

历史观　现代性追求　自上而下视角　自下而上视角　区域视野　英雄与群众　大人物与小人物　社会角色　社会实践

从人类认知、判断、决策来说,影响最大的就是视野。所谓视野,是指人类眼睛可以看到的时间与空间范围。从时间上说,可以分为过去、现在、未来三大视野。其中,现在是相当短暂的,可以说过去与未来的交界处就是现在。放眼未来,回顾过去,会形成不同的远近视野。从空间上说,由小到大,可以分为自然村、行政村、镇、区县、地市、省、国家、洲、全球。屁股指挥脑袋,人只会对自己责任区所及的人与事负责。一个人活动空间(人生舞台)的大小,决定了一个人的关注面的大小,从而吸收的信息种类、数量、质量均不同。显然,时间视野的长

短、空间视野的宽狭，会对人的认知、判断、决策带来相当大的影响。

所谓历史视野，当然是观察历史时可以看到的空间范围。历史视野的宽狭、角度，决定了人类可以观察到的空间大小及内容多少。历史是一个万花筒，不同角度可以看到不同的内容。历史上的人与事本来就有"横看成岭侧成峰"的特点，视角的转换在许多方面可使人耳目一新，不仅可以观察到一些以前所未注意的历史层面，更重要的是很可能导致研究者对许多早已重视的层面产生新的理解，从而丰富人们对历史的"立体性"或"全息性"认知。① 历史观是宏观的时间视野，基本视野是专门的空间视野，这是本章将历史观与历史视野放在一起思考的理由所在。

第一节　历史研究的时间视野

读历史要有读历史的工具，这个工具就是历史观。没有一个成熟历史观帮助，读历史就会沦为简单的读历史故事罢了。用看故事的心态来读史，严格讲只是一种读史的入门阶段，不能算作成熟的读史。什么是历史观？历史观的种类有哪些？历史观是如何形成的？历史观对历史编纂的影响表现在哪些方面？当代中国的社会观是什么？这是一些值得讨论的话题。

一、历史观的定义与种类

所谓历史观，是人类对自身历史的一般看法。这个人类，包括个体以及人类群体。所谓一般看法，是对历史的总体进程特别是对纷纭的历史表象背后的深层因果所进行的哲学分析；是对人类历史总体，而非某个地区、民族或国家的历史的总体看法。

作为一种历史观念，一般都要回答历史是什么的问题、历史发展的动力或决定因素是什么的问题、历史的创造者问题，都要对人类历史的发生、发展甚至衰亡的问题给予解释，都要探讨历史发展的道路及其发展趋势，探讨历史与现实之间的关系等。

人人有自己的历史观。美国史家贝克说"人人都是他自己的历史学家"，此话表明，人人对自身历史会有想法（即历史意识），只是有程度与水平高低区别而已。历史意识就是历史活动主体的当下自我意识。不是只有学者、历史学家才

① 罗志田：《见之于行事：中国近代史研究的可能走向——兼及史料、理论与表述》，《历史研究》2002 年第 1 期。

拥有历史意识，每一个正常的、在历史中的人都有自己的历史意识。[①] 大体说来，普通人由于狭隘的生活空间所限，对历史的认识多是片断的、支离破碎的、个别零星的。因为受强势的统治阶级历史观念的影响，他们往往难以形成独立的历史观念。个别人虽然总结了朴素的历史观念，但又因没有通过文字表达出来，不能为更多的人所知道与接受。这些原因，导致历代学人不重视普通人的历史观念。

历史观存在的广泛性。人们关于历史的观念，可以在不同知识层面存在。或存留于个人生存经历层面，是作为生活理念存在的。或存留于群体生活方式层面，是作为文化、宗教意识和群体思维倾向存在的。群体意识会影响关于历史的观念，如种族主义历史观、民族主义历史观、宗教原教旨主义，等等。这种成分具有更强的非理性的性质，常常是一种潜意识。从历史编纂来说，我们更为关注的是历史观与历史哲学。用系统的、逻辑的和抽象的方式表述的历史自觉就是历史哲学。思想家与史学家，由于超越了个体的狭隘生活空间，成为人类自我意识的自觉承担者、反思者和批判者，所以，他们的历史观更值得关注。

历史观是多样化的。由于价值观不同，思想家们的历史观是多样化的。历史观念自产生起，就绝非人人一致的。不同时代、不同地区、不同利益集团的人可能会有迥然相异的历史观念。比如古希腊的史学家把历史看做是循环的，而中世纪的神学史学家把历史看做是上帝意旨的体现，是上帝精神表演的舞台，而在黑格尔那里，这个上帝变成了"绝对精神"。马克思主义者则将人类历史看做是人类自身的生产史和物质资料的生产史，把人类历史看做是无限丰富、不断发展变化的过程，把有文字记载以来的历史视为阶级斗争的历史。

因对人类社会历史发展根本动力、决定性力量或因素认识的不同而有不同的史观。古人不可能从人的实践活动来阐明人类历史发展的动力、规律，只好诉诸"天命"、"命运"、"神意"，于是有了"天命史观"、"命定史观"、"神学史观"。某些人因只注意到了所处时代的社会生活中某些占主导地位的方面，如地理环境、政治生活、国家的力量、个人利益等等，于是有了"英雄史观"、"利益史观"、"理性史观"、"地理环境决定论"、"政治史观"、"经济史观"。

在迄今为止的思想史上，存在过唯心主义的和唯物主义的历史观，也有过二元论的或多元论的历史观，有静止的、循环的历史观，也有辩证的、发展的历史观。史观的不同，取决于他们对未来社会的预测不同。孔子以人人遵循"周礼"的"文武周公"之时为理想社会，赫西俄德以混沌初开后出现的丰裕富饶、无忧无虑的"黄金时代"为理想社会，认为现在的人类社会不断颓废、衰败，是以持"退步

---

① 于述胜：《也谈人文社会科学研究的"历史意识"——基于教育研究的理论思考》，《教育学在线》2010 年第 5 期。

史观”。汤因比等人认为人类社会历史演变周而复始、无限循环，他们因此持循环的史观。孔多塞、斯宾塞、黑格尔、荀子、韩非、马克思等认为人类社会由低级到高级不断向前发展，如荀子、韩非以后世将会出现的“法治社会”为理想社会，黑格尔认为当时的普鲁士王国是最完美的社会，是以持“进步史观”。①

二、唯物史观基本内容

唯物史观，在马克思主义经典著作中又称“唯物主义历史观”或“历史唯物主义”，是马克思运用辩证唯物主义研究人类社会的伟大发现。这种历史观和唯心主义历史观不同在于，它不是在每个时代中寻找某种范畴，而是始终站在现实历史的基础上；不是从观念出发来解释实践，而是从物质实践出发来解释观念的形成。马克思发现唯物史观，便用唯物史观指导历史研究，并借以检验和发展唯物史观。把生产关系从一切社会关系中提出来加以强调，指出生产关系是决定其他一切关系的基本关系。列宁高度评价唯物史观，强调它是“唯一的科学的历史观”，是“科学思想中的最大成果”。唯物史观发现后的实践证明：是唯物史观第一次把历史安置在它的真正基础上，为历史学成为科学提供了实际的可能。唯物史观给历史研究指明了“对各种社会经济形态的产生、发展和衰落过程进行全面而周密的研究的途径”②，开辟了历史研究新纪元。

根据马克思、恩格斯的上述精辟论断，再参照他们的有关论述，唯物史观包括以下主要内容：

其一，生产力与生产关系。其中，物质资料生产是整个社会生活的基础，人们在生产中结成一定的社会关系；生产力（包括科学技术）是生产发展的决定因素，生产关系取决于生产力又反作用于生产力。

其二，经济基础与上层建筑。其中，经济基础是历史的决定性因素，一切社会变迁和政治变革的终极原因在于经济；经济基础决定上层建筑，上层建筑服务并影响经济基础；社会存在决定社会意识，社会意识具有相对独立性并影响社会存在。

其三，阶级、阶级矛盾与阶级斗争。其中，阶级同生产发展的一定历史阶段相联系；阶级对立和斗争构成原始社会解体后一切阶级社会历史的重要内容；阶级斗争是阶级社会历史发展的直接动力；阶级斗争必然导致无产阶级专政，无产阶级专政是达到消灭一切阶级和进入无阶级社会的过渡。

其四，民族与民族之间的关系。其中，民族的内部结构和各民族之间的关

---

① 以上见姚军毅：《历史：实然、必然与应然——历史观与价值观关系探析》，《南昌大学学报》1995年第1期。

② 列宁：《列宁选集》第2卷，人民出版社1995年版，第425页。

系，取决于各种民族的生产力、分工和内外交往的发展程度；私有制和资本是造成民族剥削和民族压迫的根源，民族解放战争是进步的、革命的。

其五，领袖、政党、阶级、群众的关系。其中，人民群众是历史的创造者，决定历史结局的主要是人民群众，杰出个人对历史发展具有重要的作用。①

我们必须创造性运用唯物史观。只有从政治化史观解放出来，进入学术化史观，才有可能谈历史学的更新。马克思的方法始终是能够使我们全面解释人类历史运动的唯一方法，也是从事现代讨论的最有成效的出发点。其一，唯物史观是方法，不是教义。强调历史研究要以唯物史观为指导，是就其科学的、完整的历史观与方法论而言，并非要一味株守其对某些具体问题的结论。唯物史观是历史研究的指南，有两层含义，一是历史研究必须坚持以唯物史观为指南，二是说仅是指南、方法，不是一种框架具体历史的先验原则。其二，应用发展眼光来看待唯物史观。恩格斯说："我们的理论是发展着的理论"。② "它们绝不提供适用于各个历史时代的药方和公式。"③其三，要用创造性眼光对待唯物史观。恩格斯说："不要生搬硬套马克思和我的话，而应根据自己的情况，像马克思那样去思考问题。"④

三、当代中国的历史观

一般来说，历史观念的产生是人类精神觉醒的体现。人类自产生伊始，就生活在一定的自然环境和社会环境中，当人类发展到一定历史阶段，就会对自己所经历的自然历史过程特别是人类历史发展过程进行思考，由此产生的看法即为历史观念。

历史观是如何形成的？有人以为来源于历史。历史主义的核心口号是"如果不懂得过去，就不能理解现在"。复旦大学教授俞吾金认为，乍看起来，这个口号是很有道理的，因为现在正是从过去演化而来的。但细加分析，就会发现，这个口号实际上是站不住脚的。因为从古代到当代，唯一活着的是当代人，而当代人永远不可能回到"纯粹的过去"，他至多只能回到"当代人理解的过去"，简言之，回到"现在的过去"，而无法回到真正意义上的过去。⑤

历史观来源于社会观。现实社会是一个由纷繁复杂、杂乱无章的关系网组成的。如果能够把握住这些组成社会的关系的本质，社会就可以被更清晰地认识。对现实社会的系统看法，就是社会观。有了社会观，才会有历史观，即过去

① 赵吉惠：《史学概论》，陕西师范大学出版社 1990 年版，第 139—141 页。
② 《马克思恩格斯选集》第 4 卷，人民出版社 1995 年版，第 681 页。
③ 《马克思恩格斯全集》第 3 卷，人民出版社 2002 年版，第 31 页。
④ 《智慧的明灯：加快马克思恩格斯》，人民出版社 1983 年版，第 91 页。
⑤ 俞吾金：《历史主义与当代意识》，《文汇报》2010 年 9 月 25 日。

社会的认识。①

历史观取决于当代意识(或当代社会观)。历史是研究过去的,但历史观的形成恰恰取决于对当代的理解。有深刻的当代意识,才有深刻的历史意识。不理解现在,就不能解释过去,甚或说得严重些就是没有资格解释过去。何谓"当代意识"? 当代意识就是当代人通过对自己置身于其中的现实生活的深入反思,把握了与当代现实生活本质相切合的价值观念,并自觉地把这样的价值观念作为立场和出发点运用到历史研究中去。简单地说,当代意识是当代人对所生活世界本质的理解和把握。当代意识乃是一种自觉的反思性的意识。没有对古今的反思性思考,就不可能有当代意识。历史的重现永远取决于当代人的选择,而当代人的选择又是由当代意识决定的。当代意识决定历史意识,决定哪些历史要素被重现与建构出来,供人阅读。当代人之所以去研究历史,并不是出于"思古之幽情",而是出于当代人现实生活的需要。既然现实生活的需要是当代人研究历史的根本出发点,那么,道理不言自明,只有懂得现在的历史学家,才能真正理解过去,才能在以往的历史资料中找到合适的主题和相关的题材。②

历史观也取决于未来观。人们反思历史,建构历史观,与其说是关注过去,不如说是关注未来。每一个人都是一个时间(历史)的存在物,时间的三种样态——过去、现在、未来是一个整体。人们拥有过去,面对现在,总在思考着未来。未来不能在实际生活中经验,只能在观念中把握,正如过去只能在观念中重现。生活在对未来的疑惑和恐惧、悬念和希望之中,时时面临选择的人,往往要通过关注过去来思考未来,复通过对过去的分析、研究,证明自己建构的未来。没有关于人类社会历史演变的"应然"状态——理想社会的预设,便形不成关于历史过程和趋势的"实然"和"必然"的认识。人们需要历史观的根本理由是,由历史的"实然"引出"必然",使"应然"具有无可争辩的权威性,从而借以指导历史创造活动,为自己的选择提供合理性证明,组织和号召广大社会成员参与历史的创造。如此,蕴含在历史观中的"应然",通过人们的实践,有可能转化为历史的"必然"。这一过程的运作机制十分复杂,关键有三:首先,为统治阶级所接受,并由于统治阶级的反复强化宣传,为广大社会成员接受、认同。其次,统治阶级根据现实社会生活状况,将它具体化,建构相应的社会价值规范体系,使之成为人们选择和评价社会生活行为的根本依据,从而人们"心往一处想,劲往一处使",历史创造活动朝一个共同的方向展开。再次,由思想活动的组织机制转化为实践活动的组织机制和规范,以保障追求这种目标的历史创造活动顺利展开。其

① 赵吉惠:《史学概论》,陕西师范大学出版社 1990 年版,第 129 页。

② 俞吾金:《历史主义与当代意识》,《文汇报》2010 年 9 月 25 日。

中,形成相应的社会价值规范体系至关重要。①

从本质上说,所有的意识与观念均是当代意识。历史观是当代人对过去的看法,未来观是对将进行活动的预测。一个人站在当下,朝后看就是历史,朝前看就是未来,可见当下是一个随时将逝的时间概念。人类不断面临着未来,所以人类得不断地设计未来,以便找到更为合适的前进之路。寻找未来,不可能凭空,得根据已有的历史经验来判断,这就是预测。将过去的过程、趋势与未来的走向串成一条线加以综合思考,从而形成相对系统的未来发展观。一旦未来走向理念确立,人类就会据此指导当下的实践活动,进而重新思考历史走向,判断不同历史阶段所体现的某种趋势,评判不同的历史人物、事件、思想的历史价值及历史地位。

历史观是经过学习、研究、耳濡目染等各种渠道成为历史学家的思想资源的。其来自历史学专门研究渠道的成分愈多,则愈具有自觉的、批判的和个人的性质。自觉的、批判的和个人的历史观是历史学家在历史研究过程中逐步形成的专业工作理念。

历史观影响历史研究,包括视角的选择、主题的选择、材料的选择。历史家关于历史学的基本看法,可称为观念层面的方法论,也是历史学的宏观方法论。历史观作为基本的信念,为历史学家观察和分析工作做出定向。这在宏观历史研究上,更为明显。

每一个历史学家都有自己的历史观。上古的历史学家重记述,其受历史观的影响较为间接。现代历史学家重分析和解释,受历史观的影响更为直接。②相对说来,宏观历史研究更讲究规律。至于微观研究,历史趋势的把握可能更重要一些。

历史意识作为人们传达其历史认知的媒介,对人们撰写历史著作、教科书有着明显的影响。人类先有了历史意识,才会想着去保存历史、记录历史。有了历史观主线,零星的历史材料就有可能被整合成一个有机整体。一个有机整体,就是一部新的史学著作。

当代中国的社会观决定当代中国的历史观。当代中国发生的最重要事情,就是我们正在走的现代化道路、现代性追求。现代性是用来描述“现代”状态的一个术语,是一种与前代社会不同的新的社会秩序,是强调创新、变化和进步的一个权力、知识与社会实践的特殊聚合体。这些实事正是当代现实生活的本质,与这一本质相切合的价值观念则是:珍惜生命、尊重人格、追求自由、倡导民主、

---

① 姚军毅:《历史:实然、必然与应然——历史观与价值观关系探析》,《南昌大学学报》1995年第1期。

② 俞吾金:《历史主义与历史意识》,《中山大学学报》2010年3月30日。

维护平等、强调公正。当一个历史学家自觉确立当代意识，获得了对现代的理解，并与这些价值观念保持一致时，便有资格去解释过去。他回过头去看历史资料，历史资料便会以崭新的方式呈现在眼前，他也很容易找到合适的主题和题材。如此在导演历史剧的时候，就不可能出现很多人犯的无聊的错误。现在的历史剧、历史小说之所以常常受到批评，是因为大部分编导和作者缺乏当代意识。他们不理解现在，不理解生活世界的本质和需要，所以他们永远不清楚该在历史上发掘和歌颂什么东西。他们的作品陷入价值迷乱的状态，并自觉或不自觉地把一些早已过时的价值观念，如王权至上、等级秩序、男尊女卑、江湖义气理解为值得推崇的价值观念。这样一来，他们的作品不但不能促进现代文化的健康发展，反而充当了这一发展的消极台柱。① 他们该发掘的永远应该是和现代价值一致的历史资源，而不是歌颂帝王的私生活、王权至上和等级观念之类陈腐的东西。②

第二节　历史研究的空间视野

根据空间的变化，历史视野可以分为"自上而下"看历史、"自下而上"看历史、横向区域视野、个人本位等多角度视野。最后，希望在此多角度基础上，追求一种更为全面的、整体的总体史。不同空间视野，反映的是观察者立足点的不同。站在不同的平台，看到的东西是不同的。由内而外，由此及彼，是人类观照的普遍习惯。

一、自上而下

"自上而下"的视野，也就是政府视野，就是将政治领袖和统治集团参与的公共事件或改变历史进程的重大政治、经济、文化和科学变革作为最重要活动的一种历史编纂立场。正如美国史学家鲁滨逊（Jame Harvey Robinson，1863—1936）所说："政治史是最古的、最明显的和最容易写出的一种历史。因为君主的政策、他们所发布的法律和进行的战争，都是最容易叫人记载下来的。国家这样东西，是人类的最伟大的和最重要的社会组织。历史学家一般都认为人们最值得知道的过去事实，都是同国家的历史有着直接的或间接的联系。"③中国传统史学中的官修正史，基本是帝王将相和重大政治事件的历史，是一部政治史，依

① 俞吾金：《历史主义与当代意识》，《文汇报》2010年9月25日。

② 俞吾金：《历史主义与历史意识》，《中山大学报》2010年3月30日。

③ ［美］鲁滨逊：《新史学》，何炳松译，商务印书馆1989年版，第33页。

据的材料都是政治方面的文书档案，把政治层面的因素看成是决定历史发展变化的关键力量。“自上而下”看历史把目光投放到更为宽阔的领域，使史学研究的内容更加丰富多样，并由此带动了史料来源的扩展和研究方法的更新，但研究者的立场却因缺乏主体的自觉，有可能依然是高高在上的，可能会不自觉地带着某种优越感，“自上而下”地审视芸芸众生及其命运。[①]

图 7-1　[美]鲁滨逊及《新史学》

二、自下而上

“自下而上”的视野，是一种社会视野，就是将目光从帝王将相转向基层生活，由民众立场观察整个世界，以民众的观点解读历史，以人民的本位来看历史发展，重新审视国家权力，审视政治、经济和社会体制，审视帝王将相，审视重大的历史事件与现象。譬如以前非常关注明清代嬗，那似乎只是崇祯皇帝、袁崇焕、李自成、努尔哈赤、吴三桂、多尔衮等人的事情，后来说不要只关心重大事件和重要人物了，这些问题便开始被人遗忘。实际上这两者都有偏颇，因为明清之际的重大变化不仅影响着上述精英人物，也影响着每一个中国人的命运。因此，如果我们从普通人的角度去观察这样的重大事件和制度，我们对问题的看法就有可能深化，甚至可能有很大的不同。[②]

社会视野是一种全新的研究范式，可以重新解释过去那些有定论的东西。有必要将以往忽略的基层社会的历史、普通民众的历史、日常生活的历史和民间

---

① 赵世瑜：《“自上而下”、“自下而上”与整合的历史观》，《光明日报》2002 年 10 月 12 日。

② 赵世瑜：《“自上而下”、“自下而上”与整合的历史观》，《光明日报》2002 年 10 月 12 日。

文化史掸去灰尘，重新放在适当的位置上。研究社会，是为了将社会强调为一个正在运行的有机体，一个相互依赖的个人与群体的共同体。普通民众没有掌握记录历史的权利，没有被赋予发出声音的合法性，并不意味着他们没有生活在历史中，没有自己的思想和记忆。如赵世瑜《狂欢与日常》(三联书店 2002 年版)通过对明清以来庙会的研究，让读者看到了一个很新鲜的民间社会。[①] 民间书写本质上是一种不受国家记忆或遗忘任意控制或操纵的社会记忆、集体记忆。

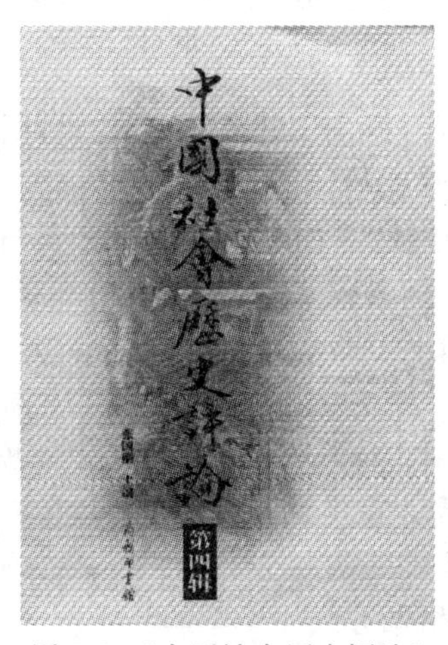

图 7-2 《中国社会历史评论》

图 7-3 [英]霍布斯鲍姆

三、区域视野

大陆史坛流行地方史研究模式，按照空间将中国切块分割，加以研究与编纂。这种模式，记录是可以的，但研究却大有问题，违背科学研究原则。地方史研究有三大不足：局限于行政区划，有较强的人为性；将地方与国家割裂开来，就地方谈地方；缺乏宏观视野，就个别谈个别，只关注地方特色、地方特殊性。地方史可能是从传统中国的地方志演变而来的。地方志的特点是按照行政区划分别记录。地方史的研究也和地方高校或地方研究院的提倡有关。他们觉得，研究全国不是长处，于是乎退而从事地方史研究。这是一个很大的误区。

相比较而言，国外流行的区域研究有一定的合理性。区域史研究的长处有三：可以打破行政区划的界限；将国家与地方联系起来思考，地方是国家下的地方；关注带有普遍性的东西。地方特色是普遍意义下的特色，不是个别化、特殊化。区域研究的目标是，用不同地方的材料，回答中国历史上国家与地方之间的互动过程。或者说，在国家大的普遍性下，何以会有地方变异？同样的时代，同

① 赵世瑜：《"自上而下"、"自下而上"与整合的历史观》，《光明日报》2002 年 10 月 12 日。

样的政策，何以各地方会有不同的效果？注意局部与全局的结合，区域是实验场地，区域史研究不能局促于一个狭小的天地，而必须放眼于总体的中国历史。这种研究模式，可以概括为“全局—局部—全局”，或者说“国家—地方—国家”。区域史研究有方法论意义，最后希望能够提出一些对别人有启发性的东西，如此才可以与别人对话。否则，变成纯粹的地方研究，别的地区不感兴趣。总之，从地方史视角转为区域史研究，可以突破地方史研究的局限，是创新的关键所在。

四、个人本位

人类社会最核心的主体是个人，个人的存在是其基本的存在方式；同时，人也被组合进不同的群体组织，是一个社会人。组织有不类型的组织，有血缘性群体组织如家庭与家族，有行政性群体组织如国家、省、市、县、镇、村之类，有纯粹的群体组织如学会、学派。在人的独立与群体差异中，中西走了不同的路。中国偏重人的群体依附性，西方偏重人的个体独立性，前者行家族本位，后者行个人本位。从文化形态来说，西方主张“个体本位”，东方主张“集体本位”。在西方基督教文化中，人人是上帝的子民，是独立的个体，人人对上帝负责，对自己负责，是一种“独立型人格”，是工商社会的生存方式。在中国文化中，人是家族、国家等集体组织的一员，是一种“依存型人格”，是典型的农业社会的生存方式。由此，讨论个人在历史上的作用，中国与西方的想象方式完全不同。

1. 国家视野下的历史人物评论

中国喜欢历史评论，写人物往往是从国家视野入手的，喜欢将历史人物放在国家历史的天平上加以考量。中国为什么是一个喜欢评价人物的国家？这显然与中国的国家形态有关。中国历史上的那些王朝，本质上是“强国家弱社会”。在强国家中，政治是第一位的，所以全体国民对政治特别重视。中国传统社会的历史人物，主要就是政治化的特殊人物，而不是人性化的普通人物。每一个政治人物在这个国家中劳碌一生，最终都要面临政府权力的认可与肯定问题，这就是中国的谥法制度，那是一种代表国家的“盖棺定论”。受现实政治生活的影响，中国的国史编纂，一开始就重视历史人物的政治评价，即褒贬。自《春秋》开始，中国史学就注重人物的褒和贬，即评定人物在国家历史上的地位。司马迁《史记》继承了《春秋》这种褒贬，开创了中国式的史传体制，史传就是典型的政治化人物评传。传后“太史公曰”、“史臣曰”或赞之类就是评语，用以断定一个人在国家历史上的价值与地位。政治化的传记，势必没有个性、特征，是刻板的。中国史书的人物不像人，没有人物身体特征的描述。中国史学中的传记，正是现实生活的反映。当然，在诗文集中，文学化传记仍有一定市场。

进入 20 世纪以来，中国仍然喜欢评论历史人物在国家历史上的作用，视野相似，只是因为唯物史观的引入而使用的评论尺度不同而已。一方面否定了传统的帝王将相等杰出人物创造历史的观念，另一方面肯定了普通人物在历史上的作用。"人民，只有人民，才是推动历史前进的动力"，毛泽东的话最能体现这种人民史观。为什么说人民群众是历史的创造者呢？一定要在理论上论证一番，可以说出一大套道理来，如人民群众是物质财富的创造者，物质生产是人类历史的发源地；人民群众是社会精神财富的创造者；人民群众是社会变革的决定力量。[①]

在人类思想史上，唯物史观第一次科学地解决了是谁创造了历史的问题。问题是，否定历史上的帝王将相容易，但研究历史时仍得面对一大堆的帝王将相。那么，如何评价历史上的帝王将相与普通人物呢？于是，我们创造出了一套杰出人物与普通人物相辅理论。在历史上留下明显痕迹、有重大影响的人物是杰出人物。按照杰出人物作用的积极性与消极性，又可将他们区分为正面历史人物和反面历史人物。正面的历史人物即杰出人物，是指那些反映时代要求，代表进步阶级或阶层利益，对社会发展起显著促进作用的伟大人物，其中包括杰出的政治家、思想家、科学家、艺术家、军事家等。反面历史人物即反动的历史人物，是指那些逆历史潮流而动，阻碍社会向前发展的反动阶级或反动势力的代表人物。

杰出人物在社会发展中的作用主要表现在以下几个方面：第一，历史人物是历史事件的当事人。历史人物往往是重大历史事件的直接参与者、策划者和指挥者，因而他们总要在历史事件上打上自己的烙印。第二，历史人物是历史任务的发起者和倡导者。第三，历史人物是实现历史任务的组织者和指挥者。第四，历史人物是历史进程的影响者。历史人物能够影响甚至决定历史事件，加速或延缓历史任务的解决。

普通个人在历史上的作用虽然较小，但决不能忽视它，他们对社会发展都有或大或小的贡献，在整个社会历史进程中起着多方面的作用。具体来说，主要表现在如下三个方面：第一，普通个人也可以干出伟大的事业；第二，普通人为社会历史输送杰出人物。第三，在现代高科技发展的社会中，普通个人对历史发展有着超常性影响作用。唯物史观充分肯定普通人的历史作用，有助我们深刻理解和把握社会主体的历史作用，激发普通人在社会历史中的创造性。

不过，理论论证可以相当完整，但实际操作中仍有麻烦。一则我们仍处于强国家时期，国家仍是我们最高的史学单位，由此，评判历史人物在国家历史上的贡献成为优先考虑的事，结果仍重精英研究。二则缺乏史料的支撑。唯物史观所讲的人民群众是指推动社会历史发展的社会大多数成员的总和。它是一个政

① 庞卓恒主编：《史学概论》，高等教育出版社 1995 年，第 146—155 页。

治范畴，在不同的国家和不同的历史时期，有着不同的内容。其中，从事物质资料生产的劳动群众及知识分子始终是人民群众的主体。问题是，历史上的人民平时看不见，没有文字记录，只在造反时提及。这样的结果，就是我们在通史中所见的面貌，一方面肯定杰出人物，另一方面只在王朝更替时肯定农民起义。

历史人物评论理论，一般包括评判理论、评价标准、评价内容和具体评价方法等几部分。

历史人物的评价，关键是标准。对于同一时段历史人物的评价，今人和古人是有许多出入的，这是因为我们今天的价值观与古人的价值观是不同的。所以，拿不同时代的不同价值观去评价一个历史事件或一个历史人物时，有可能会得出完全不同的结论。

对历史人物，应根据他们对历史发展、社会进步在客观上所起的推动或阻碍作用，对人民有利还是有害而予以肯定或否定，这是评价历史人物的基本标准。只有明确标准，才能以辩证唯物主义和历史唯物主义为理论指导，正确地评价历史人物。必须坚持马克思主义的阶级观点和历史观点，坚持辩证的分析方法。运用一分为二的观点，对历史人物进行具体的、深入的、全面的分析，对于以往的杰出人物，要分清其成绩与缺点、主流和支流，把握其主要倾向。既要肯定其在历史上的进步作用，同时又要指出其阶级和历史的局限性。

历史人物评价要注意三条：

第一，历史性。列宁指出："在分析任何一个社会问题时，马克思主义理论的绝对要求，就是要把问题提到一定的历史范围之内。"①这就是说，评价历史人物时一定要把人物放在其所处的历史条件下来进行，决不能脱离当时的社会现实。只有这样，才能避免一些错误倾向：用今天的标准去苛求古人，如认为韩非子主张君主专制的观点是反动的，等等；对历史人物的局限性估计不足，不妥当地拔高、颂扬古人，把古人现代化；把古人与今人简单类比，牵强附会。

第二，阶级性。一般来讲，历史人物是生活在阶级社会之中的，因此，对历史人物还应进行科学的阶级性分析。这就要求评价历史人物时，既要看历史人物的出身，更要看历史人物是为哪个阶级服务的，对哪个阶级有利，同时还应注意历史人物的复杂性，绝不能简单化，唯成分论，一刀切。如对封建统治阶级中的历史人物全盘否定，对农民阶级中的历史人物完全肯定。要避免这种错误，应讲清两点：阶级是不会改变的，但个人是可以转变的，相同阶级出身的人可以走完全不同的政治道路。

第三，全面性。评价人物和历史，要提倡全面的观点，防止片面性和感情用事，这才符合马克思主义。因此，评价历史人物要用矛盾的眼光看待历史人物，

① 《列宁选集》第2卷，人民出版社1995年版，第512页。

要重视必然性和偶然性之间的关系等。评价历史人物应注意其个性特点，如品质、气节、修养、性格等。因为在相似的历史条件下，地位相近的历史人物，他们的表现和作用并不完全相同。当然，个性特点并不是评价历史人物的主要标准，主要标准是看历史人物对历史所起的作用。应注意主观动机和客观效果之间的关系。历史人物行动的主观动机和客观效果往往并不一致。因此，在评价历史人物时，应该把动机和效果结合起来，只有以客观效果为主要依据，同时结合主观动机，才能对人物进行辩证的全面的分析。如果只强调效果，忽略动机，对学生就起不到良好的思想品德教育。

评价历史人物有两种基本方法。第一种是分阶段评价。第二种是对历史人物可根据其一生活动的主要阶段进行评价。分方面评价，对历史人物也可以根据其一生活动的不同方面进行评价。

正确认识历史人物的历史作用时，要坚持评价历史人物的基本方法和基本原则，要坚持历史原则，坚持阶级分析的原则，坚持把历史人物的活动与人民群众的活动联系起来的实践原则，坚持必然性和偶然性辩证统一的原则。总之，任何杰出的历史人物都有巨大的历史功绩，但他们也必然会有这样或那样的错误和缺点。因此，对他们的历史作用要做全面的分析与评价，既不能肯定一切，也不能否定一切。他们是人，不是神，不能神化他们，不能搞个人崇拜。

2. 社会视野下的历史人物研究

个人本位指的是以个人的一己方式去观察、面对世界。个人是具体的，有不同的思想和利益。人的行为最终都是个人行为，群体行为归根到底是个人行为互动、整合的结果。因而，个人行为是一切社会科学研究的最可靠的微观基础和本体。

西方民间学者更喜欢突出个人的能力与作用，西方史学自罗马时的普罗塔克(Plutarch，46？—120)写英雄列传开始即重视描述人物身体特征。西方人的观念是，性格和行为互为因果，性格影响行为，行为影响性格；性格决定人的命运，决定人的行为特点。西方传记的写作，必须具备大量私密文件，日记、书信、谈话、访问、邻居、亲戚、朋友的记载，最重要的私密文件是书信。西方史学，传记与典章制度、事件鼎足而立。西方一般老百姓的历史理解是从传记中来的。20世纪以来，中国的纪传体实际上已经终结，已经转向西方以人为主角呈现历史的传统。[①]

20世纪前期，受西方文化影响，我们不再热衷于对历史人物的评价。相反，西方的长篇传记，越来越受我们关注。近20年，随着中国社会由农耕社会而工

---

① 许倬云：《从历史看人物——以刘邦和朱元璋为例》，《文汇报》2006年9月5日。

商社会的转型，以及大众文化的崛起，对人物价值的看法也在变化，特别是工商科技人物成为关注热点，公民的作用也越来越凸显，个性化的长篇传记越来越受欢迎。由官而民，历史创造者角色在转移，现在大家更喜欢用“大人物”与“小人物”来区别不同人物在历史发展中的不同作用。个人是指处于一定社会关系之中，具有不同的社会地位、才能和作用的个体人。不同的个人在历史上起的作用并不都是一样的，他们的作用有大小之分。按其对社会历史影响作用的大小，个人可区分为普通个人和杰出人物；按政治权力大小、社会地位高低，个人可以分为“大人物”与“小人物”。“大人物”与“小人物”，两者都具有真正的重要性。人物传的写作，由政治化人物走向人性化人物，人物内涵越来越丰满，是一大解放，一大进步。在这种背景下，自然可以提出由人物看历史视野。由小而大，由人物看社会，也是一种基本视野。

3. 社会角色与实践

近年来，西方历史研究的重点已经从个人的阶级或群体的属性转向个人本身，从历史的必然性走向偶然性、从历史的决定论变为关注历史情境之下的多重选择。他们在用“社会角色”和“实践”两个关键概念来进行修复。

“社会角色”本是社会学研究中常常使用的概念，历史学家借用了这一概念，不仅表明一个人在社会中扮演着多种角色，更重要的是体现出一个个体拥有着可以支配的多种资源，凭借这些资源，他可以对历史的情境有多种反应，并且进行多种选择。因此，这一个体与社会之间复杂的互动关系理应成为历史学家最好的素材。可以说，“社会角色”概念聚合了宏观（社会）与微观（个体），从中可以看出社会与个人之间相互联结，相互反应乃至对立的错综复杂的关系。至于在这多种的历史情景下，每个个体为什么这样选择而不那样选择；是什么力量，什么观念以及什么偶然的事件使其做出了这样的决定和选择，而不是那样的决定和选择，从而使历史表现出我们所看到这样的一种现实性，而另外的种种可能性都被湮没在历史的长河里。

仅仅有“社会角色”这一概念还不够，还需要借助于另外一个概念，即“实践”。一旦引入这一概念，就意味着是在个体行为的动态过程层面而不是仅在既定的静态特性之中来进行考察。只要将视野转向实践这一层面，我们就能在动态的进行过程中深刻地理解社会与人之间的互动关系。如果说规范代表着普遍性、同一性，是以宏大叙事为中心，那么个人的实践则体现着偶然性、个体性，是微观叙事的中心。这两者之间正是通过实践这一层面得到了联结，使我们从中可以看出个人在运用什么样的社会角色资源，处在什么样的社会角色状态来理解某种规范。如果我们把历史研究的重心下移到这样的实践层面，而不仅仅是脱离实践的规范层面，那么这样的历史研究自然会得出更有新意的研究成果，会更全面地反映社会的历史进程。强调历史要研究个体的实践层面，这意味着这是动态，而非静态，是注重个体的多元选择性，而非唯一性；强调个体所处的历史情景，而非决定论。在个体的行动中，我们对人的理解更能细致生动，看到活生生的个体在历史的情景下如何面对，怎样反应，最终又如何决定和选择，而这种选择又对社会以及以后的历史发展产生了什么样的影响，使得我们对历史的理解也更为丰厚充实，从而使历史充满迷人的魅力。正是在这一意义上，我们要关注人的社会实践活动，并相信它将成为未来历史研究的重点。[①]

总之，近十多年来，西方史学研究出现四大回归现象：一是政治史回归，早期社会史所排除的政治史被赋予新意的研究，即从个人（帝王、英雄）进到政权史及其有关的符号、象征。社会史研究的妇女史——女权运动史——两性关系史——性别史，其发展变化离不开政治史。二是事件史回归，事件——媒体——公众。三是叙述史回归，不以发现规律为重点目标，而以公众乐于知道的事件人物为描述对象。四是人物传记回归，以人为主体，将人从决定论观念下释放出来。这是历史主体的回归。所有这些，令人有史学回归之感。当然，历史研究的回归不是复原，而是以研究整体史为使命为特征，是真正意义上的历史、完整的历史，而不是残缺的历史。目前，整体史尚处于愿望阶段，需要创造条件，迎接其到来。[②]

---

① 法国《年鉴杂志》编辑部主任葛涅演讲，见李宏图《在人的社会"实践"中重构历史——近年来西方史学变革的解读》，《浙江学刊》2004年第6期。

② 冯尔康：《"说故事"的历史学和历史知识大众化》，《河北学刊》2004年第1期。

第八章
与历史持续的对话

【讨论主题】

1. 历史是过去与现在永无休止的对话
2. 历史的理解
3. 历史的解释
4. 一切历史都是当代史

【课前阅读材料】

1. 周建漳:《历史及其理解和解释》,社会科学文献出版社2005年版
2. 于沛:《历史认识概论》,中国社会科学出版社2008年版
3. 韩震、孟鸣岐:《历史·理解·意义》,上海译文出版社2002年版
4. [英]加登纳:《历史解释的性质》,江怡译,文津出版社2005年版
5. 陈新:《历史认识:从现代到后现代》,北京大学出版社2010年版
6. 王学典:《史学引论》第六章《历史解释:意义的追寻》
7. 李剑鸣:《历史学家的修养和技艺》第八章《解释的建构》

【关键词释】

历史解释　历史认知　历史理解　移情法　历史想象　历史感　历史诠释　历史意义　正统论

英国历史学家卡尔说"历史是过去与现在永无休止的对话"[①],也就是说,历史应该包含几层意义,除了是过去发生的事情之外,更应该包含我们对过去事情

① [英]E. H. 卡尔:《历史是什么》,商务印书馆2007年版,第115页。

的理解。历史是对过去事件的记述，历史是当前的人对过去理解而成的知识。所以，学历史不只是记忆而已，更重要的是我们自己对历史的理解、思考、分析及推论。对历史知识的本质和特点的认识和考索，就是历史知识论。历史认识论是关于历史认识主体思维活动的理论和方法。历史认识论，从现代到后现代，看法是变化的。后现代主义将历史认识引入到更为复杂、更为多元的系统之中，必将促使史学家更加自知、自律、自尊，对自己的研究对象乃至研究行为本身进行历史的思考。[①] 刘家和说，史学的进展在很大程度上是建立在认识论发展的基础之上的，如果没有认识论方面的发展，那么史学研究的一切成就都只能表现在史料的量的方面的扩展。[②]

理解是历史认知的核心所在。历史认知应以理解与解释为中心建构体系，提升学生的理解能力。本讲着重关注以下问题：理解的含义与特点，历史理解的含义与特点，历史理解的过程，历史理解的基础，历史理解的途径，历史理解的差异性。

图 8-1　于沛《历史认识概论》

图 8-2　陈新《历史认识》

第一节　历史的理解

没有理解，没有叙述，历史就不可能再现出来，会被人类遗忘在某一个角落中。

---

① 陈新：《历史认识：从现代到后现代》，北京大学出版社 2010 年版。

② 见《历史认识：从现代到后现代》推荐语，北京大学出版社 2010 年版。

"历史理解"是19世纪末以来西方人十分重视的课题。德国的德罗伊森(J. G. Droysen,1808—1884)主张史学方法的本质是"理解",认为历史学家的目的在于根据当时的需要和问题去理解历史和解释历史。狄尔泰(Wilhelm Dihhey,1833—1911)指出,历史研究的特征是"理解",也即史家必须对史料所反映出的历史过程,逐步取得一种"感同身受"的"理解"。这里的"感同身受",指的是史家的生活经验与他研究的对象(过去发生的事情)之间的交会。易言之,史家之所以能解释历史,就是因为其对史实有一种"心有灵犀一点通"的感觉。海德格尔(Martin Heidegger,1889—1976)的《存在与时间》分析了"心有灵犀"的存在及其缘由。海德格尔反对"主观"、"客观"的二元论,认为人们的认知之所以能产生,并不是主观反映客观。恰恰相反,客观之所以能进入主观,是因为主观已有"灵犀",因此才能"相通"。本体论与认识论之间,没有清楚的界限。法国哲学家保罗·利科(Paul Ricoeur,1913—2005)着重从语言学的方面来展示人们认识活动的复杂、多样,认为任何事情都会产生多种不同的解释。[①] 由此可知西方历史学家对"理解"研究的重视。

图8-3 [德]德罗伊森《历史知识理论》

图8-4 [德]海德格尔

一、一般的理解

什么是认知?所谓认知,是主体对客体的感受与理解。主体—中介—客体的基本要素结构,是一切认知活动和实践活动都共同具有的基本结构,中介就是语言及其符号化文字。

---

① 王晴佳:《从历史思辨、历史认识到历史再现——当代西方历史哲学的转向与趋向》,《山东社会科学》2008年第4期。

理解是建立在大脑的感受与思考基础上的。所谓理解,就是将陌生的事物转化为熟悉的事物。理解是一个过程,认知是一个结果,有了结果,才可以被描述与叙述。理解浅或误,认知也浅或误,更难以描述与叙述。感受与理解的程度,决定表达程度。表达能力自身的高低,也会影响表达清楚与否。理解分书面理解与非书面理解,包括语言、肢体语言。读书人长于书面理解,而读书少的人则长于"言"、"色"理解。察言观色,可以理解为语言与肢体语言兼通。认识分直接认识与间接认识两种。主体直接作用于客体,这是直接认识;主体间接作用于客体,这是间接认识。书面理解表现为间接理解,而"言"、"色"理解表现为直接理解。理解离不开实践与体验,不到一定年纪,不到特定的空间,没有一定知识量积累,没有亲自参与性的体验,许多东西无法理解。

真正的理解建立在立场、角色的转换基础上。理解需要换位思考,将外部视野换成内部视野。人类因站的角度、坐的位置不同,对同一事物的看法就不一样。长在人类头部的眼睛是用来看别人的。人类天生的第一反应是站在自己立场上、用外部眼光观察别人。他们或是站在自己的位置上去"猜想"别人的想法及感受,或是站在"一般人"的立场上去想别人"应该"有什么想法和感受,或是想当然地假设一种别人所谓的感受。这样的换位思考,其实仍然局限于自己设定的小圈子之中,绝对无法体验他人真正的感受和思想。换位思考是一种人对人的心理体验过程,它要求站在对方的立场上进入别人的内部世界,用别人的眼光来想问题、看世界,以别人的心境来体会生活。除了立场的转换,就是角色的转换。一般说来,同类角色更容易互相理解,譬如政治家容易理解政治家,学者容易理解学者,领导容易理解领导,父母容易理解父母。不管如何,理解是建立在双方沟通基础上的,了解了对方的思想,才能暂时忘却自我,深刻理解别人。

理解与认知是千差万别的,人类的认知只不过是客观事物在人类意识中的一种反映。不同个体,认知角度不同,接触层面不同。对同一事件,不同人有不同的认知,于是有不同的记录。认知存在较大的困难。认知的最大特点是主体的个体性与客体的丰富性,最大的困难是主体与客体间信息的不对称。认知者是一个人,必须靠个体的大脑来认知,不可能是群体。世界过于丰富,每个人都有一部历史,人人有一个信息库。一个人想全面认知这个世界中的个体、群体、组织的相关信息与历程,困难之大可想而知。理解是对人类智慧的一个挑战,不必然有我们能够完全理解的东西,也不必然有我们完全不能理解的东西。

二、历史的理解

什么是历史认知？历史认知是现实中主体对历史上客体的认知,是人们依据预先确定的目的,按照既定的价值取向,利用历史事件所遗留下来的各种客观信息,通过自己的实践去反映和表现历史发展客观运动过程的一种活动。它是一个包括信息获取、储存、加工、变换、反馈等诸多环节在内有完整的思维操作过程。[①] 历史认识本质是一种三极思维活动。它是历史认识的主体(包括历史学家、社会精英层与全体社会成员等不同层次)和历史认识的客体(包括个别的历史事实、完整的历史过程、历史发展的客观规律等不同层次)经由中介质历史资料(包括文献、文物、传说、现实生活中蕴含的历史因素等不同方面)在社会实践及历史研究科学实践基础上能动的统一。[②]

图 8-5　陈启能等
《史学理论大辞典》

图 8-6　周祥森
《反映与建构》

历史认知有三个特征。

一是间接性。历史认识都是间接认识,因为中间隔了一定的时空,不能直接观察与研究对象,必须通过史料的中介,通过历史记忆的感受与理解才能进行。在历史认识活动中,史家这一认识主体与客观历史这一认识客体之间并没有直接的联系。活生生的客观历史一去不复返,不可能直接介入后世史家的认识过程。换言之,史家要认识的是昨天和前天,而史家本人却生活在今天。这种时间上的限制把认识主体(史家)与认识客体(客观历史)截隔开来,这是历史认识不同于现实认识的重要特征。历史认识的这种间接性,决定了其认识的主体与客体之间不能直接面对面地观察与研究,必须通过认识中介才能沟通。这样,认识的主体、客体和中介就成为历史认识中的三要素。

① 陈启能、蒋大椿主编:《史学理论大辞典》,安徽教育出版社 2000 年版,第 78 页。

② 姜义华等:《史学导论》,复旦大学出版社 2003 年版,第 75—76 页。

二是整体性。事前与事后，人们的思想是不同的，看法是不同的。当局者迷，旁观者清。当局者有一定空间范围限制，而后来者的空间更大。当局者看问题，是由内部而外部，且全局是模糊的；后来者看问题，是由外部而内部，且全局是明朗的。历史参与者了解的往往是事件的局部，只有史家才会掌握事件的全部，建构起整体性与统一性的历史。史家是事后诸葛亮，擅长“事后之明”。

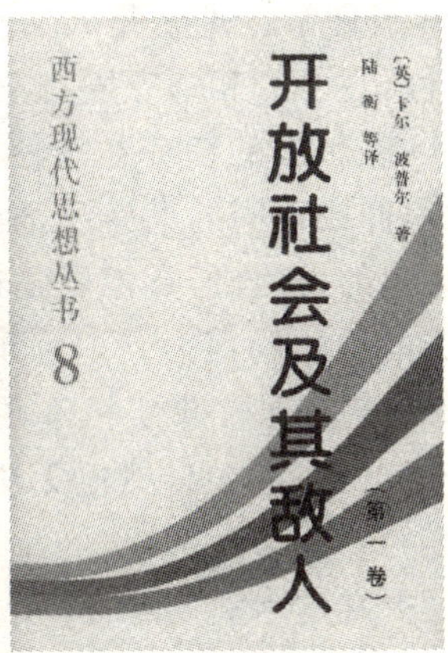

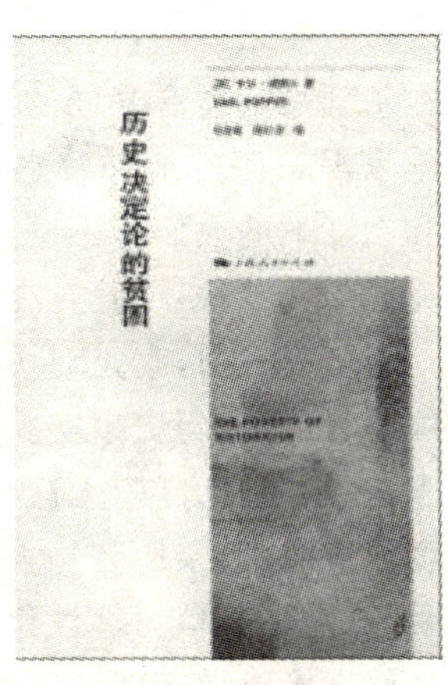

图 8-7　[英]卡尔·波普尔及其《历史决定论的贫困》、《开放社会及其敌人》

三是时代性。随着不同时代新的认识论和方法论的产生，人们就需要用新的认识论和方法论去构建新的历史认识。正如波普尔在《历史有意义吗?》一文中所说：“既然每一代都有它自己的困难和问题，因而也都有自己的兴趣和自己的观点，那么每一代就有权按照自己的方式来看待历史和重新解释历史。”由于历史研究者是现实生活中的人，他们必然要把自己的感受和需要渗透到历史认识中，对历史客体作出新的分析和认识。历史认识的时代性，导致历史文本的相对性。

概括起来说，历史认识具有间接性、整体性和时代性等一系列特征。历史认识的发展过程就是认识主体通过认识中介，不断揭示客体，朝着历史认识的目标永无休止地前进的过程。[①]

历史客体和研究主体之间，存在着种种通道，人们理解历史，往往通过以下渠道进行，即符号、文献等历史记录，愿望、观念、情操、人格、人性、理性、信仰、命运等生命表现，道德、哲学、宗教、艺术、科学、制度等文化样态，国家、政治、经济、法律、军事、战争等历史事物的各种领域，整体、全局、系统等历史变迁，商业与交往、社会生活、职业和家庭等历史状况，公共事务、会议、争论、利益、地域、种族、语言、环境、时代、风气等历史事件中的有效因素。此外，还包括各种可能性的广

① 卜照晶：《历史认识的客观性问题漫谈》，《光明日报》2007 年 4 月 19 日。

阔领域。历史理解渠道的开拓,有利于人们接近真实历史。[①]

理解的过程是一个解读的过程。在实践中理解历史,在历史中体验生活。历史理解是解释性理解,是对动机和意义的理解。对人的研究,必须通过理解。人的行为是由人的思想、情绪支配的,而思想、情绪又受多种因素影响。人的判断受到道德观念、情绪冲动和信息失误的干扰。对这种人为事件,不能用普遍规律或覆盖律来说明,而必须诉诸理解。理解是人文科学的核心标志。[②] 理解的存在基础是人类有共同的人性,古今心相通。麦克尼尔说:"全人类具有共性,历史学家渴望深刻地理解它。"[③]说历史的任务在于使人们互相理解,但不同的民族和制度下的人们有不同的信仰或不同的世界观,他们之间如何做到互相理解?麦克尼尔也承认:尽管存在共同的人性,但真正要做到相互理解其实很难。[④]

历史理解力,就是对历史本质的洞察力。理解是治史的一种基本能力。没有理解与认知,历史事实就不会被记录。事实在不在现场,都必须用语言与文字来表达;不经过大脑,无法表达出来,别人自然更无法理解。所不同的只是感受程度深浅而已,亲历者是直接的感受与理解,更为生动;第三者是用间接材料来感受与理解的,稍为理性化。史家是用别人的材料来间接感受历史本身的,当局者是用直接感受来理解历史本身的。布洛赫(Marc Bloch,1886—1944)认为,理解包括体验人类千变万化的差异,人们之间的不断进行的交往;理解是历史研究的指路明灯。[⑤]

具有较好的历史理解力需要具备内在的人生体验。史家必须具备诗人、文学家气质,能体验人性与人生活动。为什么要体验?文献是从生活中来的,理解的时候也须回归生活层面加以考量。没有人生体验,不了解人情世故,是不可能理解历史文献的;只有经历丰富的人,才能理解历史中个人或群体的活动特征。达不到与古人对话的地步,是不可能完全理解古人活动的。

理解的最高境界是换位思考。换位思考到底是什么呢?其实就是"移情",去"理解"别人的想法、感受,从对方的立场来看事情,以别人的心境来思考问题。真正的换位思考必然是一个"移情"的过程,要从内心深处站到他人的立场上去,要像感受自己一样去感受他人。在认知历史方式上,必须坚持移情的理解。研究历史总离不开对历史人物的关注,这是历史研究区别于自然科学研究的显著特点之一。而人又是有思想、有情感的,历史人物在历史上的所作所为,背后都

---

① 徐兆仁:《历史解释学的基本问题》,《中国社会科学院报》2006年9月21日。

② 李剑鸣:《历史学家的修养和技艺》,上海三联书店2007年版,第291—294页。

③ [美]麦克尼尔:《神话—历史—真理、神话、历史和历史学家》,《史学理论》1987年第1期,第95页。

④ 转引自王加丰:《"理解":二十世纪西方历史学的追求》,《历史研究》2001年第3期。

⑤ [法]马克·布洛赫:《历史家的技艺》,上海社会科学学院出版社1992年版,第105页。

有思想情感的动因。因此，如何把握历史人物的思想情感进而对历史作出更有说服力的解释，是史家在历史研究中不可回避的一个问题。对于如何把握历史人物的思想情感，中外史家各有见解。其中，通过移情的方法来体验历史人物的内心世界、把握历史人物的思想情感，是许多学者比较倾向的一种方法。移情是心理学上的一个概念，通常是指个体对他人内心情绪的认知、觉察并形成相应的情绪体验。简单地说，移情就是设身处地体验别人的情绪、理解别人的立场和情感，以求能够以己度人、感同身受。[①] 在诠释学上，这种态度又叫做“同情之了解”或“心通意会的理解方法”。历史移情的方法，就是要忘掉自己和自己的年代，把自己想象成置身于所研究的时代甚至是所研究的人物的思想和心态。

外在的历史批判也是提高历史理解力所不可或缺的。由于现实人类活动本身是有意识、有目的设计，所以，别人眼见的不一定为实，需要后人对事实客观性作出全面的追究。真实是稀有资源，真实是很难找到的，所以，人类要追求真实。史家所用的资料，是别人记录的结果，是别人的经验。这样的材料，其可信度是要打折扣的。对历史人物和作品，既要有同情的理解，也须持历史的批判。或者说，既要有历史的眼光，也要有超历史的眼光。如此，才能提升历史的理解水平。否则，就是重复历史。

三、历史的想象

历史的理解，也得借助想象来完成。

何谓想象？何谓历史想象？想象是人在大脑里对已储存的表象进行加工处理形成新形象的心理过程，主要是通过粘合、夸张、拟人、联想、典型化等方式实现的。真正的想象力来源于对生活的深刻理解以及对艺术的审美。历史的想象与生活中的真实想象有一定相似性，它要求是一种有根据的想象，是一种合理合情的有限想象。历史的想象，是根据史料做出的有限想象，不是无根据的臆想。既然如此，丰富的资料与知识，是实现有限想象不可或缺的条件。

还原历史，离不开想象。牛津大学史学教授特雷弗·罗珀（H. R. Trevor · Roper，1914—2003）在退休演讲《史学与想象力》时称，没有想象力的人是不配治史的。胡适说：“历史家需要有两种必不可少的能力：一是精密的功力，一是高远的想象力。”[②]罗志田说：“在各学科中，历史学尤其需要具有丰富的想象力。”[③]

---

① 叶帆：《移情体验与史家修养》，《人民日报》2011 年 3 月 3 日。

② 胡适：《〈国学季刊〉发刊宣言》，见欧阳哲生编：《胡适文集》第三册，北京大学出版社 1998 年版，第 16 页。

③ 罗志田：《史学最需想象力》，《南方周末》2009 年 12 月 9 日。

从笔者20多年的治史实践来说，胡适所谓的两种功夫，都是不可缺乏的。对一个新手、低手来说，只要有精密的功力即可；但对于一个高手来说，小心求证必须配以想象力，才能做出高水平的考证。

治史为什么要有想象力？因为它是一种实物的间接再现，不是实物的直观再现，要想将实物图景呈现出来，必须借用想象手段。想象是语言、文字叙述中必需的再现手段。历史是消失的生活世界，要将消失的图景再现出来，更需借助想象手段。治史靠史料，但遗留下来的史料数量相当少。有记录的历史实际，永远是微乎其微、残缺不全的，那没有史料的一段空缺，就得靠史家的想象力来连接。柯林武德(Robin Gteorge Collingwood，1889—1943)指出，既然史家像凡人一样，无法回到过去，只能依靠残缺不全的史料来重建过去，那么就必须运用想象来补充史料欠缺的空白。在还原事物的过程中，需要一定的时空想象能力。有些部分看不见，但可以想象。譬如某人从某地到达了某地，中间过程没有文献记录，但我们可以作出合理的想象，这样的想象是可能的，也是允许的。历史记录多只有轮廓，细节较少，细节部分就要作出合理想象。对于个人历史(以传记、自传、口述体等形式存在)的细节描写，常要用到合理的推论与体悟。要以历史的想象力还原历史的真实。历史联系是立体的，总是纵横交错。每一个历史事件，前必有因，后必有果。把握历史联系需要历史想象，就是要会历史地思考问题，将事物或事件放到历史长河中，按事件或事情发生发展的时间顺序进行理解、分析与阐释，最终梳理出前因后果，从而建构起历史事件的关系网络和意义脉络。[1] 这样的工作，与警察侦探的破案，有很大的相似之处。总之，一个想象力差的史家，是无法较好地呈现历史图景的。

历史有哪些想象方式？史家想象的方式主要有：同情、体验、感悟等，最终具备历史感。什么是历史感？“感”就是感觉，简单地说，历史感是后来的读史者或治史者具有历史现场的感觉，或称“历史同感心”，接近“同情之了解”。台湾也有学者称为“历史体验感”，即读史至某处，便心知其时之局势，其时之前源后续，对历史有种感觉。历史感是一种历史现场感，是一个时代的生存条件、社会风貌、意识形态、心理习俗等综合信息传送到史家头脑中而形成的一种感觉。能借助形象思维，按时间与空间原则还原当时的历史面貌。用朱学勤的话说：“当你读以往的历史的时候，你能够把它还原成像今天的日常生活里面的具体内容。”历史感也是一种预知事物未来价值的能力，“就是你能够敏锐地感觉到如今自己眼前的日常生活哪些会在时光的过滤器当中被无情地过滤掉，哪些有可能成为将

---

① 于述胜：《也谈人文社会科学研究的“历史意识”——基于教育研究的理论思考》，《教育学在线》2010年5期。

来的历史”①。历史感的本质是一种时间长河感，即一种在历史长河中感知和理解过去、现在和未来世界的能力。有历史感的人，就会自觉地活在历史之中。一个人应该形成一定程度的历史感。

第二节　历史的诠释

解释与历史结合，是欧美史学提出的。中国传统史家的观点是，如实记录历史，让历史说话。诠释让史家有了用武之地。历史解释是史学的核心任务。

一、一般诠释学

hermeneutics 意为“了解”。解释是参照已知的事物来说明未知的事物，从而使未知的事物变得可以理解。诠释学，或译解释学、阐释学，是一种解释和了解文本的哲学技术。它也许被描述作为诠释理论并根据文本本身来了解文本，强调忠实客观地把握文本和作者的原意。宽泛地说，是对于意义的理解和解释的学说。伽达默尔（Hans-Georg Gadamer，1900—2002）特别强调，诠释学是理解、解释和应用三位一体。既是一门边缘学科和一种新的研究方法，又是一种哲学思潮。在西方神学、哲学甚至文学、历史等人文科学中，是一种广被运用的研究方法。

图 8-8　[德]伽达默尔

解释学是由 19 世纪德国哲学家施莱尔马赫（F. D. E. Schleiermacher，1768—1834）和狄尔泰（Wilhelm Ditthey，1833—1911）在前人研究的基础上开创的。现代解释学的开创者是 20 世纪的德国哲学家海德格尔，他把传统解释学从方法论和认识论性质的研究转变为本体论性质的研究，从而使解释学由人文科学的方法论转变为一种哲学，并发展成为哲学解释学。20 世纪 50 年代末德国哲学家伽达默尔把海德格尔的本体论与古典解释学结合起来，使哲学解释学成为一个专门的哲学学派。他本人的学说也成为 60 年代以来欧美解释学的基础之一，影响甚广。伽达默尔关于解释学的基本观点是：人文科学不可避免地具有历史相对性与文化差距性。“解释学”一词首见于 1954 年。20 世纪 60 年代

① 朱学勤、小风：《往事与随想——朱学勤访谈》，深圳新闻网 2003 年 6 月 17 日。

以来，解释学与西方其他哲学学派以及人文学科中的有关研究结合，并由此形成了一些新解释学学派。

诠释学对于中国人文社科的各个学科都有极大的好处。诠释学有助于我们摒弃绝对真理的幻觉，以多元、开放的态度对待一切传统文本。洪汉鼎说，经典的普遍性并不在于它的永恒不变，而在于它不断翻新，永远是活生生的，永远与现代和我们的生活联系。经典作为一种文本，无论是历史的，还是文学的或是其他的，都只是一种材料，都是要不断地诠释。可以毫不夸张地讲，诠释学是人文学科发展的生命力所在。我们现在都在用“与时俱进”[①]这词，其实这个词正是诠释学之本质，任何经典、任何理论、任何学说要做到与时俱进，唯有通过不断的诠释、理解和应用。诠释学讲究问题意识，当你想理解某文本时，你首先要具有问题意识，只有当你把你对文本的理解看成是对问题的答复时，你才算正确理解和解释了文本。[②]

二、历史的诠释

诠释学是从西方哲学中引进的学术术语，史学理论中也涉及历史解释问题。没有解释，就没有意义，也就没有史学作品的产生。

历史解释是使过去的人和事变成当下可以理解的知识的生产过程，是一种发掘历史的意义、赋予历史生命的一种方式。历史解释的任务是将零散而混乱的过去信息变成有条理、有意义的历史知识。历史研究本质上是一种认知活动，它是在一定的理论模式之下的历史理解与思考活动。治史重在描述过去的变化，并说明变化的成因。用司马迁的话说，是“究天人之际，通古今之变”。治史的过程是一个解释的过程，是历史学家和事实之间的一个连续不断的认知过程，是一场现在与过去之间的永无休止的对话。只有解释才能发现历史的意义，只有解释才能完成历史的重建，只有解释才能造就伟大的历史学家。史学在根本上是历史解释学。[③]

图 8-9　韩震等《历史理解意义》

---

① “与时俱进”这个词最早来自《周易》中的“与时偕行”。

② 《中国诠释学是一座桥》，《光明日报》2002 年 9 月 26 日。

③ 李剑鸣：《历史学家的修养和技艺》第八章《解释的建构》，上海三联书店 2007 年版，第 285 页。

历史解释的基本任务是从历史文化资源中提取现代价值，具体地说有四个方面：揭示历史真理、历史精神、历史意义和历史智慧。历史真理可以具体分为事实真理、启示真理、普遍真理、世界真理、终极真理、永恒真理，等等；历史精神可以具体划分为人类精神、民族精神、文化精神、时代精神、普遍精神、世界精神、自由精神、学术精神、科学精神、内在精神、客观精神，等等；历史意义则可划分为教育意义、垂鉴意义、生命意义、思考意义、启迪意义、普遍意义、一般意义、抽象意义、整体意义、具体意义、特殊意义，等等；历史智慧也可以划分为启迪心灵悟性的智慧、提升精神力量的智慧、把握历史命运的智慧、解决冲突对抗的智慧，等等。①

历史解释可分个别与集合两种层次。解释是具体事实的判断、具体问题的解答，也可以是对事实集合体意义的说明。对个别史实意义的解释，就是对史料的解读，这是基础层面。所谓事实集合体，可以是某个重大的事件，可以是某一个时期的某种变动趋势，可以是某种制度的形成或演变，可以是某个人物一生的行迹，也可以是某种观念或社会心态的演变。对事实集合体意义的阐释，可以采取追溯起源、探讨起因、分析趋向、说明影响、判断地位等形式。②

图 8-10　[英]加纳登
《历史解释的性质》

图 8-11　张耕华
《历史哲学引论》

历史的理解离不开历史解释，诠释是历史的基础。事实本身没有意义，只有当它被解释后，才有意义的发生。历史一旦过去，就是死的，留下的只是记忆与

① 徐兆仁：《历史解释学的基本问题》，《中国社会科学院报》2006 年 9 月 21 日。
② 李剑鸣：《历史学家的修养和技艺》第八章《解释的建构》，上海三联书店 2007 年版，第 280 页。

部分实物。史料本身不会说话，说话的乃是掌握了这些材料的人。[1] 历史的意义是在诠释中生成的。历史的意义是史家的认识能力和史实相互作用的产物，是史实投射在史家的知识和思想世界中的影像。史实的意义也不是不言自明的，不同史实之间的关联通常是深藏不露的。如果不经过史家的选择、编排、联络和阐释，就没有历史知识可言。因人们给它赋予了不同的要求与意义，历史便活了。事实本身是死的，事实的解释是活的。所谓历史的事实，便是解释中的事实。没有充分的纪录，不算历史的真实；必须有充分的解释，才算是历史的真实。在破碎的图景中进行历史想象，就是以某一种观念重新对历史进行解释。韩震说："从观念形态上说，历史是人们对过去发生事实的理解。历史事实已经成为过去，但是不同时代的人却可能对其意义作出不同的解释。历史意义就在我们的理解中生成，我们理解的变化造成历史观念有生命的流动。"[2]历史的意义天然地要由诠释而来。然而，诠释也是具有历史性的，任何诠释者都是从自己特定的历史情景和视野来说明历史的。历史是人对过去事实的某种理解，理解活动自身也具有历史性。人既是历史性的存在，也是通过理解历史而创造意义的存在。因此，人类的历史性与理解活动是相互纠缠、共同生成的。只要有人存在，就有对历史的诠释，而且这种诠释也只能是历史的产物并不可避免地带有历史的特性。历史理解不断开发着历史资源，历史解释也在丰富着历史传统。[3]

历史的理解不是中性的。德国神学家布特曼(Rudolf Bultmann，1884—1976)将历史分为：纯历史(过去诸多事件的事实)、诠释过的历史(具有意义的历史)。也就是说，人可以了解历史但很难中立。历史理解的真正对象不是事件，而是事件的意义。历史并不是一个历史学家可以不置身于其中而加以客观研究的对象，有些历史学家为了确保解释的客观性而试图清除自己的主观性，那完全是荒唐的。历史理解不是一个复制过程，理解者总会以自己的成见去理解的，所以无所谓历史的本来面目。所有的诠释皆受到诠释者的预先理解所引导，即诠释者会以某种观点来诠释历史，而选择的观点大多与诠释者个人存在的生命情境有关。理解历史，实际上也已经参与了历史。[4] 事实证明，根本不存在价值中立的历史诠释。不过，历史学者的诠释自由，不是随心所欲的无限自由，而是相对的有限自由。

形成一种历史解释是一种复杂的心智活动，需要材料、知识、智慧和灵感，有

---

① 何兆武：《历史与理论》，见张耕华：《历史哲学引论》卷首，复旦大学出版社 2004 年版。

② 韩震、孟鸣岐：《历史・理解・意义》，上海译文出版社 2002 年版，第 1 页。

③ 韩震：《历史的诠释性》，《杭州师范学院学报》(社会科学版)2002 年第 3 期。

④ 李玉梅：《从诠释学的理论重估朱熹的道德史观》，《学术研究》1995 年第 6 期。

时甚至还要借助运气。

历史要与当下结合。文本的产生有一定的意境，断章取义往往出问题。意境不是现存的，而是需要将当时人的观念与研究者当下的观念结合起来建构。复原，就是搞清楚当时的人是如何思考、评判问题的。判断，就是当下是如何思考、评判的。历史与当下观念的二分，十分重要。完全的当时，不可取；完全的当下，也不可取。两相结合，就能让人信服。“只有在重建语境的基础上，才能据之以诠释文本，也才可能接近昔日立说者或当事人的直接动机及其特所致意之处。”①

有效的历史诠释是客观性与主观性的统一。历史研究讲究归纳，反对演绎。有效的诠释，应该是从事实中提炼出来的。历史的“意义”是“发现”的，不是外给的。外加，让人感觉是主观的；而发现，则是从事实中提炼出来的。日本学者的“初典论”值得我们借鉴。“初典论”以实证为主要方法，强调从原初事实和文本出发，追求第一事实的可靠性，研究的过程就是整理和辨析事实的过程。历史诠释学引导我们以理论性的方式重温了我们民族的历史记忆。承认历史解释的相对性和多元性是建立平等解释权的前提；视野融合是实现尽可能公平、全面和客观地理解历史的条件。既然事实证明根本不存在价值中立的历史视野，为了不断形成更加公正、合理的客观的历史解释，我们必须主动参与历史解释，进入话语竞争的阵地。

在历史客体和研究主体之间建立历史理解的通道，决定了历史解释的方式。根据中外学术界的研究实践，这些方式可以概括为以下几种，即：经验性解释，常识性解释，寓言式解释，假设性解释，因果解释，实用解释，多元解释，以某一观点为中心线索的解释，根据统一模式进行的解释，科学解释（从生物学、物理学等自然科学的范式、逻辑、定律、规则等出发所作的解释），文化解释（从哲学、宗教、文学、美术等思维定势、价值取向、审美情趣、行为规范、道德信仰等智力和艺术普遍水准出发的解释），专业解释（政治、经济、军事、外交、社会等社会科学角度进行的解释）。②

历史的诠释模式，基本可分为政治化历史诠释、哲学化历史诠释与历时化历史诠释三大类。政治化诠释的本质是现实利益标准论，即根据现实政府利益，确定历史诠释模式。此种模式的核心是为现实政府寻找正当性。正统论是一种政治化“历史解释模式”。不同时代的历史认识者往往出于当下政治利益需要，对历朝“社会实际”系谱作不同的主观排列，从而形成不同的“历史解释模式”。历

① 罗志田：《“天朝”怎样开始“崩溃”——鸦片战争的现代诠释》，《近代史研究》1999年第3期。

② 徐兆仁：《历史解释学：史学史研究突破藩篱的理论探索》，《学术研究》2008年第3期。

史"社会实际"已经发生,不会变化;但后代的"历史解释模式"则会不断变化。不断变动的"历史解释模式",是为当下人服务的。哲学化诠释,是指用一个先验的理论诠释历史,让历史成为哲学的奴仆。在传统中国,主要表现为义理史学,它以某种超时间的道德思想来解释已发生的历史事实。历时化历史诠释,即在历史事实的基础上,具有历史意识地作出合乎学术标准的历史诠释,是历史研究一种理想形态。

历史解释有十个基本原理,即历史原生态复制原理、历史事实趋真原理、历史文本语言转换原理、视域融合原理、历史线索突破原理、历史现象层深入原理、历史解释循环原理、历史思维抽象原理、历史重构原理、历史智慧内化和转化原理。①

历史解释具有相对性与多元性。史家所建构的每一种历史解释都是独特的,运用的方式具有很强的个性色彩,需要根据问题和材料的特点来灵活机动地选取适当的手段。②

古今中外的历史学研究和著述,大多不出以下范围,即对历史资料的搜集和整理、历史遗存的考察和发掘、历史轨迹和历史真实的再现、历史场景和历史面貌的叙述、历史现象和历史奥秘的揭示、历史意义和历史价值的阐述等,而所有这一切,均以历史的理解与解释为根本。当代历史学研究越来越需要历史解释学来提升研究境界、层次和理论含量。③

历史解释学就是一种旨在避免误解历史,达到正确理解历史、科学解释历史的学科门类,这是一个正在悄然兴起、有着光明学术前景的历史学理论研究新领域。

---

① 徐兆仁:《历史解释学:史学史研究突破藩篱的理论探索》,《学术研究》2008 年第 3 期。

② 李剑鸣:《历史学家的修养和技艺》第八章《解释的建构》,上海三联书店 2007 年版,第 277—294 页。

③ 徐兆仁:《历史解释学的基本问题》,《中国社会科学院报》2006 年 9 月 21 日。

第九章
被建构的历史图像

【讨论主题】

1. 历史与文学一样是虚构吗?
2. 历史的建构
3. 历史的叙述

【课前阅读材料】

1. 陈新:《西方历史叙事学》,社会科学文献出版社 2005 年版

2.《第欧根尼》中文精选编辑委员会:《对历史的理解》,商务印书馆 2007 年版

3. 周祥森:《反映与建构——历史认识论问题研究》,河南大学出版社 2010 年版

4. 傅修延:《先秦叙事研究》,东方出版社 1999 年版

【关键词释】

历史建构　历史再现　编年体　纪传体　纪事本末体　典章体　学案体　章节体　历史叙事　感觉世界　思想世界　社会世界

理解、诠释以后,总得用一个框架,将之叙述出来。20 世纪 70 年代以来对历史叙事的探讨,80 年代对历史再现的论述,关注历史文本的叙事结构或表现方式,一直是西方历史哲学研究界学者讨论的中心。"一切历史都在建构中",这是一个普遍性现象。知识的历史,是一种人为的建构物。有思想的建构,是现代史学的一个特点。本章讨论史著的框架结构与文字表述问题,与传统的"历史编纂"较为接近。历史成果的表达方式,就是历史的叙述与编纂。关于历史叙述与编纂的系统

研究，中国人称为历史编纂学。由此可见，历史编纂学实际上是一个中国史学史研究概念，内涵十分庞大，它可能更适合中国古代史学。从现代的专题史学来说，应该关注的是历史叙述与历史建构，历史叙述本质上是一种历史建构。

第一节　历史叙述与历史的再现

生活世界本身是一种图景，形成记忆的也是图景，大脑记忆是一种图景记忆，记忆深处藏着许多片断图景。要将大脑中的图景描述出来，需要借助文字。被文字描述的实物是图景，读者阅读以后在大脑中再现的仍是图景。

一、历史的叙事

叙事学的受人重视，是 20 世纪 60 年代末以来的事。不过，叙事的存在却是一个悠久的事实。中国自《左传》开始，就进入历史叙事的时代。

什么是叙述？在生活中，所谓的叙述就是将事情的前后经过说出来或记载下来。叙述是将人物、事件本身及其原委陈述给听众或读者的一种表述方法。在英语中，叙述(narrative)的动词形态 narrate，就是“详述”，所以，海登·怀特(White Hayoden)认为是“一种说明(无论是实在的还是虚构的)事件的方式”[①]。在理论研究中，叙述是把研究成果用一定的方法在理论上再现出来。什么是历史叙事？杜维运认为，所谓历史叙事，是将以往曾经发生的事件，不惮繁琐地叙述出来。[②] 张富祥认为：“历史叙述就是按照一定的逻辑结构，将若干分散的历史事实组织成为一个有头有尾、有意义的整体。”[③]叙述，在本质上都是历史叙述。

叙述的基本特点在于陈述“过程”，主要关注人物活动的过程，事物发生发展变化的过程，前因后果，来龙去脉。它一般包括时间、地点、人物、事件、原因、结果六个要素。叙事得有文字与顺序，才能构成一个完整的结构。除了基本的语言文字以外，核心是秩序。“叙”就是“序”，意“次第”。叙事，即有次序地记述事情。[④] 历史叙事的最大特征是“原始要终”、“纪事本末”，“是具有连贯性和先后

---

① [美]海登·怀特：《叙事性在实在表现中的用处》，陈新译，见陈启能、倪为国主编：《书写历史》第一辑，上海三联书店 2003 年版，第 166 页。

② 杜维运：《史学方法论》第十三章《历史叙事与历史解释》，北京大学出版社 2006 年版，第 160—176 页。

③ 王学典主编：《史学引论》，北京大学出版社 2008 年版，第 200 页。

④ 傅修延：《先秦叙事研究》，东方出版社 1999 年版，第 13 页。

图 9-1　杜维运及其《史学方法论》

顺序的事件记录”。[①] 一般说来，口头的叙述，结构相对简单些，而文本的叙述，结构则要复杂得多。张富祥认为：“历史叙述的规模有大有小，……小规模的历史叙述可以简单地理解为讲故事，较大规模的历史叙述一般称为历史编纂。历史编纂是历史叙述的主要形式，也是较高级的形式，它集中体现着历史叙述的特点。”[②]

叙事的发生，与时空的变化有关，即将事情本末原委讲给不在同一时空中的人听。事情发生以后，当事人或旁观者必须将自己的观察与理解讲出来，以让更多的人知道。历史叙事实际上是一种将前一时空中发生之事转换为当下时空可以理解之事的表述方法。南朝学人刘勰（约 465—520）《文心雕龙・史传》认为《左传》之“传”就是“转”，即今天所谓“转述”，意为“转受经旨，以授其后”。这样的理解大体是准确的。

叙述与时间关系最为密切。无论是人物活动的过程，还是事物发生发展变化的过程，都表现出一定的顺序性与持续性，即是“过程”在一定时间条件下进行。历史叙事之可能，在于它是在记忆中进行的。李纪祥将时间分为自然时间、历史时间、叙述时间三种，三者各有特点：自然时间具有不可逆性，历史时间可前进或倒放，叙事时间可中断而不连续。[③] 也就是说，自然时间一去不复返，剩下

① 王靖宇：《中国早期叙事文论集》，台北：中央研究院中国文哲研究所 1999 年版，第 4 页。

② 王学典主编：《史学引论》，北京大学出版社 2008 年版，第 200 页。

③ 李纪祥：《时间・历史・叙事》，台北：麦田出版 2001 年版，第 65—88 页。也见兰州大学出版社 2004 年版。

图 9-2　李纪祥
《时间·历史·叙事》

的全是历史时间，历史时间是留在人类记忆中的自然时间。自然时间为人类所用，记录人类的活动，就成了历史时间。历史叙事是在历史时间流程中进行的，人类记忆具有前进或后退功能，所以，人类可以在大脑中按自然时间加工处理历史事实。

叙述的人称有第一人称、第三人称、混合人称三种方式。历史叙述用得最多的是全知全能式的第三人称。第三人称是一种最古老的叙事视角。它是指叙述者以局外人的口吻叙述他或他们的事情。第三人称，是最自由灵活的叙述角度。它可以根据写作的需要，随意转换时间、空间。因而，它是多角度、多方位的。它可以对人物、场景作外部观察，也可以进入人物内心直接展示众多人物的心理。

叙述的方法，按叙述的先后顺序，分为顺叙、倒叙、插叙、补叙、平叙五种。顺叙是按时间的推移、空间的自然序列，作者或人物的思想感情发展的进程，人物活动的次序或事件的始末进行叙述。这是一种最基本最常用的叙述方法。它循着事物发展的程序，符合人们的接受心理和阅读习惯，便于把叙述内容表述得条理清楚，自然顺畅。倒叙是先把叙述事件的结局或事件发展过程中某个突出片断提到前边来写，然后再按事件的发生发展顺序展开叙述，传统上称为“倒插笔”。插叙是在叙述过程中，根据表达内容的需要，暂时中断主线，插入相关的事情或必要的解说。补叙是在叙述过程中对前文涉及的某些事物和情况作必要的补充、交待。平叙也叫分叙，是对同一时间内发生在不同地点的两件或多件事情所作的平行叙述或交叉叙述。

二、历史的再现

历史再现在中文世界是经常出现的词汇，不过，深度的学理思考不足。荷兰格罗宁根大学安克斯密特(Franklin Rudolf Ankersmit)认识到了“叙事”概念在表达历史文本方面的不充分性，认为“叙述主义”这个术语往往会引起一些不必要的混乱，它容易让人联想到历史文本实质上就是文学叙事或者故事。为了克服这种因称呼引起的混乱和误导，安克斯密特提出用“再现”(也译作“表现”)来取代“叙事”。2001 年，他出版了《历史表现》。“表现”原本是美学和文学理论中的范畴，艺术品是原型的表现。历史叙述就像肖像画，它不是有关对象的摄影反映，因而不能充当证件照，但它却是人物风神(气质、人格)的丰富表现。在表现层面上，重点不是像不像（真假），而是是否传神（表现力）。[①] 因为“叙事”的情节和内容可以是子虚乌有，但“再现”的对象必定是真实存在的。“历史再现”这个术语能够最大限度地尊重历史文本的真实内容，尽量避免误导人们把历史文本等同于虚构故事。当然，从“叙事”到“再现”不过是一种词语上的转换，其基本的反实在论立场并没有改变。“历史再现”概念与先前所提出的“叙事实体”没有本质的区别，它们都指的是整体的历史文本，都是关于过去的综合性观点的语言实体。它们不过是向我们提供了一个观察过去的视角，不过是实在的替代品，并不是对于过去实在的指涉。没有再现，便没有历史。作为对过去缺场的一种补偿，历史文本或者历史再现是过去本身一种不可或缺的替代，成了物质世界的一部分，历史文本因此也就取得了一种本体论的地位。“再现”这个词的奇特之处在于，它以这种方式把“在场”和“缺场”这两个看似水火不容的概念联系在了一起。[②]

图 9-3　[荷]安克斯密特《历史表现》

图 9-4　海登·怀特《形式的内容：叙事话语与历史再现》

第二节　历史建构的要素与模式

历史著作与小说在叙述手法、组织材料方式、故事建构方式上有近似之处，所以，后现代主义者喜欢用“虚构”这个术语。其实它们所用材料是完全不同的。

① 周建漳：《〈历史表现〉试读：译者序言》，见[荷]安克施密特：《历史表现》卷首，北京大学出版社2011年版。

② 董立河：《从“叙事”到“在场”——论安克施密特史学理论嬗变及其意义》，《江海学刊》2010年3期。

历史所用材料须一人一事，实有其人，实有其事，不可张冠李戴；而小说则可以张冠李戴，可以移植，将不同人身上发生的故事组合起来，从而创造出一个新的艺术人物形象来。严格说来，历史的组织方式可称为“建构”，它是“实构”，不是“虚构”。“建构”也是后现代主义者喜欢使用的一个概念。他们认为，历史的过去只是“建构”出来的，其实并不存在。这样的说法当然是我们无法认同的。不过，“建构”这个术语倒是可以借用的。在笔者看来，历史的存在，实际上是一种建构式的存在。

一、历史建构是幅画

什么是建构？“建构”是一个借自建筑学的术语。在人文研究上，建构是指在已有的文本上建筑起一个新的分析、阅读系统。建构是一个动词，着重在系统的建立。与“建构”相近的是“重构”，是重新建构之意。如此，“建构”可以理解为初次构造，而“重建”则是再次构造。历史的重构，就是历史记忆的重新建构，就是按新思维重新建立一个史学文本系统。

历史著作，当然是一本书，不过更为精确的表述，则是一幅历史画。因为生活本身就是一种图景，再现的历史当然也得是实物图景。后代的历史学家会根据自己的需求，根据自己的理解，将片断的记忆重新建构起来，成为一幅有逻辑因果关系的历史图画。历史与史著的关系，犹如八骏与《八骏图》。专题作品实际上是建构起来的历史图画，历史学就是一门重组过去的学问。之所以要强调历史不是一本书而是一幅画，是为了体现建构的多样化。一本书，观念容易僵化，以为史著就是历史，历史只有一种表达模式；而强调历史建构是一幅画，则可以开拓人们的观念，发挥他们的创造力。

绘画、照相原理的核心思想是，同一实物可以有多角度、多层次的不同表述。不同画家、拍摄者，因理念不同、视角不同、取舍不同，会画出不同的人物画，拍摄出多样化的人物照片来。所画之像和所拍之像，面貌不完全相同，仅是真人的不同表现而已。事实只有一个，理解却有不同。同理，不同史家，会因理念不同、视角不同、取舍不同，建构出不同的历史图像，成为不同风格不同版本的史著。一条线索，放在一定的时间与空间之中，即可建构起一幅历史图画。如果一幅画或一部书可以称为一个版本的话，则一个实体可以有不同版本的画像，而不同版本的画像画的均是历史实体，只是截取了不同的片断加以反映而已。这些不同的反映，反映出作者的不同旨趣。历史与历史作品，是“一”与“多”的关系。客体历史只有一个，但经人类建构出来的主体化的历史作品，则可以是多样化的。

一个画面的空间有限。一个视角，一个镜头，只能容纳一个主题。一个主题文本，只能承载一定容量的内容，写了这些，不能写那些。问题是一盏探照灯，可以照亮史料库，获得自己想用的史料，建构起新的框架体系。问题指挥材料，建构是按问题建构起来的。不同的主题，不同的视野，构成了多元历史的一个方面。这样的主题建构，从单个来说，均是不全面的，是真实历史的一个片断、一个局部、一个方面而已。然而，由于允许有多个主题建构，不同的片断或方面的历史画汇合起来，就有可能获得相对全面的立体形象。一个镜头，只有一个画面；多个镜头，就有多个画面。历史的容量相当大，内容丰富多彩，一个主题建构无法完成历史的全面再现的任务。人们可以按主题选择性地反映与建构历史。

历史建构有相当重要的意义。通过一部史著，人们可以立体地了解某段历史面貌。事实是靠书写与建构存在的。没有建构与书写，历史事实不会存于世，不会超时空流传。"历史是由活着的人为了活着的人而重建的死者的生活。"①历史的建构，多发生于另一个时空，那是由后代的兴趣与问题引发的。换了一个空间，因为某些因素，后人对前人某一段历史感兴趣，力图通过复原，了解自己的问题，寻找到答案。于是，就会出现重构现象。经过历史记忆的重构，死的历史可以复活。

框架结构设计是否合理，对读者阅读接受的影响相当大。重视文本的框架结构设计，是古今学术著作的共性。凡是有独立思想的作品，均有自己的独立框架设计。现代学术尤其强调框架结构设计。为什么要一个叙述框架？核心的作用是，便于作者思想有逻辑、有顺序地表述，便于读者有逻辑、有顺序地理解。古往今来的历史著作，多擅长框架结构设计。这是由历史本身的时空特征决定的。历史是人类社会在时间与空间上的展开，它不仅是时间的延续，更是空间的展开。因为人类历史本身具有时空框架特征，所以以追求复原历史面貌为己任的史著框架建构设计，也往往体现这个特性。自《春秋》、《左传》、《史记》以来，中国史学一直长于时空框架设计。

二、历史建构的要素

建构是一个内容与形式相结合的概念，有什么样的理念，就有什么样的设计；有什么样的设计，就有什么样的样式。一个历史文本的建构，要经历设计、建造、装修三个核心环节，三者是三位一体的。

就"设计"来说，历史建构是由历史认知者掌握的主动建构行为。历史认知者的设计受两方面因素的影响：一是历史观与认知角度。不同的历史观有不同的历史建构。历史的重建，是一种历史理性的重建。② 修复历史的连续性，意味

① 田汝康、金重远编：《现代西方史学流派文选》，上海人民出版社1982年版，第95页。

② 何兆武：《历史理性的重建》，北京大学出版社2005年版。

着以某一种观念将历史重新整合。即使是面对相同的历史事件，历史学家不同的历史观也会导致不同的历史叙述，从而书写出不同的历史事实。当我们舍弃一些历史现象或强调一些历史现象的时候，其背后恰恰隐含了我们的历史观。二是建构方式取决于信息量与认知水平。认知信息多少，决定历史图像的建构水平。因为无法掌握客体的全部信息，理解无法深刻，认识主体只能达到某种认知水平，自然也只能表达到某种程度。虽然号称复原，但因为信息不完整，实际不可能完全复原，复原只能是局部的、粗线条的。设计的核心是认知，认知水平高，才会有高明的表达方式。

"建造"就是搭起一个框架结构，用以表达自己对历史的认识。建构是设计理念的实践活动。建构就是将一篇文章或一部专著，分为几个部分、几个章节、几个层次搭建起来。学术论文或学术专著，应包括几个基本部分，学术界有着大体的规定，这是学术规范内容之一。说到论文的总体结构，前人往往喜欢分为前言、正文、结论三部分。严格说来，这样的三段论是相当形式化的。精确地说，包括提出问题、论证问题、得出结论三个部分。这里面有一个内在的逻辑线索，即"学术问题"。以问题为中心，围绕着问题的提出、论证、答案，分为三个自然的逻辑段落。这样的论文，才是学术论文、科学论文。

"装修"就是反复修订，包括结构、标题、段落、文字、标点符号、注释、参考文献等环节。

现代史学研究，本质上是一种历史文本的建构活动。建构者会确定一个主题，寻找相关的事实，说明一个问题。中间，搭建一个框架，一边设计，一边建构，一边修饰，最后，完成作品的设计、建造、装饰，给大家提供一个漂亮的文本。这就是历史文本的建构环节与结果。柯林武德（也译为"柯林伍德"）认为："历史想象力，严格说来并不是装饰性的而是结构性的。"[①]所谓装饰性就是指艺术家对客观事物按照一定形式的法则和风格要求进行艺术提炼后得出的作品所具有的美学特征，即经过加减处理过的艺术形象。所谓结构性的，就是建构性的，指历史的系统的构造本身是通过"想象"来完成的。

当我们尽可能从全面的材料之中披沙拣金、集腋成裘，构建出一个历史想象的图景，并且这个图景经过逻辑检验没有自相矛盾的地方时，我们才能说，我们看见了迷雾下面的真相。虽然这一真相亦不过是历史的想象，但相对而言却是最坚实可取的。[②] 它是经得起证据检验与推敲的，史家心中是比较踏实而不会心虚的。

---

① ［英］柯林武德：《历史的观念》，商务印书馆1997版，第336页。

② 贾晋京：《〈读书献疑〉：对历史想像的质疑》，《中国青年报》2005年11月28日。

在文本建构中，最为重要的是主题的确定、材料的选择、文本结构比例的掌握。只选择正面的材料，可以建构出一个人的光明形象；而如果只选择负面的材料，就有可能建构出一个阴暗的形象。全面而客观的形象，必须注意正面与负面事例的比例分配。

古人往往抄正史，不敢有新的形象建构。形象建构的凝固化，正是正史建构僵化的内在原因，这仍是政治标准化、凝固化在起作用。现代表达的灵活与进步在于，建构是可以不断创新的，从来没有一个固定的模式。一个客体可以有不同的建构，正如拍照一样。丰富的建构才能让人全面了解，而古人不要求全面了解，只要求按标准模式来宣传。政治与学术的不同在于，前者要单一，后者要全面。

三、历史建构的模式

传统史学强调体例，即史体与史例。从中外史学史来看，中国的传统历史建构模式比较丰富一些，有编年体、纪传体、纪事本末体、典章体、学案体、章节体。编年体是按年月日时间发展顺序记载历史的编纂方式，这是人类最早的史体，最为接近人类历史的自然时间性。纪传体史书在中国一向号称“正史”，这固然是皇帝钦定的，但也是由其特点决定的。这个特点不是别的，就是它的综合性、等级性。纪传体体系的构筑很巧妙，本纪写皇帝，世家写诸侯，列传写臣民，“表以谱列年爵”，志写天文地理、朝章国典。举凡人、事、制度，无所不写。可以说，纪传体是一种复合体。而其他史体则多只能从一个角度来写，是一种单一史体，与纪传体相比，不免显得气魄小。所以，纪传体之成为正史，是历史的必然。纪事本末体的特点在于完全以专题历史事件的发生、发展、结果为主线来写，这便于弄清事件的起因和结果，应该说是一种符合近代历史发展要求的新史体。当然，如果进一步细想，中国人史体虽多，但仍有体裁种类不够多之嫌。

图 9-5 《中华大典・历史典・史学理论与学史分典》

近代以来，主要用的是章节体，章节体比较适合以问题为中心的现代学术建构。它可以是一个主题，也可以是几个主题合在一起。每个专题各有主线。一部专书就是一个框架结构，就是一座楼房。它可以根据设计者的理念，建构起不同的文本，一人一个模式，种类无数，最为适合现代学术的创新意识。在现代史学中，重构历史的方式主要有两大类，一是按照时间、空间观念重构历史，如通史与断代史;二是按照内容和性质重构历史,如专门史或专题史。在这两大类型中,数量最多的是专门史或专题史。

四、历史建构的时代性

历史建构的时代性,表现为历史文本的替换性。文本,从词源上来说,它表示编织的东西。后来内涵有所扩大,指由书写所固定下来的任何话语。文本是由文字建构起来的一个相对封闭、自足的系统。文本可能只是一个单句,但比较普遍的是由一系列句子组成的文章或著作。“文本”的内涵比“文献”更宽泛。史学文本,自然是人们用来记录历史与表达历史思想的作品。

历史建构的时代性,也表现为“一切真历史都是当代史”。这是意大利历史学家克罗齐在《历史学的理论和实际》中提出的一个著名观点,意思是说“一切历史都是现代人对过去的认识”。克罗齐提倡鲜活的历史,强调用作者的思想驾驭历史写作,反对死的编年史。在《历史与编年史》一节中,他说:“历史是活的历史,编年史是死的历史;历史是当代史,编年史是过去史;历史主要是思想行动,编年史主要是意志行动。”他还认为,“当生活的发展逐渐需要时,死历史就会复活,过去史就变成现在的”;要求“沉默不语的文献”,“重新开口说话”。一切历史都是当代史,复现历史都表现为现时的思想活动;研究历史都由现时的兴趣所引发;把握历史都按现时的水平去衡量。一个时代有一个时代的历史学。历史是人类过去之存在,历史学是对此存在的认识。现实的社会需要历史学,是现实需要了解过去这一存在,建构从来不是无目的的。

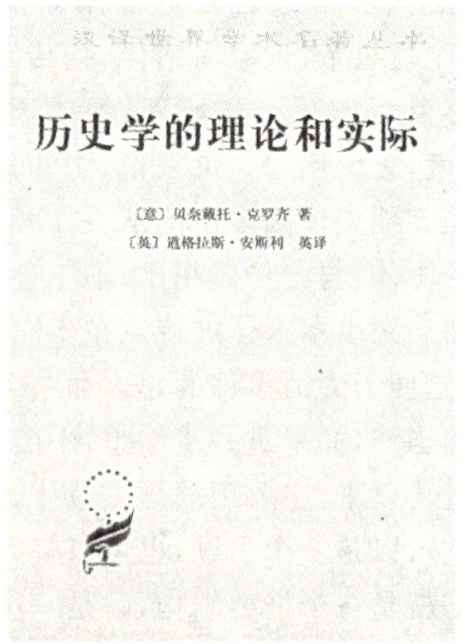

图 9-6 [意]克罗齐及其《历史学的理论和实际》

之所以说一切真历史都是当代史，这是一个历史认识论范畴的概念。历史研究者是从对现实社会的体验和感受开始研究历史。历史学是一门解答人类历史领域中问题的科学。之所以要解答，是因为它与现实的问题有密切的联系。只有现实生活中的兴趣方能使人去研究过去的事实。换言之，不是所有的历史都是让人感兴趣的。对于历史学家来说，失去了当下的语境，历史可能真的一无所用，甚至可能无法存在下去。一切历史都是过去的历史存在在当代的反映。所有的历史都是当代的人们对于已经发生的客观存在的主观认知。一切历史都是当代的人利用当代研究手段，通过当代的思维模式、意识形态，对过去的历史存在的反映，是过去的历史存在在当代社会模式下的重现。不同的时代有不同的历史认知。研究历史的主体是当代的人，这个前提决定了所得出的过去历史必定是当代史学研究成果。

时代不同，主体不同，解释历史的史料在变化。研究历史的目的与意义是要为当前服务的。历史学家有着自己的哲学观点、政治立场、知识基础、生活经历、思想感情、气质性格，他们对同一历史事实的解读不会一样。历史学家根据自我现实的评价标准对历史事实进行评估，然后对社会实践活动进行指导。历史编纂的时代性，决定了任何人编纂的历史，都多多少少带有暂时性、过渡性，都不可能是最终的历史范本。没有一部历史能使我们完全得到满足，新的一代都必须以其自己的方式重写历史。“不是因为早先的历史编写得不对，而是因为每个时代都会面对新的问题，产生新的疑问，探求新的答案。”[①]不断地改写历史，重写历史，就成为每一代历史学家的永恒主题。

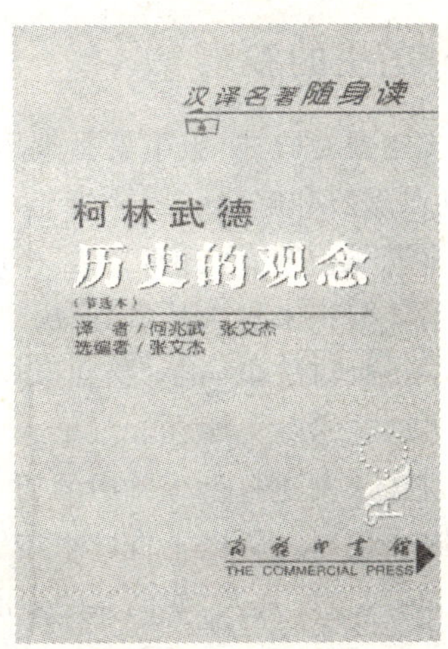

图 9-7　[英]柯林武德及其《历史的观念》

① [美]斯塔夫里阿诺斯：《全球通史·致读者》，北京大学出版社 2005 年版。

与克罗齐同时代的英国哲学家柯林武德，在克罗齐的历史观上提出另外一个同样著名的问题——一切历史都是思想史，这是说“一切历史都是人经过思想的运作所得出的对过去的认识”①。这个命题的意义在于，将以往杂乱无章、支离破碎的史学研究改造成真正的能够提出明确的问题并给出明确答案的史学。既然一切历史都是当代史，而当代史的立意就是荡漾在人们心中的历史，那么“一切历史都是思想史”的命题，也就顺理成章地成为题中应有之意。大家都知道，历史学不是简单的史实罗列，也不是单纯的历史编纂学，而是有一种思想蕴涵、哲学意味和精神追求的学问，否则历史学就成了一具没有灵魂的躯壳。

历史之所以不断改写，是由于我们的认识在不断进步。人类的认识一旦形成，就会作为一个版本传播下来。到了一定的时候，人类必须重新认识之，于是，重新研究、思考，重新写作，形成一个新的版本。人类的认知，就是通过这种版本的升级实现的。历史认知版本的变化，反映了人类认知的变化、现实需要的变化。

第三节　历史表述的风格及创新

历史表述的基本方式有二，一是叙述式的，二是分析式的。当然，也不排除夹叙夹议。叙事史学是传统的，分析史学是近代以后产生的。它们是不同质的史学类型，前者适合大众阅读，可称为“大众文体”；后者适合小众阅读，可称为“小众文体”。风格不同，建构模式也不同。

一、历史的叙事

历史主要是叙述，叙事就是把历史上局部的、混乱的和不可理解的情节联系起来，加以理解和解释。历史的艺术始终是叙述的艺术，这是最基本的原则。历史的叙事既是一种方法论，又是一种认识论。文学叙事与历史叙事不同，文学是在生活的体验中来想象故事，而历史学是在史料的基础上借助想象去编排故事。叙事史学擅长讲故事，相对感性、形象，更容易复原生活面貌。这是它深入民众、通俗感人的艺术魅力所在。叙事是历史学的生命力所在，古今史家正是借助于故事的讲述来阐述自己感觉中的历史，《史记》堪称其中典范。② 被誉为“史家之绝唱”的《史记》，之所以千古以来传诵不绝，就在于它能出神入化地将历史演绎得栩栩如生，如见其人，如闻其声，而寓理于事，理由事出，“太史公曰”则有画龙

① 陈启云：《历史“知识论”与西方史学理论》，《天津师大学报》2009 年第 2 期。

② 满永：《新史学的历史叙事》，《中国图书评论》2007 年第 11 期。

点睛之妙，无需唠叨不停地尽说些陈词滥调，却能强烈地震撼人心，陶冶中华民族的人格和民族精神，起潜移默化人心的作用。[①]

历史叙事是中国传统史学的主流，纪传体、编年体、纪事末本体都有这个特征，它们仅是叙事单位不同而已。冯尔康说，史学是陈述之学。史学就是讲故事，讲人物、事件、制度以及产生这些故事的自然生态环境、社会生存环境和人文环境。讲故事的历史，具有五种要素，即时间、地点、人物、情节及环境。讲故事的历史学是传统的。传统的历史编纂学主要是描述人物故事，以人物为主体的事件故事，即便是叙述典章制度，也是讲制度的制定过程及其实行结果，依然不脱离人物故事和人群故事。正是因为讲故事，所以史籍编纂体裁主要是三大类，即纪传体、编年体和纪事本末体。今日之讲故事是传承的，然而又非纯粹传统的，是反映现代人类社会的知识、观念对历史的理解，是新的意义上的讲故事，不过仍然应是陈述之学。[②] 这是一笔优秀的史学文化遗产，值得今人重新发掘并光大。传统中国的文言叙事作品，适合上层士大夫阅读。而明清以来特别是20世纪以来的白话叙事，与百姓所用的语言是零接轨的，所以更适合大众阅读。今日，更为灵活的叙事史学，尤其适合面向大众的传播。历史在叙事中复活，只有以人物为核心的历史叙事作品，才能点燃大众的读史兴趣。

二、历史的分析

在文史哲三大人文学科中，数历史的科学化冲动最为强烈、科学焦虑感最为深重。这可能与受实证史学、唯物史观影响有关。分析史学由问题、论点、论据、结论几部分组成，历史研究“渐成为精细的科学研究报告”。它是一种论说体，遵循的是文本推理主义，论点的确立是建立在论据基础上的。强调言必有据，论据必须可信。为了保证可信，有时得引用原文，而且必须有文献来源出处，大量的注释是分析史学的内在要求。中国传统史学都是用文言文写作的，所以，对中国史研究来说，会引用大量的文言史料。从历史知识的生产来说，分析史学是最好的模式。它排除了常识，开门见山地讨论问题，效率比较高。对于史学科学化的追求，大大提升了人们认识世界的能力。

这种模式的最大问题，读者比较少，仍是“小众”。分析史学的不足是表述门槛过高，限制了大众的阅读。当今史界，讲故事成了历史学的稀有之物，大家都在以理论来切割历史，史学也由此而成一潭死水。社会科学对史学的渗透，固然

① 王家范：《感受历史智慧是一种愉悦——初中历史教材改革管见》，《历史教学问题》2002年第1期。

② 冯尔康：《“说故事”的历史学和历史知识大众化》，《河北学刊》2004年第1期。

丰富了历史工作者进入历史的方式，但史学的社会科学化却也使其本有的魅力慢慢淡去。① 由于科学化的语言符码造成的障碍，它们在大众那里是难以生成意义的。这无形之中构成了一个小小的悖论：本来对历史真相的寻求激发了历史编纂的规范化，要求放弃修辞学和文学效果，因为人们相信这会妨碍获得历史真相，但恰恰是放弃修辞学和文学效果妨碍了历史真相的扩散。②

三、文体的转向

概念化的历史绝不是历史的"正宗"，叙事本为中国史学正宗。研究历史有着许多不同的方式，不可能将某种研究历史的方式立为正统。随着20世纪六七十年代后现代历史学的勃兴，逐渐出现了要求历史书写回归叙事、寻找读者、进行话语转换的趋势，这已成为当今历史书写的一个世界性潮流。文体在历史学中绝不是被动的，也绝不仅仅是文字的表述形态。文体的转换非同小可，可以说牵一发而动全身。后现代史学不仅没有唱衰史学，反而激活了史学发展的生命力。由于后现代史学对宏大叙事的否定，前所未见的主题和研究路数才能够层出不穷，小历史、微观史、日常史、新文化史等新品种才能在历史叙事中开花结果。时至今日，文学性与可读性仍是西方学术界衡断历史书写的一个重要标准。可以说，叙事仍然在引领历史书写的风尚。③

图 9-8 杨念群主编《新史学》第一卷

由此不得不重新追问：该如何来体认并被有效表述？杨念群主编的《新史学》④试图寻回历史的活力，让历史回归历史。杨念群认为，历史学需要一种"感觉主义"。"感觉世界"的概念最早由英国雷蒙·威廉斯（Raymond William，1921—1988）在其《革命长途》一书中提出，王汎森直接将威廉斯的"感觉结构"理解为"感觉世界"。历史世界首先呈现的是由语言和行为构成的表述世界，这是以往史学研究的核心内容。此

① 满永：《新史学的历史叙事》，《中国图书评论》2007年第11期。

② 郭震旦：《历史编撰新图景：大众化历史叙事的隆起——兼论后现代史学》，《清华大学学报（哲学社会科学版）》2009年第5期。

③ 郭震旦：《历史编撰新图景：大众化历史叙事的隆起——兼论后现代史学》，《清华大学学报（哲学社会科学版）》2009年第5期。

④ 杨念群主编：《新史学：感觉·图像·叙事》，中华书局2007年版。

外，历史同样包括了时人的心理活动、个体感觉以及由各种个体感觉所形成的一种时代感觉，这可以称为“感觉世界”。虽然“感觉世界”难以被语言表述，但在与“表述世界”的交织理解中，我们还是能够捕捉它的气息。感觉世界呈现的是历史认识的另一个面向，不过也无法脱离一定的表述世界而凭空想象。正是在对表述世界的复杂性理解中，我们始能体会到个体乃至一个时代的感觉脉搏。由此而言，感觉又确不同于传统意义上的心态，因此也就无法在原有心态史的意义上去理解。不过，心态史的研究确是呈现感觉世界的一个良法。“感觉世界”与“思想世界”和“社会世界”不同。“感觉世界”更多体现的是“发言人的真实心态”。事实上，感觉可以从动态和静态两个层面来认知。动态的感觉是有方法论意义的，而静态的感觉直指人的一种心理状态，可以作为一种历史存在。

余英时在谈及《朱熹的历史世界》（三联书店2004年版）时指出：“我所向往的是尽量根据最可信的证据以重构朱熹的历史世界，使读者置身其间，仿佛若见其人在发表种种议论，进行种种活动。由于读者既与朱熹处于同一世界之中，则对于他的种种议论和活动便不至于感到完全陌生。”讲故事成了“新史学”的一个重要叙述手法。当然，讲故事并非历史学的最终目的。历史学家是要在历史的故事化表述中，来尽力呈现历史的状态。与以往侧重史料分析的历史表述方式不同，故事化的表达需要对史料进行勾连，从而使其展现出故事的连贯性。在史料的相互勾连中，历史学想象也就有了施展的空间。①

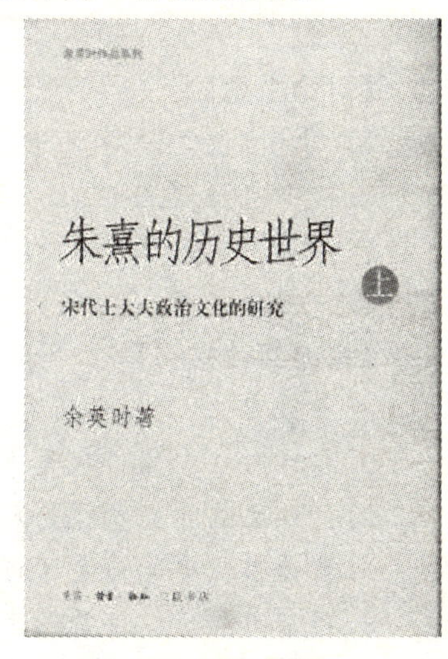

图 9-9　[美]余英时《朱熹的历史世界》

在国际化思潮中，中国史学可以与西方接轨共通的形态之一，无疑应是历史叙事学，这可能是中西史学可以对话的方向所在。冯尔康说，史学需要保持“说故事”的特色。史学应保持其特点，在历史的陈述中引出固有的道理，而不是一般的讲述宏观义理和规律。如果历史学大讲理论，忽视史实的陈述，史学将失去其特性，不成其为史学。固守史学本位，惟其如此，才能保持历史学的特色，从而在人文社会科学中留有一席之地。②

① 满永：《新史学的历史叙事》，《中国图书评论》2007年第11期。

② 冯尔康：《“说故事”的历史学和历史知识大众化》，《河北学刊》2004年第1期。

第十章
与史学文本的对话

【讨论主题】

1. 图书评论与史学评论
2. 对话型史学评论
3. 史学评论文本的结构

【课前阅读材料】

1. 李振宏、刘克辉:《历史学的理论与方法》,河南大学出版社 2008 年版
2. 瞿林东:《中国古代史学批评纵横》,中华书局 1994 年版
3. 吴泽主编:《史学概论》,安徽教育出版社 1985 年版
4. 瞿林东:《史学与史学评论》,安徽教育出版社 1998 年版
5. 邓京力:《历史评价的理论与实践》,人民出版社 2009 年版
6. 杨玉圣:《史学评论》,河南大学出版社 2005 年版
7. 白云:《中国古代史学批评史论纲》,人民出版社 2010 年版
8. 周祥森:《史学的批评与批评的史学》,河南大学出版社 2007 年版

【关键词释】

史学评论　学术价值　社会价值　史学文本　批评文本　知识亮点　知识盲点

【课后实务项目】

从本书的课前阅读材料中选择一部自己喜欢阅读的专著阅读,按对话型史学评论格式,写成一篇读书报告。

史学评论，也称史学批评。要求开展史学评论，是近年来学术界说得比较多的话。应该说，史学批评于个人于学科都是有好处的“双赢”之举。然后，现状却不乐观。一不小心，作者与评者间就出现了批评与批评之举，结果弄得大伤和气，同行反目，朋友反目，师生反目。最后，只剩下广告式书评。理想的史学评论何以弄得作者与评者交恶？史学评论之业为何走不出阳关大道？如何做好史学评论？如何建构一个完善的史学文本？笔者以为，其关键是没有找到合适的评论方式，只会冲突式史学批评，而不会对话型史学评论。本章拟就此谈一下。

第一节　史学评论的存在理由

一、史学评论的必然性

史学评论的存在是不以作者的意志为转移的。史学作品公开发表以后，就成为公共知识产品，读者要加评论是题中应有之义。

读者读文本的过程，可以称为解读的过程。了解语境，是准确解读文本含义的关键。史家必须同时将史料置于历史的和史学的两种语境中，才能了解它的确切含义。① 文本的原意是唯一的和固定的，但别人的解读却是纷繁多样的。文本一旦形成，就离开了原来的历史环境；文本一旦出版，就成了公共知识产品，就成了人人可以解读的对象。不同的时代，人们会用不同的眼光来解读文本的含义，于是出现解读多元化现象。所以，后人研讨史学作品，要重视其生产时代的研究。法国哲学家福柯讲过两句话：重要的不是历史书写的时代，而是书写历史的时代；重要的不是历史的本来面目，而是书写历史者的个人态度。作为研究者，首先要理解其原意。而要真正理解原意是相当困难的，关键是要有努力理解的态度，一种与前人平等对话、为前人设身处地、将过去人和事置于具体的环境中看待的方式。有了这种理解的愿望，就会避免武断和简单化，建构出公正而可信的历史解释。通过多样化的理解，可以不断接近原意。②

同时，作者也有史学评论的需要。作者公开发表后，需要对作品进行评估，得到别人的认可与指正。斯塔夫里阿诺斯说：“人们阅读任何东西都应提出批评，这是因为我们正生活在一个没有任何东西能作为真理或完整的模式而被人接受的时代。”任何缺陷只要能够被及时发现，并加以改造，便可以不断获取成

① 李剑鸣：《历史学家的修养和技艺》，上海三联书店 2007 年版，第 265 页。

② 李剑鸣：《历史学家的修养和技艺》，上海三联书店 2007 年版，第 294—295 页。

功，反之则步步被动。

二、史学评论的作用

史学评论是史学与社会联系的中介和桥梁。它一方面向史学提供社会对史学的评价和要求，另一方面也向社会提供史学的信息和旨趣。史学评论具有推介性、导向性和评判性。“所谓推介性就是将某史家的史书按史德、史学、史识和史才做客观的公正的实事求是的推介。所谓导向性就是坚持正确的史学评判原则评论史书的优长与不足，成功与失败，正确与错误。所谓评判性就是就史书本身的要求去指明史书的长短，比如对史料的搜集与鉴别、史书的新意义与新价值、史观的正误、结论的正确与否等做出评判。”①

史学评论的学科建设作用，表现为总结学术经验，矫正学术发展偏重，提升学术研究水平。史学评论对学术的发展，起着调节、规范、引导的作用，是学术发展的杠杆和调节器，是学术进步的内在动力。史学评论是史学工作者自我意识的表现。史学评论是史学发展、学术创新的必经之路。史学评论与史学的进步与繁荣应当是良性互动、共生共荣的双赢格局。②

史学评论可以提升人的史学鉴识能力。把读书、思考、写作、讨论联系在一起，可以培养出能说会写的后备军队伍。

图 10-1　瞿林东
《史学与史学评论》

图 10-2　瞿林东
《中国古代史学批评纵横》

---

① 于沛等编：《史学新书评（1998—1999）》，社会科学文献出版社 2001 年版，第 462 页。

② 杨玉圣：《史学评论作为一门学科的可能性》，见其《史学评论》，河南大学出版社 2005 年版。

第二节　史学评论标准与性质

一、史学评论的标准

一般认为，史学评论即是对史学成果作出判断与鉴别。大体说来，史学评论要做的事情，主要有三个方面：其一是对具体史学研究成果的价值、意义、得失及其原因，进行科学的考察和评价；其二是对史学研究状况的分析与评述；其三是对史家个人史学成就、史学方法、史学思想的分析与评述。①

史学评论标准是史学评论的中心问题。史学评论既然是对史学家及其著作进行评判，必须有客观的、科学的，因而最能公允地评价史学著作和史学现象的标准。具体地说，有两方面的标准，即社会价值标准和学术价值标准。

图 10-3　周祥森《史学的批评与批评的史学》

图 10-4　杨玉圣《史学评论》

所谓社会价值标准，是按照一定的社会和阶级的基本要求确定的，是从政治和道德的角度评论史学著作和史学现象的社会影响的标准。发挥社会价值标准的作用，需要考察史家以下几个方面的问题：其一，史家的选题是否有现实意义，是否紧扣时代主题。其二，史家的研究成果是否产生了应有的社会效益，不论是间接的还是直接的。其三，史家的研究成果在多大程度上为人类的文化积累和传播作出贡献。

① 李振宏：《历史学的理论与方法》，河南大学出版社 1999 年版，第 443 页。

所谓学术价值标准，是指史学研究成果所具有的科学性。主要体现为该成果在史学本学科中所具有的学术程度和水平的高低。学术创新是学术价值的核心内容。所谓学术创新，是指对新知识的发现及对前人知识的超越。具体地说，应包括史学内容的真实性、史学见解的深刻性、史学表达形式的完美性三个方面的内容。[①]

二、史学评论的性质

传统的史学批评到底是一种什么性质的评论，这是学人们思考得不多的。从本质上说，传统的史学批评是一种冲突式批评，冲突式思维是史学评论陷入困境的根本原因所在。冲突式批评，不仅没有提升学术水平，而且伤了作者的积极性，最后是作者与评者的双输。人毕竟是现实社会利益场所的动物，只想展示自己完美的一面，谁也不喜欢被批评。被批评就是展示自己丑陋的一面，有损自己的学术形象，当然不乐。维护自己的利益，是人的本能。

史学评论的动机必须明确。从史学批评的动机来看，可以区分为批评与对话两类。批评与对话，目的不同，性质不同。史学批评是由政治批判演变而来的。批判与批评这种词汇，有较多的火药味。批判是居高临下的指责，批评是找缺点，是对做错事的指责。冲突式批评的结果，不仅会伤害作者的情感，而且也会掩盖问题，本末倒置。讨论是就问题的解决提供答案，展示不同意见，寻求共同点，是建设性的，是心平气和的平等讨论，目的是提升学术研究水平。政治需要价值判断，称为批判或批评。学术只能称讨论，不能称批评。史学评论在本质上是一种认识，是一种事实判断。认知只有合理程度高低之别，没有对错，对错是一个政治术语。显然，批评、指责不能解决问题，对话讨论才可以解决问题。讨论的本质是研究，学术讨论越精细，越有利于学术的进步。由批评思维转为讨论思维，才是关键。

判断史学评论好坏的唯一标准，是看其是否有利于学术的进步。凡是有利于学术进步的方式，我们要肯定；凡是不利于学术进步、只会伤人的批评，我们要坚决杜绝。作者与评者的关系，可能因批评而成为朋友，也可能成为敌人。追求良性的互动关系，是大家的共同意愿。学术界多些朋友，少些敌对，对个人与学界都是有利的。在现代和谐、理性社会的建设过程中，必须走出双输的困境，提倡和谐式评论，反对冲突式批评。史学评论一定要三方皆利。

① 邓鸿光：《论史学评论的标准》，《学习与探索》1999 年第 6 期。

第三节　对话型史学评论原则

对话型史学评论如何做？应注意以下几点：

一、要在同一平台上对话

只有在同一平台上，然后才能展开对话。作者对评者经常不满意的一点是，评者没有读懂作品的思想，不在同一平台上对话，各说各的。评论是一种学术作品的再研究，要求认真阅读别人的研究成果。批评要求进行周详细致的分析、小心翼翼的辩驳和体现洞识的判断。没有研究，随便翻一下，是不可能发现问题，写出高水平的史学评论作品来的。知人论世，参作者之本意，没有达到作者的理解平台，就不可能与作者对话。许多人从来不在学术作品的再研究上下工夫，不肯仔细阅读别人的作品。

图 10-5　邓京力

《历史评价的理论与实践》

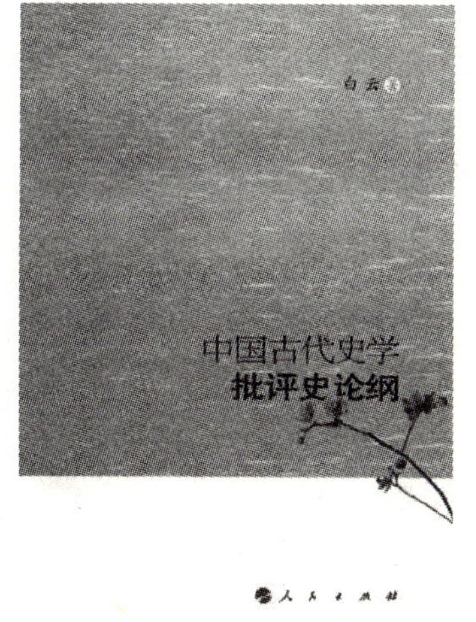

图 10-6　白云

《中国古代史学批评论纲》

二、只就论据与逻辑讨论

史学评论是一种创造性的劳动，史家评论家必须以自己的创造性思想、见解对评论对象进行分析，在尊重对象的前提下，不以对象的是非为是非，不以对象的结论为结论，不以对象的观点为观点，而是一切都要经过自己的思想整理、综合、分析，能够揭示出为作品所固有的甚至连著作者自己尚不曾明确意识到的东西，能够发现作者才能发现的特点；肯定学术进步之处，指出不足之处；以事实为据，平心静气地讨论；引文要用直接引文式，加注页码，不能用自己的语言概括，将评者的观点强加到作者头上。

三、要增强批评的透明度

为什么一定要先与作者通气？一是让作者有一个心理准备。史学评论的直接对象是作品，最大的伤害者是作者。作者对评者不满意的一点是，不注意史学评论的方式，搞突然袭击。生米煮成熟饭，白纸黑字，没有回旋余地。先斩后奏这种方式有点不道德，满足了评者单方的意愿，却往往伤害了作者的情感。要增强批评的透明度，让作者有心理准备，不能搞突然袭击。二是防止理解差误，误读文本。文本是作者建构的，只有作者最清楚。某些观点，评者认为错了，实际上是评者理解错了或看错了。文本是死的，作者是活的。要能真正理解文本，必须与文本的生产者作者直接交流。通过与作者的私下讨论，可以避免不必要的误会，提升稿子的质量。对某些作品的评论更为到位，更能显示评者的水平。通过交流生产出来的史学批评文本，才是高质量的。

不宜事后公开讨论，只可事前私下讨论。以前经常看到的现象是，评者未经与作者商量，就公开发表评论作品，结果引起作者的强烈不满，出现无休止的批评与反批评现象，最后以伤和结束。这导致史学批评越多，伤害的人就越多，学术界也没有从中获利，可以说是三方皆输。学术讨论只能事前私下讨论，不宜在公开的版面上讨论。道理很简单，在既定的白纸黑字情况下，那只会各说各的，谁也不会让步，谁也不会从中取得有益的认识。史学批评稿子必须先与作者私下沟通，在文本写作之中或之后，应与作者沟通，来回修订，直到双方都认为合理、合适、满意的程度，然后再正式发表。

发达国家的学术刊物、书评类报刊的编者中，有一条不成文法：编辑部收到任何争议、批评的文字，都必须找来被批评的原书籍、论文，认真研究，同时请第三方学者审读，并郑重知会被批评方，征询被批评者的意见，让对方答辩，同时发表批评者的论文与被批评者的答辩。这才体现了学术批评的“人本”与“文明”，表明学术批评的本旨是为了追求真理，淳化学风，而不是要取得某种效应。这也是一种学术规范。[①]

---

① 郭齐勇：《学术批评的“文明”与“人本”》，《社会科学论坛》2005年第4期。

四、放低身段以平等讨论

尊重别人的人格、自尊心。只有理解与尊重别人，才会得到别人的理解与尊重。学术讨论的前提必须是学术尊重，平等讨论。做史学批评，千万不要居高临下，而应以朋友的身份同等讨论，尊重别人的观点。在评者与作者私下交流过程中，必然出现批评与反批评现象，双方必须理智地看待讨论。作者要尊重评者不同的观点，但同样评者也要尊重作者不同的观点。评者不能自认为最聪明，听不进作者的不同意见。让作者满意，不是非得说好话。如果评价到位，作者自然高兴。如果不到位，作者就不会高兴。

五、把史评当做学问来做

在设定的范围内讨论，是大家约定的习惯。设定范围之外的内容相当多，可以作为下一步研究的内容，不能成为批评某一成果的依据。只能说，根据我的成果，想到了一些作者没有注意的新问题，值得后人进一步研究。就事论事，不要过度延伸，过度延伸就会走向反面。学术问题就在学术范围内解决，讨论的目的是推进学术研究。

我们需要真正的史学评论。所谓真正的批评，是指对史学研究的实事求是的批评，它不以内容介绍为目的，而以探讨问题为中心。可以围绕著作提出的理论和问题展开讨论，评判作者的进退得失，阐述评论者自己的见解和主张，力求对问题的认识进一步深化，进而提出新理论和发现新的研究方向。

六、不同作品有不同尺度

史学成果所反映出来的历史内容广泛而复杂，这决定了史学评论标准的多角度、多层次。史学作品是一种精神产品，精神产品流向社会后，要接受社会(读者)的评判。大体说来，可以区分通俗读物、考据作品、理论作品、新潮作品四大类，不同类型的作品应有不同评判尺度。

史学评论有一个递相批评过程。刘知幾称“物有恒准，而鉴无定识”。顾炎武称“天下之理无穷”。天下之理无穷，只有时间检验是永恒的。史学批评作为一种认识活动，有一个不断提高发展的过程。“笑他人之未工，忘己事之已拙”，“自见为难”，这种现象并不奇怪。

七、要重视史学评论文本

除了要注意史学评论的方式之外，还要注意史学评论文本的写作格式。如何建构一个完善的史学评论文本呢？

在某些人眼中，只要是批评，就可以乱说一通，文章的写作可以不注意分寸，不注意方式。其实史学评论文本如何写作，大有讲究。溢美自然不好，棒杀式书评稿子也不是理想的文本。在一个文本框架中，只能承担这些内容。如果缺点讨论篇幅过于正面肯定篇幅，那就变成否定了。这个时候，人们已经不再注意优点，只注意缺点了。

作为史学评论稿子，肯定与批评的篇幅建构要适中，基本的结构是“三三三”制，即亮点、盲点、延伸讨论各占三分之一。

第一部分，发掘亮点。一部著作，总有自己的创新之处、精彩之处，也就是亮点。亮点并不是普通读者可以理解的，需要有人加以鉴赏，引导读者理解书中的精华，这是正面宣传与引导。

第二部分，发掘盲点，即要看出作者知识、理论上的盲点。这是评者展示本身水平高出作者水平之处。评者所掌握的学术水平高度与知识宽度应高于作者，才能看出问题所在。提供给读者的书中缺点，应该是经得起考验的，应是言必有据的观点，不能拿一些自认为是对、实际上是错或不当的批评观点误导读者。说好没有人反对，说错最容易引起作者的反应，这部分的写作必须慎之又慎。作者与评者要在学术沟通中求同存异，累积共同点，保留不同点。

第三部分，延伸讨论，展示某一课题的新的发展方向。针对盲点，提出对策，鼓励学术界向更高的方向努力。作者与评者的视野不同，对事情的重要性理解也不同。某些作者不注意的问题，评者认为重要，可以提出来进一步讨论。必须用学术语言来提出学术命题。延伸讨论的写作，不能再像谈缺点那样，将书中缺点总结出一二三四，而应该按问题或主题罗列。这是评者提出学术命题的时候，是显示评者学术水准的地方，是增加知识与学问的地方。

找到了合适的讨论方式，也就有可能找到合适的讨论文本。按照和谐式评论模式做评论，学术评论才有可能得到健康的发展。

第十一章
人类离不开历史学

【讨论主题】

1. 理解型史学的内涵及意义
2. 公共史学兴起的背景与内涵
3. 历史认同的意义
4. 历史于人生有何用

【课前阅读材料】

1. 李剑鸣:《历史学家的修养和技艺》第一章《历史学的特征》,上海三联书店 2007 年版

2. 朱孝远:《史学的意蕴》,中国人民大学出版社 2002 年版

3. 张耕华:《历史哲学引论》第八章《历史学的用》,复旦大学出版社 2004 年版

4. 李勇:《保卫历史学》,世界知识出版社 2009 年版

【关键词释】

历史功用　无用之用　历史的温情与敬意　历史意识　国家认同

历史学有什么用,这在学术上是已经解决了的问题。然而,在实践中却是一个要不断解释的问题。一时体验不到历史学意义的大众,会不断提出这个问题。之所以如此,是因为他们更为关注的是历史学对他们个体是否有用处。这是一种相对的价值判断。可以肯定的是,历史之用是一个间接的精神层面的用。本章尝试对此作一解释。

第一节 历史学有什么用

每一门学科总是承担着一定的社会功能，一门学科的成功，意味着它在满足社会需要上取得了成功。历史学的价值问题是外界对历史学提出的，而不是由其自身决定的。历史学是与人类最相关的学问之一，自然受到人类的广泛注意。人们提出这种疑问，是相当正常的。从实际来看，关注历史学的主要有三股力量，一是统治阶级，一是学术界，一是大众。在现代，历史学属于其存在理由需要经常加以论证的一门学科。大部分研究史学理论的书籍都要讨论历史有什么用处，有的还不惜花很大的篇幅。历史学若不能说明自己有用，就会倍感压力。20世纪西方的历史学非常看重社会效用，那些新史学的大师毕生关注着这个问题。[①]

一、中国史学面临的问题

一直到19世纪，历史学的社会功用，无非是为统治者提供统治经验和教化百姓两个方面。从进入阶级社会以来，历史学一直是显学。中国一直处于农耕社会与传统国家时期，历史学的这个特点更为明显。一直到20世纪的毛泽东时代，仍是如此。

传统社会基本上是自然经济的社会，发展迟缓，所重视的经世之学是经学和史学为主的人文学科，鄙视自然科学和技术，视之为匠人之事；近代社会是商品经济高度发达的工业社会，生产技术、物质文明变化迅速，自然科学和工程科学发挥着重大作用，而且它的作用是可视的，于是，人文学科不得不降落到被人贱视的境地。从殿堂到平地，产生的落差感相当大。

如今，中国历史学科所遭遇到的冷漠是可以理解的。一方面，“文革”期间，国人将政治与历史混淆，产生了对历史的误读。“文革”后，人们反思那段岁月，从内心生发出一种对政治的反感，并牵扯到一度与政治混淆的历史领域。历史学科作为无辜者，深受其害。另一方面，在“以经济建设为中心”的时代氛围中，历史作为一种人文精神的体现，不能为社会带来任何直接的经济效益，自然受到时代的冷漠。在竞争激烈的社会，即使是对历史有兴趣的人，迫于现实的压力也不得不另择其他热门专业。从本质上来说，这是由学科的特性决定的。在大众眼里，历史知识无法迅速带给人们物质财富。从现代的职业排名来说，历史学最

① 王加丰：《“理解”：二十世纪西方历史学的追求》，《历史研究》2001年第3期。

让人看轻，似最没有用。不过，除了职业选择上弱一些外，历史学却是人类离不开的精神食粮。要知道，读大学不完全是为了一个工作。如果就是为了一个工作，只读职业技校就可以了。所以在谈如何学好历史之前，最重要的是问你自己愿不愿意先放下对历史的偏见，试着改变观念，重新看待历史这门学科，思考其能解决个人或国家的什么问题。

二、西方史学的解决经验

光看中国史学的发展状况，一时是无法找到解决答案的。它山之石，可以攻玉。研究一下西方史学发展之路，无疑是有益的。

在从传统社会到工业社会的转型过程中，西方史学曾经面临着中国当下同样的境遇。20 世纪初工业化以后，史学情况大变。工业化使历史学为统治阶级服务的功能大为削弱，一时又找不到新的服务对象，结果 20 世纪上半叶西方的历史学变得十分迷惘，历史学一度迷失了方向。诸位纳税人是讲求实际的，当人们向历史学要不到任何东西的时候，他们就会置疑历史学的存在功能，不再供给他们黄油和面包。“历史有什么用”这个问题动摇着这门学科的根基，像梦魇一样压在西方史学家的胸口，他们必须找到历史作为一种知识的存在理由。

既然政府不再要历史知识，史家们只得寻找新的服务对象，向社会大众靠拢。然而这个庞大的大众群体可不好服务。一则数量过多，不像统治阶级人少，少数上层认同即可。二则他们要的东西不同于上层，普通民众所喜欢的历史知识，主要不是统治经验，而是与他们的生产和生活密切相关的那些东西。三则有一个发展过程，当民众的基本生活问题尚未得到解决时，他们对历史是没有兴趣的。由此可知，在由国家而社会的转型过程中，历史学出现困难是相当正常的现象。

到了 20 世纪中叶，西方进入发达时期，人们的生活水平有了较大的提高。到了这个时候，历史学才重新受到大众的追捧。一种全新的西方人称之为“理解”的功能全面兴起。要求从提供统治经验转到有助于人们理解现状，服务于广大民众。目标是满足社会上普遍出现的对理解社会、理解他人、理解过去、理解其他民族或其他文化的需要。新史学所主张的史学的社会功能是“增进人类的利益”，增进的手段是用历史知识来促使人们互相理解，理解才是历史研究的指路明灯。此所谓“理解”，要求人们通过了解历史及其经验教训，不用过于狭隘的眼光做出过于冲动的决定；要求相互体谅、相互尊重、求同存异，使大家在这个多事的世界上共存。具体地说，理解主要包括以下三方面的内容：其一，使各国、各民族、各种文化或宗教信仰之间的人互相理解，防止或缓和他们之间的重大冲突。其二，在国内各阶层民众或各利益集团间实现互相理解，使大家知道共存共荣的道理。关键是上层阶级必须抛弃长期以来的偏见，真正理解下层人民的生活和追求。其三，如实地理解过去。不仅不能用一种价值观去衡量其他的价值观，也不能用现在的价值观去衡量过去的价值观。让人们互相了解，然后又说服他们互相体谅，这就是当代历史学的功能。从这个意义上，可以将新史学或20世纪西方的历史学称之为"理解型"史学。这是西方史学史上从未有过的转折，是史学家努力追求史学的有用性，探索适应时代需要的历史学的产物。①

图 11-1 [法]马克·布洛赫及其《为历史学辩护》

年鉴学派的创始人马克·布洛赫(Marc Bloch，1886—1944)说："如果一门科学最终不能以某种方式改善我们的生活，就会在人们眼中显得不那么完美……史学的主题就是人类本身及其行为，历史研究的最终目的显然在于增进人类的利益。"②写下《西方的兴起》的美国著名史学家麦克尼尔说：做一个历史学家"是一种崇高的、严肃的职业。因为一个集团的成员对于过去事情的了解以及从中得出的信念引导着他们的前程，影响着他们的决定，而他们的生命、财产和神圣的荣誉就依赖于这些决定"。③ 从长远来看，历史教学必须以有益于一般公民的社会方式进行。④ 实际上，年鉴学派提倡全面的历史，正是为了把更多的人类活动遗迹纳入史料的范围，写出更真实的历史。最近许倬云也说："人类过去彼此杀害的罪孽已经太多了。我们必须学会在互谅互信中，彼此扶助，相濡相将，完成人类文明另一次的重大突破。"⑤

图 11-2 [英]麦克尼尔《西方的兴起》，九州出版社 2010 年版

由此可知，在由传统而现代，由国家而社会的转

① 以上三段节选自王加丰：《"理解"：二十世纪西方历史学的追求》，《历史研究》2001 年第 3 期。

② [法]马克·布洛赫：《为历史学辩护》，中国人民大学出版社 2006 年版，第 7 页。此书 1992 年初版时称《历史学家的技艺》。

③ [美]麦克尼尔：《神话—历史—真理、神话、历史和历史学家》，《史学理论》1987 年第 1 期。

④ [美]康尼尔·李德：《历史学家的社会责任》，见张文杰等：《现代西方历史哲学译文集》，上海译文出版社 1984 年版，第 249 页。

⑤ 许倬云：《万古江河·后言》，上海文艺出版社 2006 年。

型过程中，中国史学出现困难是正常的。等到国民真正富裕起来，国民素质真正得到提高，人文精神的价值也就能自然而然地展现出来，从而受到世人的关注与重视。墨子说："食必常饱，然后求美；衣必常暖，然后求丽；居必常安，然后求乐。"[①]食饱、衣暖、居安后，历史学也就会从边缘的位置走向它该有的地位。近十年中国史学的发展，已经呈现出这个趋势，就是最好的证明。

第二节　历史学该怎么用

所谓历史功用，就是有历史价值。历史学的功能，指历史学对历史和社会发展变化所能发挥的影响和作用。作为一门长期存在的学科，历史学当然有其价值，只是这价值很难从物质利益的角度来衡量。台湾作家龙应台说，历史像沙漠玫瑰的开放。拿在手里，是一蓬干草，真正的枯萎、干的、死掉的草，很难看。这个沙漠玫瑰其实是一种地衣，针叶型，有点像松枝的形状。你把它整个泡在水里，第八天它会完全复活；把水拿掉的话，它又会渐渐干掉，枯干如沙。把它再藏个一年两年，然后哪一天再泡在水里，它又会复活。[②] 历史学的功能正可作如是观。

一、历史的用是广泛的

历史的用是广泛的，并不局限于政治一途。因不同时代外界的不同需求，历史的用也表现出不同方面的用。因不同的需求，历史表现出不同的价值与意义。在历史学意义讨论上，要摒弃传统的一元思维，认识到历史学是多元形态的。史学是从国家（政府）史学开始的。作为娱乐的史学，则是现代提出的。前事对后事的影响，就是意义。对别人有用的部分，就是价值。价值与意义产生的共同特点是取决于别人的认知。能感觉、认知到的影响因素，就是价值。否则，感觉不到，就是没有意义。历史学的用，可以表现为政治之用、科学之用、普通人之用。历史学的用没有那么过分伟大，也没那么微不足道。从今天的态势看，科学知识体系正呈现出一种多学科高度交叉的趋势，任何一门学科都有可能在一处不经意的地方被另一学科借鉴，排斥任何一个知识学科都是浅薄的。任何知识都有用，只要别太实用主义，那样会把社会弄得很没趣。即便一种知识真的是无用的，只要它能给人带来乐趣也就已经够了，意义不意义的与其他人无涉。

---

① （汉）刘向：《说苑》卷20《反质》，《四库全书》文渊阁本。

② 龙应台：《政治人的人文素养》，《南方周末》1999年6月18日。

历史之用，既有远用、大用，更有近用、小用。不少个人感觉不到历史之用，这有些端由，以前的历史过于宏大、过于遥远。其实，历史是分层面的，有大有小的。从空间上说，个人史、家庭史、家族史，都是历史；从时间上说，刚过去的就是历史。每个人、每个组织，离不开历史反思。历史之用，一是为上所用，给决策层提供建言；另一种是为下所用，与民众一起来探讨国家历史。从目前发展趋势来看，为国民服务的需求越来越高。公共史学的兴起，说明了这个问题。

二、历史的用是分层的

谁需要历史？组织要历史，国家尤其要历史，部分个人也要历史。何时需要历史？哪些人与组织能感觉到历史之用？只有解决了温饱问题的人与组织，才能感觉到历史的存在价值。对于一个连生存都困难的人来说，历史是没有用的。庸碌的普通人是不大在意历史是什么的。对于为生存而奔波的人们来说，历史是无用的。一个失忆的人虽然也会对自己的身世有种种疑惑，但这也不会妨碍他(她)继续生活。总的说来，历史对低层的人无用，只对中高层群体有用，对组织特别是对国家有用。人的自我意识首先是对现在的自我意识，人们是为了形成完整的自我形象才试图了解自己的过去，而不是像历史学家那样，为了了解过去而了解过去。虽然过往种种会对现在产生影响，但对未来起决定作用的还是现在。当我们真正从生活的客观世界、从丰富多彩的内心世界、从感人心怀的文学意境三个层面去学习历史学的时候，肯定能够体验到一个快乐的世界的存在，也不会悲叹学习历史有什么用了。

史学是人学，历史之用是分时间段的。儿童不需要历史，青年也不太需要历史。到了中年，历史的意义就显示出来了。这是时间在起作用，经验、知识在起作用。而老年人则成天生活在自己的历史之中，生活在回忆之中。与儿童一样，人类初期不会有太多的历史意识。一个民族，一个国家，开始也不要历史。只在成长到一定时候才需要历史。

三、历史的用是间接的

历史的用不是直接的。文学动人以情，哲学晓人以理，历史可以说毫无表面上的功用，简单的比附或影射，并非历史责任所在，那样的功用太过浅薄。资治当然是一个方面，但对于一般人而言，这个作用发挥不了。历史是无用之用，令人聪明，发人深省，但又不以学术冥思而是以事实为基础，否则就没有生命力。比较起来，历史有点像纯数学，只要求解决难题，一时并没有明显而直接的用处。[①] 历史作为人文学科，主要是影响人的价值观。价值观是支撑人类生活的精神支柱，它决定着人类行为的取向，决定着人们以什么样的心态和旨意去开创自己的新生活，因而它对于人类的生活具有根本性的导引意义。

历史的积淀作用和审美的距离需求的双重因素使得只有经过时间的冲刷和沉淀才能认清某位历史人物、某个历史事件的本来面目和真正价值，才能正确评价某个历史时代是否清明。时间是无情的，也是公正的。它可以使曾自以为不可一世的风云人物变得微不足道，或使得被趋炎附势的寡耻文人们吹捧成极品的达官显贵变得黯然失色，也可以使当时并不为世人所重的小人物或失败者逐渐显现，得到世人应有的肯定甚至崇敬；如此才让那些毫无例外地被当时朝野一致讴歌的“君如尧舜、治胜贞观”的黑暗时代有得以被重新评价的可能。这也许就是历史这门学问的魅力所在。[②]

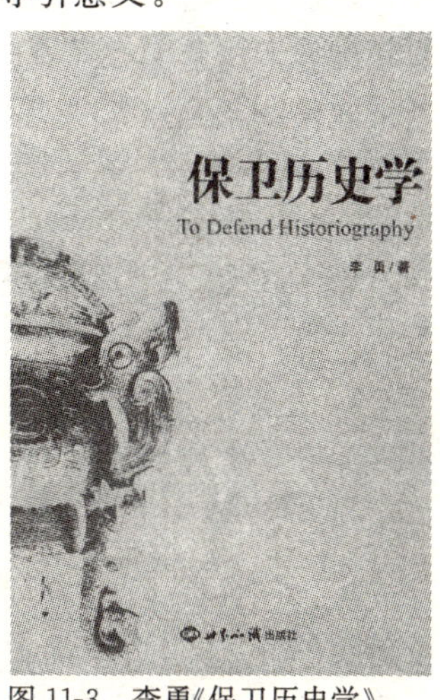

图 11-3　李勇《保卫历史学》

四、多一点温情与敬意

图 11-4　钱穆

最近，历史学家已经站出来，公开反对讨论历史学有什么用，而强调尊重历史。包伟民说，老问历史学“有什么用”，全然没有钱穆（1895—1990）所说的对本国历史的“温情与敬意”。这倒不碍我们什么事。人家自己愿意自我贬低，想当不会听历史故事的黑猩猩，由他去就是。面对这样的情况，合格的历史学家只会向他们笑笑，转身去读自己的书。[③] 邸永君说，在如何对待祖先留给我们的精神财富的问题上，我们的确出现过偏差。面对先人，我们本应心存敬畏，而不是妄加指责。考虑到他们的生活时代的局限，他们的一百句言论，即使九十九句有误，而有一句正确，我们也应吸收融会那一句箴言，而不必去计较其九十九句妄语。而当今情

① 周振鹤：《历史学：在人文与科学之间？》，《复旦学报》2002 年第 5 期。

② 邸永君：《历史学的魅力与功用》，《中国民族报》2003 年 11 月 14 日。

③ 包伟民：《历史学基础文献选读・导言》，浙江大学出版社 2007 年。

况却往往相反，即使九十九句正确，一些人也不计其功；而倘若有一句错话，便抓住不放，攻击一点，不计其余。如此苛刻与尖酸，受损者只能是我们民族自身。所以，我们必须注意吸收前人精华，并融入民族文化体系之中，万万不可再做自毁精神家园的败家浪子。这种豁达而理性的思维方式的更新与重建，于保护和发展我中华文化体系所关甚巨。而在此过程中，史学工作者当是责无旁贷。[①]

第三节　习史的宏观意义

历史学对宏观层面的功能有几端：

一、国家层面的意义

历史学有助于统治者或领导者作出重大决策。历史学是资治的源泉，这是个传统的命题，自古中国史学就有“资治”传统。历史是政治的诠释工具，论证某种现有政治秩序的合法性。今天来说，“资治”并不等于意味着历史学仅仅是政府政策和文件的注脚，而是应有自足的判断力和解释能力的。

历史具有国家认同作用。认同是对“我是谁”以及与之相关的身份感问题的追问。国家认同是要从心灵上、感情上、思想上认同本国的价值观。认同可分个体认同与集体认同两大类。认同有连续性与差异性两大特性。认同的连续性指的是个体与集体在时间和空间关系的动态一致性。要保证今天与昨天的同一性，靠的是历史记忆的继承性。没有历史记忆的认同，就没有共识，就会出现记忆与识别的分裂。一个人没有了历史记忆，就会出现“我是谁”的恐慌；一个国家的人群没有了共同的历史记忆，就会出现凝聚力差的现象。各国之所以要在中学设置历史课程，进行历史教育，就是因为涉及国家的历史认同培养问题。[②]

任何一位历史学家在撰写史著的过程中，都会有意识地培植民族认同意识和爱国主义传统。当民族遭受磨难之时，历史学更是成为激发民族意识和爱国主义精神的重要手段。历史学是一个民族保存历史记忆、延续传统乃至寻根的重要手段，这种把一个民族的历程放在浓缩的时空中加以考察的方式是历史学所独有的。[③] 美国这样的国家，虽然历史只有300多年，但却比有5000多年历史的中国更为重视国家的历史认同教育，重视历史遗址、历史博物馆的发掘、建

① 邸永君：《史学的价值与史学家的使命》，《中国社会科学院院报》2007年3月6日。

② 王成兵：《历史感和界线界：现代性语境中的国家认同问题》，《中国社会科学报》2010年8月24日。

③ 焦润明：《论历史学精神》，《光明日报》2000年5月26日。

设和开放。他们认为历史博物馆是历史走向现实和民众的最好桥梁，是民众接受历史、了解历史的最好课堂。历史博物馆可以有效培养人们的历史意识和对现实的社会责任感。他们还注意开展公共历史学的研究，公共历史学家很注意在美国人民的日常生活中灌输历史知识，使人们从电视、文学作品、博物馆、新闻媒体甚至广告中了解美国历史，让历史意识渗透在人们的心灵深处。① 美国国家电视有两个频道：历史频道和传记频道。这两个频道每年都赔钱，也极少广告，就是整天不停地播放历史事件和历史人物专题片。美国人尤其是知识界很爱看这些频道。②

历史学有助于培养现代公民群体。历史不仅是陈旧知识的积累，更是一种经久不息的情感力量。正如维柯(Giovanni Battista Vico，1668—1744)所说："人类心灵中最切近自身的领域只能是历史。"一个国家的成熟，首先是其人民对历史认知的成熟。成熟的历史研究者和历史爱好者一般具有开放、谦虚、浑厚、刚毅又不失平民化的心态。历史这门学问，给人的就是这样的东西，教会你明白这个世界究竟是什么样子。我们可以探讨的，应该是对于我们的认知和生活有帮助的历史。

二、人类层面的意义

历史学有着较强的社会公益性与监督性。史家是社会的良心，是人类基本价值的维护者。人类的基本价值类型分为真、善、美三种。其他利益、自由之类，都是派生的复合价值类型。史家会用基本道德准则规范记录历史现象。小范围的、私密的历史事实一旦放大空间，成为公共信息，就会产生一定的社会监督力量。孔子修《春秋》，"乱臣贼子惧"，说的就是史学的社会监督性。当然，不同时代有着不同的价值观念。譬如在宋元明清时期，忠孝节义是得到国家认可的基本道德准则。而在通向公民社会的今日，则要维护现代社会的基本原则。

历史学有助于人类文化的积累和传播。历史学是人类文化储藏的容器，是文明延续的重要纽带，是民族精神传承的载体。人类文化的各种形态在现实延续的价值内涵需要历史学作出判断与解释。③

历史学是寻求社会发展演变规律的学科。这是马克思主义史学的主流观点。

历史学要服务全人类。许倬云秉持全球史观，认为只有"全人类"和"个人"

---

① 朱政惠：《美国如何培育民族精神》，《探索与争鸣》2003年第2期。

② 牛大勇、张健：《美国人怎么教历史？》，《南方周末》2007年5月30日。

③ 杨念群：《中层理论自序》，江西教育出版社2001年版。

是真实的。“我到50岁才把自己的爱国思想摆在一边，我觉得不能盲目地爱国，我要关怀全世界的人类跟个别人的尊严。人类社会跟个别人是真实，而其他是经常变动的，不是真正存在的东西。”①“最后我是爱全人类，我尊敬每个个人。不同的国有不同的定义，从部落国到联邦国，是不同的国。国对老百姓的关系，有不同的方式。国的疆域，每个时代、每个民族有不同的边界。你不能拿国作为一个永远神圣的东西。”②由此可知，最小的个人单位与最大的人类单位，排除了中间各种状态的组织形态，尤其是国家对个人的束缚。其实，群体组织也是一种存在，不能因为有变化而否定它的存在。人与人类也是在变化之中的，世界上一成不变的东西是没有的。

第四节　习史的人生意义

进入现代社会以来，个人的作用越来越凸显，“人是历史的主体”越来越成现实。一个大学生学习历史，于个人有什么用处？这是必须要回答的。20世纪80年代以来，西方出现“主体的回归”思潮，中国也面临着历史学服务对象由上层而下层的转型问题。习史的人生意义，可以从以下几个方面体现出来。

一、历史学可以提供部分社会工作岗位

部分习史之人可以找到直接的历史类专业工作岗位。一个社会，总需要一定的历史类岗位，如历史教育、历史研究、历史传播。甚至可以提供一定的公共历史岗位。20世纪70年代起，为了生存，保证历史系继续成为具有思想活力的地方，美国部分高校历史学系开始走出高校，走向社会，深入到公共领域的第一线如地方政府部门、社区、公司、企业和社会团体等地，从而兴起了公共史学。目前，全美近百所大学的历史系都设置了公共史学的研究生学位项目，公共史学课程也进入了许多高校历史系的本科教学。不同于学院历史学，公共历史学以社会需求为导向，培养能满足客户需要和适应实际操作的公共历史学家，并以他们的工作和不同于学院历史学的方式方法对公众进行潜移默化的历史教育。其工作领域大致分为两类：一是历史学知识和方法的衍生领域：政策分析和咨询；地方、机构和个人历史撰写；信息收集和管理；历史解释。二是历史学与其他学科交叉互动的领域：历史辩护；文化资源管理和历史保护；媒体活动；商务活动。总

① 许倬云：《只有“全人类”和“个人”是真实的》，《南方都市报》2006年12月21日。

② 许倬云、李怀宇：《许倬云谈话录》，广西师范大学出版社2010年版。

之,公共历史学家的工作就是运用历史学家的知识与技能,在公共领域中发挥作用,它是一种使公众受惠的历史学科。与传统的专业历史学家相比,公共历史学家所面对的受众是不同的。他们必须同时面对学术界和学术界以外的公共领域中的不同群体。他们的研究不是为了满足自己的知识追求,而是必须为满足现实的需求提供线索和答案。公共历史学家使用的材料必须是多元的、开放的,而不仅仅限于文字史料。[①]

在今天的中国,史学研究的出路可以很宽,也可以很窄,这完全取决于我们怎样选择史学研究的服务对象:是一味固守在象牙塔内,还是将视野投向丰富的社会领域? 中国史学工作者要将公共历史学的发展提上议事日程,高校应首先挖掘人才培养的实践基地,主动与当地博物馆、档案馆、文保会、地方史志办公室、社区、政府机构和企事业单位等建立联系,为学生实践提供场所,并通过公共历史学人才的实践活动,加深社会对公共历史学的认识和接纳,这反过来有利于高校公共历史学人才的就业和发展。在公民社会日益发达的当代中国,公共历史学的蓬勃发展只是时间问题。[②] 中国可以考虑建立"公共历史学"专业硕士学位,有条件的大学历史系可以尝试着先开起来。

二、历史可以是个人的单纯爱好

历史学是个人审美的工具。从事历史类岗位的人,可以肯定只是少量的,大部分人毕业以后要从事别的工作。布洛赫说:"历史有你感兴趣的内容,有你竭力想理解的东西。历史对于个人应该完全是一种令人销魂的爱好,是兴趣聚集酝酿的源泉,与是否有用毫无关系:历史自有其独特的美感,它思接千载,视通万里,千姿百态,令人销魂,因此它比其他学科更能激发人们的想象力。我们要警惕,不要让历史学失去诗意,我们也要注意一种倾向,或者说要察觉到,某些人一听到历史要具有诗意便惶惑不安,如果有人以为历史诉诸感情会有损于理智,那真是太荒唐了。"[③]历史可以成为娱乐工具,历史作为审美的对象,它千姿百态,富有美感,令人销魂。因此,历史研究是一个娱乐的过程。因为历史可供审美、娱乐和消遣,所以人们才对它有兴趣。

三、习史可提升思维品质与决策水平

培根(Francis Bacon,1561—1626)说,读史让人聪明。这句话可以作以下几

① 王希:《谁拥有历史——美国公共史学的起源、发展与挑战》,《历史研究》2010 年第 3 期。

② 姚霏、苏智良:《高校史学人才的培养与公共历史学》,《历史教学(高校版)》2008 年第 10 期。

③ [法]马克·布洛赫:《为历史学辩护》,张和声、程郁译,中国人民大学出版社 2006 年版,第 5 页。

个方面的理解：

其一，读史可以获得前人的智慧，明白事理，提高一个人的悟性。作为一个人，首先要思考人生之路是什么，其次要思考国家历程，更高层面来说，要思考人类的历程。人人都应该学一点历史。人之所以异于动物，重要的是人类发明了语言文字，使个体性与集体性的记忆得以长久保存，有可能把握更多的集体性记忆，从而补充和丰富自己的经验。历史蕴藏着丰富的生活经验和思想资源。由习史而得到的经验与知识，可以更好地理解人生，理解社会，理解国家，理解人类。学习历史，悟性相当重要。如何提升悟性？只有将生活世界与科学世界打通，古今打通，如此才能成为一个合格的历史学工作者，也才算学会了历史。生活是本，文献是末。生活世界是原生的，第一的；科学世界是后起的，第二的。只有对活生生的生活世界有深刻的理解，才能对文献记录中的历史社会有深刻的解读。

其二，读史可以扩大视野，建立一个时空框架体系。一个人要正确地规划自己的未来，就必须正确地认识自己；而要正确地认识自己，必对自己的过往种种有一个清醒的认识。对每个个体而言，生命有限，经历有限，若能从长久积累的历史记忆中汲取经验，就等于把自己生命的长度提高许多倍，多活了几百岁乃至几千岁，从经历上说你有可能“千岁、万岁”。[①] 人也就借此得以超越时间、空间和个体生存的局限。空间的扩大，时间的延长，可以让人知道自己从哪里来，才晓得要往哪里去。“他们关心的事，当为由自身投射于过去，希望了解自己何自来，现在的生活方式何自来。”[②]在个人大脑中建立一个整体的时空框架体系，然后就可以定位世上一切。“你给我一个东西、一个事件、一个现象，我希望知道这个事件在更大的坐标里头，横的跟纵的，它到底是在哪一个位置上。在我不知道这个横的跟纵的坐标之前，对不起，我不敢对这个事情做批判。”[③]历史学涵盖了中外、古今、上下，视野最大宽广。

其三，读史可以培养人类的历史意识。历史意识是一个人思考历史问题的出发点和归宿。有时序与空间的观念，有对重要事件的敏感，有证据意识，有对历史因果律的认同，有对过去的兴趣，一个人具备了这五个方面的自觉，才可以说是具有了完备的历史意识。历史意识是一个人成熟的标志。历史认识本质上是人类的自我认识。杰出人物都有比较强的历史意识，对自己所负的历史使命、实现这一使命的条件都有比较清醒的认识；普通个人则是无意识地创造历史，他

---

① 王家范：《阅读历史：前现代、现代与后现代》，《探索与争鸣》2007 年第 9 期。

② 许倬云：《万古江河·自序》，上海文艺出版社 2006 年。

③ 龙应台：《政治人的人文素养》，《南方周末》1999 年 6 月 18 日。

们只是被动地随着历史潮流前进，不了解自己所做事情的意义。因此，有无鲜明的历史意识，就成为区分普通个人和杰出人物的标志之一。

其四，读史可以提高个体的决策水平。人生的行进过程，是一个不断决策、实践、再决策、再实践的过程。人类的决策是第一的，决策对了，做事也对；反之，决策误，步步误。如果建立了广阔的时空框架体系，能看见未来十年二十年的事，自然决策就会走在前面。人生是一个不断选择、也不断放弃的过程。选择与放弃，就是要与不要，是同步发生的。有所得，必有所失；样样要，样样得不到。对得失价值大小的判断，不同的人有着不同的理解。如果历史学得好，处理事务的时候，眼光就很独到，见解就很深刻，看问题往往很全面，做事成功几率也比较大。特别是在处理纷繁复杂的事件时，有大时空观念的人能够站在历史的高度来把握全局，俯视和统筹整体，顺势而动。有了历史意识，就有了一个时空框架，也可以大大提升人类的洞察能力，提升实用事物的历史价值判断，提升人类的决策能力。

第十二章
历史的人文解读

【讨论主题】

1. 历史知识的社会化
2. 史学的普及化
3. 史学的娱乐化

【课前阅读材料】

1. 黄仁宇:《万历十五年》,中华书局2007年版
2. 易中天:《品三国》,上海文艺出版社2006年版
3. 当年明月:《明朝那些事儿》,中国友谊出版公司2009年版

【关键词释】

史学的普及化　史学的娱乐化　大众史学　公共史学　历史叙事　历史趣说　历史细说　说故事　讲史

史学的发展,无非是“往高走”与“往低走”两途。往高走,就是专业史学;往低走,就是大众史学。借用传统的术语来说,就是史学的提高与普及问题。历史学仅有科学是不够的。20世纪末以来,历史学回归公共领域,产生了公共史学,这是一个值得注意的趋势。史学与普通民众的关系进一步拉近,大大提升了民众对史学的热情。与此同时,史学研究者又极力改变自己的研究范式以回应这种变化,结果又进一步加速了史学的大众化趋势。针对史学大众化这一史学发展的时代特征,作为一个负责任的史学工作者,应以科学认知态度去引导这股文化潮流,使其走向科学的发展道路,而非凭借自己的学术地位去棒杀这一潮流,

更不可放任这一潮流恣意漫流。①

所谓历史的人文解读，是指人人可以根据自己的个性需求、认知水平来理解过往历史。人文解读是相对专业研究而言的，后者要求用专业知识来理解，且要有文献依据，前者只需用普通知识来思考即可，不必论证。历史学是一种人文性与科学性兼具的领域，既可以用科学方式来治学，也可以用人文方式来解读。通俗读物本质上是一种人文解读。历史之所以可以作人文解读，是因为存在一个古今中外人心相通的问题。人心何以相通？人人要经历一个生死过程，人人生活在不同城市乡村环境中，人人要在不同的群体中扮演不同社会角色，人人要接受不同层级的教育，多样化的人类性格类型有一定的规律性，年龄时段、社会角色、知识结构、城市乡村、性格类型，任何的相似性更容易让人理解历史上同类人的思维与行为。历史的人文解读体现的是人类对历史理解的丰富性。

第一节 大众时代的史学转型

近十多年来，有所谓“大众史学”。2003 年，台湾的周梁楷将“public history”翻译并扩充为“大众史学”。他认为“大众史学”主要有三大类：书写大众的历史，写给大众阅读的历史，由大众来书写的历史。所谓历史的人文解读，就是历史的个性解读，作者可以是专家，也可以是普通大众，只要有一得之见，均可发表自己的看法。至此，历史的撰写已不是专业史家独有的权利，一般民众皆可运用自己的思维逻辑与方式织构出属于自身的历史。在本质上，它是历史认识群体的扩大。②

一、通俗是大众文化的产物

中国史学走向民间，始于讲史。讲史是“说话”的一种。“说话”是唐宋人用的习语，是指职业化民间艺人讲说历史故事，相当于后世的“说书”。民间性讲故事活动，从源流上说可以溯得很远，像周秦汉魏时代的俳优、侏儒就是一种从事民间讲唱活动的艺人。但我们所谓的“说话”，不是指民间零星的讲故事活动，而是指面向广大群众的职业化的技艺。

通俗历史知识的传播，严格说来，是城市大众文化兴起后的产物。城市大众娱乐文化的兴起、发展，取决于两个条件，一是有大量的市民群体。作为农民，日

① 张雷：《史学大众化反思》，《中国社会科学报》2010 年 12 月 23 日。

② 周梁楷：《大众史学的定义与意义》，见周梁楷主编：《人人都是史家：大众史学论集》，台中：采玉出版社 2004 年版。

出而作，日落而息，余暇时间不多，所以对业余精神享受要求不高。而城市中的市民则有较多的空余时间，所以对业余生活的要求很高。这是通俗娱乐文化发展的内在动力。二是和城市管理制度有关。许多文章谈到了城市的发展、商品经济的发展促使了通俗历史知识的传播。这是不够的。城市及商品经济，早在战国以来即发展了。之所以迟迟不能发展为通俗娱乐文化，这和城市夜生活制度是分不开的。城市娱乐文化的核心是围绕故事而展开的。说故事、唱故事、演故事是其一大特点。听故事，尤其是历史故事，是大众的一大嗜好。城市经济繁荣，夜生活需求提高，职业说书人便产生了。

西方的大众文化轫始于西方 19 世纪 30 至 40 年代，经历了从边缘到中心的转移，已经成为当代社会的一种主要文化形态。大众文化是标准性、消费性的商业文化。商业渗透到文化领域后，使那些只能由中产阶层和上层贵族才能欣赏到的文化进入了民间和日常生活领域，新的文化不再被特权阶层独占，它将提供一个更为广泛的交流空间。美国学者费斯克(John Fiske)认为，大众文化是从下面长出来的，是人们自发的土生土长的表达，因而大众文化是地地道道的为人民服务的文化，大众文化发出的是对抗主流文化的声音。[①]

20 世纪 90 年代以后，中国社会的工商文明进程加快，政治文明进程有序展开。当今市场经济逐步成熟，文化教育普及程度大为提高，高等教育开始走向大众化，人们的业余文化需求显著增长。大众文化在中国将经历一个从边缘到中心的过程。久远的尘封旧事引起了人们日益浓厚的兴趣，社会上不少有文化的人喜爱历史并关心历史学。

此外，有两个因素，一是面对快速发展的社会，人们需要回视过去以获得平衡。不了解历史，人们就无法将正在发生的事情放在时间向度内在更加广阔的趋向中加以定位。二是世俗社会的回归，被湮没在历史中的一些世俗生活的场景也全面复活。大众化的历史叙事更多的是打捞历史的细节，诸如帝王心术、宦海浮沉、世井百态、旧朝掌故。它更愿意书写更具人情味的历史。正是这些"历史碎片"建构了普通民众的知识系统和日常生活的体验。通过读解这些"源代码"，他们就能够感性地将日常生活的体验与过去的历史连接起来，形成属于其个人的历史观念。他们所希望的，是在那些历史的肖像中，看到自己的面孔。穿透现实话语空间的天花板，通过历史来比附现实、图示现实、观照现实，在历史和现实之间建立起联系。它瞄准的是历史，但中弹的却是现实。历史得到了描述，现实却变

① 郭震旦：《历史编撰新图景：大众化历史叙事的隆起——兼论后现代史学》，《清华大学学报(哲学社会科学版)》2009 年第 5 期。

得通透。这就是大众化历史书写之所以广受追捧的一个关键所在。①

二、大众时代逼着史学转型

传统史学往往为了“小众”而忘了“大众”。史学界一直强调历史学应该面向社会，充分发挥历史学为社会服务的功能，但是这些主张大多停留在口头上，真正付诸实践的很少。冯尔康认为，传统史学的功能是政治性的，即为帝王提供经邦治国的历史经验的“资鉴”功能和对民众（主要是读书人、士人）的教化功能，所以它成为庙堂之学，拥有尊贵的地位，历史就成为科举考试的重要内容。阶级论史学明确强调史学的政治性，使之成为政治的附庸。实证史学讲究脱离政治，历史学者只顾讨论自己感兴趣的问题，较少念及史学圈外广大读者的阅读需求。历史学的成果在圈内循环，自己生产自己消费，最重要的突破与发现也只限于学术界这个狭小的范围里。这样的倾向是要改变的。历史学本来就是属于全民族和全社会的，不是少数专业学者所专有。②

在精英时代，精英指导大众；而到了大众时代，则要尊重大众。大众文化改变了人们的史学观念，大众史学的精髓就在于尊重普通人、尊重普通事物和迎合普通人的胃口。冯尔康称，帝王之学的史学高高在上，史学家好为人师，总在教训读者。近代以来，此种积习并未根本改变，似乎作者与读者双方是教育者与被教育者的关系，学者自认为写作是“人类灵魂工程师”的事业，要向民众灌输什么观念，负有提高民众素质的使命，这种在上者对待在下者的态度，早已不合时宜，特别是在史学知识大众化之时。作者与读者双方之间，理所当然是平等的，不存在谁要将什么观念加给谁的问题，书籍只是双方对话的工具。人是社会中的人，做人要给自己的社会角色定位，史学工作者要定好位置，争取成为读者的朋友，而不是在上面的教育者。③

2006年起，以易中天“品三国”领衔的“百家讲坛”节目及其衍生出的图书，受到了前所未有的追捧，自此之后，中国图书市场上的通俗史学类图书畅销不衰，无数年轻人表达了对历史故事和历史人物的巨大兴趣，史学的魅力逐步体现出来。易中天说，做学术研究的人要有“报恩心”，要用学术成果去反哺民生。人文学科的研究目的，就是人的幸福。这些，要从我们的研究当中获得。学术界是由我们的人民群众供养着的，那你该不该回报？该不该有一部分人出来回报？

---

① 郭震旦：《历史编撰新图景：大众化历史叙事的隆起——兼论后现代史学》，《清华大学学报（哲学社会科学版）》2009年第5期。

② 冯尔康：《“说故事”的历史学和历史知识大众化》，《河北学刊》2004年第1期。

③ 冯尔康：《“说故事”的历史学和历史知识大众化》，《河北学刊》2004年第1期。

社会要分工，就是要有一部分人坐在书斋里面，坐在学院里面，坐在图书馆里面潜心地做学术研究，为学术而学术。但是同时也应该有一部分人走出学院，走出书斋，走出图书馆，面向大众，作为我们学术界对人民群众、对纳税人、对国家、对民族的回报。[①]这是一个媒体占传播主流的时代，史学要借媒体扩大传播。如果不与媒体结合，传播的面是不会广泛的。

第二节　历史知识的社会传播

通俗史学实际存在两大类型：职业史家编纂的通俗史学读物和文艺工作者编纂的历史小说。前者可称科普性通俗史学，后者可称娱乐性通俗史学。要充分实现历史学的社会功能，重塑历史学的社会形象，必须走通俗史学之路。史学仅有学术性史学是不够的，还须有服务大众的通俗史学。中国史学经过了 20 世纪近一个世纪的科学化之路以后，现在真正需要的是解决普及之路。传播通俗史学，普及历史知识，把知识交给更多的人，是历史科学工作者的神圣职责。这在市场经济时代，尤为迫切。[②]

一、史学普及的要义

冯尔康认为，史学工作者应以自身的研究成果让大众来分享为目标，即治史是为大众提供历史知识，令历史知识成为大众文化的应有内容；史学书籍应有知识性、故事性和通俗性，文字表达方面的可读性。大众化的史学知识，原则上讲的是走近古代人的生活世界，贴近今日社会生活的内容，它包括人群结构、人们的生活方式、生产活动、政治活动、社会风俗及其变异、人类社会生活中创造的精神财富和各种经验智慧等。近代史学研究，为史学知识大众化创造了条件。近代以来，史学、人类学、民俗学、社会学等多学科的研究，特别是文化史、社会史的研究所形成的成果，对于下层民众、性别关系、生活风俗、婚嫁丧葬、节日娱乐、民间信仰、民间文化、社会医疗等社会生活历史的研究，其内容多是民众喜闻乐道的。

史学研究成果为大众分享，图籍内容至关重要，而其表达形式的讲求同样不可忽视。冯尔康认为至少要留意下述四点：其一，平铺直叙的写法。需要舍弃那

---

① 易中天：《勇做学术“勾兑”者》，人民网“强国论坛”2007 年 4 月 6 日。

② 钱茂伟：《论史学的普及化与娱乐化》，见瞿林东主编：《史学理论与史学史学刊（2004—2005 年卷）》，社会科学文献出版社 2005 年版。

些史料引文，将它变为语体文，直接表达出来，令文气流畅，读者顺利阅览。其二，要富有文采。其三，深入浅出。大众化的历史读物，不是只讲一些历史故事，而应将研究的客体研究透彻了后吐出来，能综合大量历史现象，分析清楚，尽可能地说明历史现象的连贯性和事情的本质。其四，图文并茂。图像与文字说明相配合，可以收到文省事明、一目了然的效果。总之，史学工作者需要将读者感兴趣的历史故事，能够发人深思的历史知识，用富有文采的笔法表现出来，使人将阅读的过程变成为一种美的享受和追求，同时增长了知识，提高了生活情趣和生活质量，也启迪智慧的开发。这令史学游弋于科学与艺术之间。①

二、史学普及的种类

"时尚"读史现象，或者说"俗讲"经典现象，其实在我国早有传统。许多中外大历史学家、大思想家的著述文采斐然，深入浅出，从而成为传世名作。只是一段时间以来，学院与民间、精英与大众、学术与普及之间壁垒森严，加上浮躁功利之风盛行，大学者们少有为青少年写作普及读物的心思和努力。所幸的事，挟眼下这股全民读史的东风，一定会有越来越多的学者走出象牙塔，为我们带来更多的历史精品。

大众史学的共同特征是人性和细节的回归。近十多年来流传的通俗历史类书籍大抵可分为三种：一为学者著的具有学术性质的、但语言并不艰深晦涩的书，如黄仁宇（1918—2000）《万历十五年》、柏杨（1920—2008）《中国人史纲》、史景迁等史学大家的学术著作。二为各类读史笔记，如吴思的《潜规则》、张鸣的

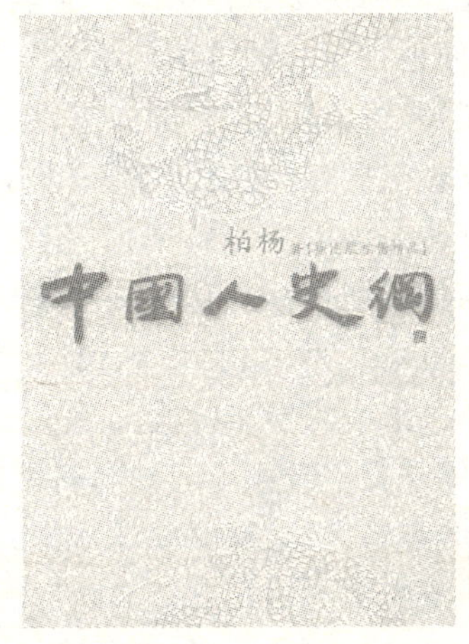

图 12-1　柏杨及其《中国人史纲》

① 本段节自冯尔康：《"说故事"的历史学和历史知识大众化》，《河北学刊》2004 年第 1 期。

《历史的坏脾气》。吴思的《血酬定律》不仅探讨了历史上不同层级人们的生存妙法，还揭开了中国社会表面现象下隐藏的终极规则，这是很有价值的。三为脱胎于电视讲学节目讲稿的品读类书籍，如“百家讲坛”丛书，其中的翘楚便是易中天的《品三国》。

图 12-2 吴思《血酬定律》

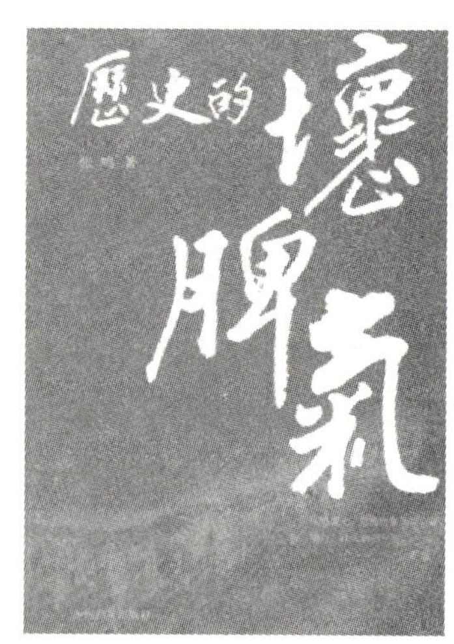

图 12-3 张鸣《历史的坏脾气》

1. 历史细说

“细说体”为历史著作系旅美著名历史学家黎东方（1907—1998）首创，源起于抗战期间他在重庆的讲史盛举。当年黎教授以历史学家的睿智与妙趣横生的词锋，讲三国、讲武则天，倾倒四座，轰动山城，听众争相买票入场。黎东方生前完成了《细说三国》、《细说元朝》、《细说明朝》、《细说清朝》及《细说民国》（大陆版更名为《细说民国创立》）各书，并于 20 世纪 70 年代前后陆续在台湾出版。20 世纪 90 年代后期，各书的简体字横排本在大陆出版。后来，由别人补写了《细说秦汉》、《细说两晋南北朝》、《细说隋唐》和《细说宋朝》，形成“细说中国历史丛书”。该丛书集海峡两岸两代史学家之心智和功力，至此终于大功告成。

细说体是史学著作中一种新的历史体裁，它以讲史的形式，将中国历史上各个朝代中的重要人物、重要事件，以及官职、制度、文化、学术，等等，分列为若干题目，以通俗生动的语言分别加以“细说”，分则为独立的历史故事，合则为一朝断代信史。它使读者“以读《三国演义》的轻松心情，获得的却是胜于《三国志》的历史知识”。细说体另一个特点是作者在叙述历史的同时，随时加以点评，鲜明地表达自己的好恶和观点，虽持一家之说，但冲破了某些正统的陈腐思想，颇具真知灼见，引导读者以现代的眼光看历史，很有新意。黎东方等的《细说》系列图书深入浅出，是适合大众阅读的通俗性历史读物。

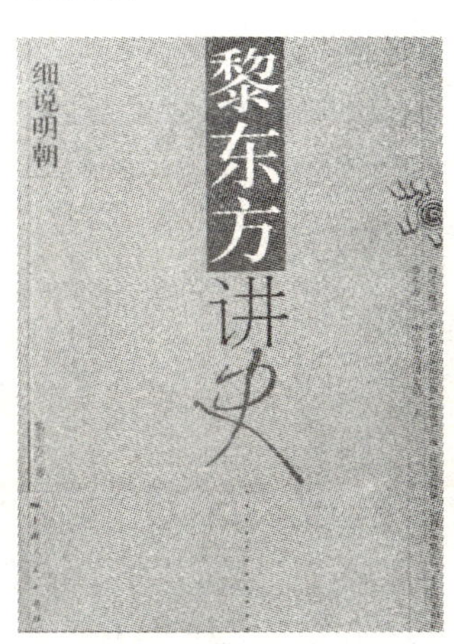

图 12-4 黎东方及其《黎东方讲史》

黎东方的细说体，令人联想到宋代以来说书艺人的讲史。不过，两者是有本质区别的。说书艺人的讲史，其实属于文学体裁。黎东方创立细说体，细说的都是真实的历史。在体裁的把握上，细说体无固定的形式，立目自由度较大。细说体使用的是干净利落、明白晓畅的规范白话。在历史内容上必须真人实事，在历史细节上必须考订辨伪。要有全局观、大见识，对各个朝代的历史事实与现象有本质认识后才笔之于书。①

而上海人民出版社的"细说中国历史人物丛书帝王系列"则着眼于通俗大众化，他们在将历史人物作借鉴、求教训、强信心之用时，注重"循名责实"，一戒造假，二戒比附，一切从史事出发，正是史家"古为今用"的良苦用心。其在取材与用词上都能做到持之有据，言之有理。其"用"集中表现在：一是阐明历史的发展规律，二是传播历史的知识，三是提供历史的借鉴。史料是复杂的，一要鉴别真伪，二要诠释说明，以求得"历史事实的例证"，此可谓关键。细说并非包罗万象、面面俱到，而是紧扣其人其事及其相关尽量详说，以显个性，让人读后如闻其声，如见其人。作者们注意把散落于人们视野之外的珍珠串起来，使读者了解了鲜为人知的秘闻内幕和逸闻趣事。用讲故事的叙述方式，用质朴的语句娓娓道来，于是历史人物变得生动活泼，真实可感。作者在运用这些"秘闻轶事"材料时，十分注重史料的真实性和科学性，这是其高明之处。②

① 虞云国：《细说体：史书体裁的新尝试》，《中华读书报》2003 年 7 月 16 日。

② 郭志坤：《"细说"与"戏说"》，"细说中国帝王系列"总序，上海人民出版社 2005 年版。

2. 历史趣说

图 12-5 吴思《潜规则》

"趣说"就是以有趣的语言来进行叙述。"趣说"的特点是历史其里，文学其表，既有历史真相，又有文学趣味。历史总是让人惦记，于是就有了对历史的真说与戏说，可往往是真实的不好看，好看的不真实，想满足趣味就难免"上当受骗"，要弄清真相就必须"硬着头皮"。面对这样的矛盾，读者也就两难，因此要有一个解决办法。这个办法，就是"趣说"。因为有太多的清宫戏，或各种各样的历史剧，于是有了《百家讲坛》，有了阎崇年的《正说清朝十二帝》、《正说明朝十六帝》，有了黄仁宇的《万历十五年》、潘旭澜的《太平杂说》、吴思的《潜规则》、易中天的《帝国的惆怅》、当年明月的《明朝那些事儿》等。

通常人们关心人及其命运要胜过关心制度。因为人是活的，而制度相对来说则是死板的。易中天不这样写，他先写晁错之死，由人物的命运引出事件，继而引出制度。这种写法不仅大大增强了可读性，也符合历史的本来面目。史学与文学一样，都是人学。因此研究历史也好，讲述历史也好，都必须以人为本，以民族的文化心理为核心。以人为本，历史才是有意义的。经过趣说后，"一个个历史事件和历史人物在我们面前才可能变得鲜活起来。这些鲜活的故事和生命将促使我们反省历史，反省社会，反省人生，反省自己，于是趣味之中就有了智慧。"①

3. 历史叙事

历史叙事更接近社会现实的自然状态，也适合大众阅读习惯。讲故事，听故事，是人类的一大天然嗜好。"叙事本为史学正宗，写得好的叙事史不仅可以给读者知识，也可以促使读者思考，还可以给读者非常愉悦的阅读体验。"②"叙事本为史学正宗"，这个观点提得相当好。历史叙事部分，是可与任何人交流的部分。历史唯有通过叙事的力量，才能广为流传，引起读者的兴趣，进而影响一般社会大众。大众读史时代来临，历史叙事学无疑将是中国史学中成长性最好的品种。叙事主要是面对非专业读者群体的。非专业读者本身也是一个多层次的群体，因此，为非专业读者生产的历史叙事作品也应是多层次、多类型的。对史学界来说，首先需要的无疑是分析与叙事相结合的作品。

---

① 黄敏兰：《帝国的惆怅："趣说"历史有何妨?》，《中华读书报》2006 年 1 月 11 日。

② 汪朝光：《叙事本为史学正宗》，《南方周末》2007 年 1 月 11 日。

20 世纪 80 年代以来，对海内外中文世界影响最大的叙事作品，无疑是黄仁宇的《万历十五年》。《万历十五年》是最早传入中国的分析与叙事相结合的西方新叙事派作品。美国史学界不少人比较接受这种模式。继黄仁宇之后，哈佛大学教授孔飞力(Alden Kuhn)写出了《叫魂》。魏斐德(Frederic Evans Wakeman Jr，1937—2006)的作品，也被认为是分析与叙事相结合的作品。英国汤因比的《人类与大地》，也是一部分析与叙事相结合的作品。

图 12-6 [美]黄仁宇及《万历十五年》

图 12-7 [美]孔飞力及《叫魂》

在西方这种思潮影响下，中国部分职业史家也朝这个方向努力，如樊树志《晚明史》(复旦大学出版社 2003 年版)。樊树志在《后记》中说："采用叙事史的写作，它既是传统的，又是现代的。古今中外的叙事史的名著数不胜数，它是一笔丰厚的文化遗产。现代史学的发展，把各门学科的方法融会贯通，增加了它的深度与力度，也派生出新的问题：史学著作愈来愈难深，因此远离了一般读者。西方一些史家开始向叙事史方向回归，当然是新的更高层次的回归，出现了脍炙人口的佳作，甚至成为畅销书。这无论如何是值得欣赏的现象，人们惊叹：历史著作原来可以有这样的写法！笔者在欣赏之余，努力向这个方向靠拢。"正文部分通过历史细节的考订，揭示了晚明政治演变过程。其特点是，叙事时用现代语言，而在对话部分，则摘用古文原文，以便"体现那个时代的气氛"。文白相间是其最大表述特色，应该说，这仍是比较严格的学术性历史叙事作品。作为一个几十年研究明史的专家，樊树志对晚明历史人物及历史事件有着相当高深而准确的理解，这是毋庸置疑的，这正是他的可贵之处。有人称《晚明史》"以流畅自如、飘逸潇洒的文字，尽写晚明风云，是一本很好看的叙事史"①。《晚明史》出版以后即登上畅销书行列，很快加印，正说明了它在历史叙事方面的成功。不过，我们不得不指出，读这样的作品，虽然要比一般艰深的论著或中规中矩的教科书有

① 汪朝光：《叙事本为史学正宗》，《南方周末》2007 年 1 月 11 日。

趣些，但实际上对阅读能力的要求仍是比较高的，起码得具备一定的古文阅读能力，能读懂引文中的古文，它绝对不是一口气可以读完的，它的读者群体仍是比较高端的。

图 12-8　樊树志部分通俗史学作品

第三节　历史写作迎来粉丝时代

一、历史知识通俗的类型

何谓通俗？通俗的原义就是通向俗人，让大众也能理解。尤其强调的是文化层次较低者能够接受。普及是分层面的，有个空间层面问题。一般说来，史家至多只能照顾到知识层面的传播问题，社会大众层面的通俗传播，主要靠文艺工作者的努力了。普及仍然是知识阶层的事，只是下层而已，通俗则是面向没有受过正规教育的阶层。普及多以文本形式出现，没有一定的知识水平，就没有办法接受。但通俗则不受文化知识水平的限制，只要有感官就可以了。大众的兴趣，大众的需要，大众的知识结构，大众的欣赏方式，大众媒体的直观性，大众阅读追求的情节性，其实只有文艺工作者能做到。没有这种形式，历史不可能真正走向大众。

所谓通俗读物，接近于“历史演义”或“历史小说”。历史和小说这两种相互矛盾着的东西，一旦有机地结合起来，构成一种新的矛盾统一体，就会因各人的着眼点不同、目的不同而出现不同的现象。

通俗历史作品，目前主要有两大类。

第一种是偏重于历史的，目的在于说明历史，用群众喜闻乐见的文学形式去普及历史知识，可以说是用小说体裁写成的历史书。此种历史小说的特点是，尽得历史真髓，彻底打通历史的关节、时空的隔膜，让读者进入一种不知今夕何年的庄生梦蝶境界，其典型作品为《明朝那些事儿》。

2006年，大陆出版界一部《明朝那些事儿》，成为当红明史类叙事作品。此书作者石悦是一个非文史专业出身的、大学毕业工作没几年的青年人，网名"当年明月"。他是广州顺德海关的一个普通公务员，业余喜欢明史，于是写作了此书。开始是在天涯煮酒论史论坛上发表，因点击率高，而在新浪网上自开了博客，点击率号称600多万。由国际文化出版公司出版的纸质文本，也很快成为畅销书，销量20多万册，各地报纸纷纷转载，成为2006年大陆当红作品。有人称此人有讲故事的天分，发挥了网络语言的优势，很有冲击力，简直就是网络时代的说书人。在体例上，它按时间顺序，用专题形式，讲述一个个历史小故事。《明朝那些事儿》似乎有点野史味道，故有人将之归为历史小说。其实，它基本上是写实的，材料全是真的，是正史，无非在表达手法上比较灵活而已，让人有野史的感觉。

《明朝那些事儿》赢得读者喜爱就在于其鲜活的写法。写作中，作者以史料为基础，加入了小说的笔法和对人物的心理分析，吸纳和融入了众多流行元素，如叙议结合、伏笔照应、铺垫悬念、动静相衬等，力求符合现代人的阅读口味，还穿插了很多噱头，让读者看得轻松。此书表达手法的最大的特点是当代化，其特点是有四。其一，现代：当年明月的词汇很具现代感，很符合当代人平常的用语习惯，所以读起来很流畅。其二，调侃：那些板着脸的历史人物都免不了要被作者调侃一番，这真让人耳目一新。其三，生动：这是一种充满了活力和生气，字字都欲跃然而出的鲜灵笔法。在他笔下，人物不再是一个刻板的名字和符号，而是一个个活生生的有血有肉的人，有了自己的思想和感情。那些事件更是跌宕起伏，叫人读来欲罢不能。其四，诙谐：读者看他的书的时候常常被逗得哈哈大笑。①

在笔者看来，《明朝那些事儿》最大的贡献在于它的表达方式的更新，它是"现代版的明史"。历史叙事的本质是历史表达方式的转换，即将前一时空中形成的历史表达方式转换为当下人可以理解的表达方式。对中国史来说，特别存在一个将"古汉语版"历史转换为"现代汉语版"历史的问题。中国的文言表述方式，是竹简时代的产物。由于竹简信息承载量有限，所以，先秦时期形成的中国

---

① 有关《明朝那些事儿》的介绍材料，多出自网络论坛，无法一一出注。

图 12-9　当年明月《明朝那些事儿》

古汉语散文，在表达方式上讲究简洁，内容高度浓缩。以后，虽然有了纸张，有了印刷术，但习惯不变。简约的古文，成为上层精英习惯的表达方式。古文表达方式最大的不足是，丰富的内容被高度"压缩"，表达过于简略，阅读成本太高，必须具备较高阅读能力才能理解，普通读者读起来比较累。反之，口语化的白话表达方式，思想与文字之间基本是"一比一对应"的，信息承载量大，更适合思想的表达，更适合普通大众来阅读。

通俗的核心思想在于表达方式的转换，即转换为"俗人"（大众）也可以"通"（理解）的表达方式。大众不做历史研究，但他们需要欣赏历史。他们喜欢轻松、不庸俗但有一定深度的历史作品。我们现在看到的明清人编纂的明史作品，多是用古汉语写作的。《明朝那些事儿》的成功之处在于，它用今人习惯的白话文，用历史心理分析的手法，将历史人物放在当时的环境中，加上了自己的理解，然后栩栩如生地还原历史，使读者置身于朱元璋及其将领们身边，成为一部权力与权术的启蒙书。作者强调"写史即写人，写人即写心"，号称"心灵历史的开创者"。是否是心灵历史的开创者可以讨论，可以肯定的是，它是一部根据历史人物心灵把握历史人物活动的明史著作。人类是由心灵支配行为的高级动物，从心灵入手解读历史人物的行为，从人物的内心世界分析整个历史，无疑是一条正确的路径。把自己想成历史人物来写，读了《明朝那些事儿》，可以对历史人物的性格品质有具体深刻的把握，历史因充满人性的光辉而精彩。有人说，文学是写人的。其实，历史学也是可以写人的。文学中的人，是虚构的；而历史中的人，是真实的。写真实的人，也需要丰富的想象力。在尊重史实的前提下，进行合理的推测和想象。传统中国的史书，写人只写其"公生活"，而不写"私生活"。结果，历史人物的性格、品质把握不住，历史人物成为一个符号。在《明朝那些事儿》里，历史是鲜活的、丰满的，而不再是风干的化石。书中的某些人物或某些事，可以真正打动读者。此书紧凑的情节、诙谐的语言、精彩的评论，竟有读者称找到了当年熬夜看金庸小说的感觉，这就是历史叙事成功之处。有人将之称为迄今第一部白话正说的明史，这评价可能高了一些，说它是一部相当成功的白话正说的明史倒是可以肯定的。显然，在史学通俗化之路上，《明朝那些事儿》比《晚明史》走得更远。继之，又出现了《汉朝那些事儿》、《唐朝那些事儿》、《清朝那些事儿》等作品。

除了《明朝那些事儿》外，易中天的《品三国》，阎崇年的《明亡清兴六十年》，李亚平的《帝国政界往事》，以及2003年以来梅毅以"赫连勃勃大王"名义写作的"另类历史系列"(《华丽血时代——两晋南北朝的另类历史》、《帝国的正午——隋唐五代的另类历史》、《刀锋上的文明——宋辽金西夏的另类历史》、《帝国如风——元朝的另类历史》、《纵欲时代——大明朝的另类历史》)，也相当火热，深受普通读者的欢迎。这些另类历史作品的成功，再次证明了其实历史本身很精彩，所有的历史都可以写得很好看。

第二种则是侧重于艺术，借历史为题材写的历史小说，如二月河创作的历史小说，作者的劳动属于"创作"的范畴。二月河最著名的作品是500万字的清帝系列历史小说"落霞三部曲"，即《康熙大帝》、《雍正皇帝》和《乾隆皇帝》。作者基本的创作原则是，历史事实由历史设定，人物个性、心灵轨迹、言语形容、诗词等由作者设计。

二、民间写手群体的崛起

传统的写作历史，权力多集中于职业史家之手；而到了大众、网络时代，则出现了写作权力转移现象，出现了一个民间历史写手群体。历史的叙述可以是多主体、多角度、多元价值观的。历史是宏大复杂的对象，每一个主体只能观察到一个侧面，对相同对象也可能得到不同的见解，而这些侧面综合在一起，才可能更接近纷纭复杂的历史真实。这是一个声音纷扰的时代，每个人都有发出声音的权力与机会。

网络论坛的出现，意味着作品发表审批权的放松，使不少民间人士有可能成为历史学家。不少民间历史写手通过天涯社区"煮酒论史"版块，发表自己对历史的理解与看法，天涯"煮酒论史"也因此成为全球最有名的华人历史类人文论坛。这个论坛培养了不少民间历史写手，当年明月、赫连勃勃大王，最初都是通过这个论坛走向社会读者的。所有这些，标志着网络时代民间通俗史学写作群体的崛起。

三、需要人文型叙事作品

历史叙事实际可以区分为两类：以政治为取向的历史叙事和以人文为取向的历史叙事。前者以治国经验总结为首务，以史治国；而后者则以做人经验总结为首务，以史育人。社会本来是多元的，历史书写自然也应该是多元的。在这个多元的时代，提倡一种书写模式，打压另一种书写模式，已经变得不太可能。多一种书写模式，也就是多一种选择。《晚明史》式的学术性叙事，显然比较适合有一定文化水平的读者；而《明朝那些事儿》对读者文化水平的要求要低得多，自然读者数量上也更为广泛些。要知道，70%以上的大众，都是初中以下水平的人。要想让真正的大众有兴趣了解历史，非得走讲故事式人文取向叙事之路。从大众传播动力角度来看，大众读史要的是做人之本，了解做人的经验与道理，这是大众读史的原动力。当下中国需要学术式历史叙事作品，尤其需要《明朝那些事儿》式以写人擅长的叙事。写人的故事，是《史记》以来的中国史学的传统，也是美国学人黄仁宇《万历十五年》、史景迁作品及《明朝那些事儿》的共同特点。人物叙事，是历史叙事中的主打品种。对人的探讨，实际上也就是对生活和生命意义的探讨。这样的作品，现在不是多了，而是太少了。

第四节　通俗史学的问题及对策

作为一种关涉史学的文化现象，通俗历史热已经成为一个公共话题。

一、两大类型通俗史学要取长补短

科普性通俗史学与娱乐性通俗史学，虽有亲缘关系，但两派之间的关系并不融洽。职业史家多将娱乐性通俗史学斥为庸俗史学，鲜有好感。面对史家的批评，有的文艺工作者公然说，他们编的影视剧，就要气死历史学家。现在的历史影视剧，至多请个别史家作顾问，有的甚至连顾问也挨不上。这种不融洽，反映出两种不同种类规范之间的冲突。史家想以史学的方式传播历史知识，而文艺家则要以文艺方式抢夺这个市场。史学工作者要不要、能不能占领大众通俗史学市场？不可能，而且是永远不可能。这有多种因素，知识结构不同，接受的学术规范不同，写出的通俗史学读物风格势必不同。学术界长期以来流行的、习惯的写作模式，其实大众并不能接受。学会讲故事是娱乐性通俗史学的一大长处，学究气只怕使历史影视剧无人要看。不知什么开始，我们不会讲故事了。我们只会资料、材料的分析，不会叙述。文学注定是大众的，而学术天生是少数人的。学术再怎么普及，至多争取到了一些其他专业的知识分子而已。企求大众也来买你的作品，可能是一个梦想。书店里放着的这类读物，读者并不买。普及是分层面的，有个空间层面问题。一般说来，史家至多只能照顾到知识层面的传播问题，社会大众层面的通俗传播，主要只能靠文艺工作者努力了。普及与通俗仍不同。普及仍然是知识阶层的事，只是读者层面稍低而已。通俗则是面向没有受过正规教育的阶层。普及多以文本形式出现，没有一定的知识水平，没有办法接受。但通俗则不受文化知识水平的限制，只要有感官就可以了。大众的兴趣，大众的需要，大众的知识结构，大众的欣赏方式，大众媒体的直观性，大众阅读追求的情节性，其实只有文艺工作者能做到。没有这种形式，历史不可能真正走向大众。要承认两大类型通俗史学间的差距，取长补短。让出娱乐性通俗史学市场，是为了更好地做好属于自己的本职工作，即科普性通俗史学创作。与文艺工作者争夺市场，只能用自己的独特方式，职业史家只能进入较高层面。我们应该多创作科普层面上的通俗史学，拿出高水平之作，为人民群众提供优秀的精神食粮。①

同时我们需要向古今民间文学艺术家学习。古代说书艺人、话本、历史演义，现代历史小说、历史剧、历史题材的影视剧都起到传播历史知识的某种作用，并以其知识娱乐受众。当然，文艺家的历史故事中有许多虚构成分，历史学家出于职业责任感有必要去纠正他们的误传，但是不必为他们占领史学地盘而愤慨，而应当检讨自家不去作史学知识大众化的努力所造成的缺陷。亡羊补牢，犹未为晚。其实，最好是史学界与文学艺术界携手合作，多交朋友，取长补短，史学著作要艺术化，文艺家需要增加史学知识，作品向历史的真实性方向努力。平心而论，史学家和社会应该感谢文艺家对某些历史知识的传播。史学研究成果如果走向大众文化，史学也会取得大众的信赖，不会被社会抛弃。②

二、给通俗史学的发展多一点宽容

允许它偏离历史，不必因为一些"硬伤"的存在而苛责。任何文本都不可能是绝对准确无误的，只要通俗历史的讲说者与著述者不存在歪曲和虚构历史的主观故意，只要其给予民众和社会的不是一种伪历史，其正当性与必要性就应该得到承认。应当容忍其出现失误，在进行必要的纠错同时给予善意的批评和足够的生存空间。建立在这种基础之上的史者的宽容，是必不可少的环境条件。须知，从幼稚走向成熟，是任何一种史学形态的必经之路。③

对娱乐性通俗史学，我们应该有信心，有总比没有好。没有历史影视剧，这个空间也就浪费了；有了历史影视剧，多少传播了些历史知识。胡说、戏说，乃至某些正说，提供了一些假的历史知识，我们的史学工作者不必紧张，天不会塌下来的，读者不会因此就误入歧途的。毕竟，普通读者并不需要如此精准的历史知识，某些方面糊涂一些，无妨大体。

当然，什么都有一个度的问题。现在的戏说历史剧太多、太滥，而且大多数

① 钱茂伟：《论史学的普及化与娱乐化》，见瞿林东主编：《史学理论与史学史学刊（2004—2005年卷）》，社会科学文献出版社2005年版。

② 冯尔康：《"说故事"的历史学和历史知识大众化》，《河北学刊》2004年第1期。

③ 李小树：《关于"通俗历史热"的历史学考察》，《中国图书评论》2007年第1期；《怎样看待"通俗历史热"》，《浙江日报》2007年9月17日。

完全不顾及历史原则，没有历史依据，乱演一气，却摆出一副严肃的历史面孔，这就超出了历史剧所应该有的度，使历史的生存受到了严重侵害。通俗必须以尊重历史的真实性为前提，对于历史已经作出结论的东西，若借助于通俗加以颠覆，同样违背历史的本质。历史的通俗化不等于低劣化、庸俗化抑或文化的退化。

三、通俗史学内容要走向民间社会

李小树认为，目前的通俗历史热尚处在现代通俗历史发展的初级阶段，一个明显的事实是，现在无论是通俗历史讲说还是通俗历史著述，其主要内容大多局限于帝王与宫禁、权贵和官场，很少涉及社会和民众。也就是说，其所讲说与记述的历史，是政治的而非社会的，是官方的而非民间的，是上层的而非草根的，是君史而非民史。因而，它向受众所描述的历史场景，也必然是狭隘的而非广阔的，是局部的而非全景的。远未实现内容与观念等史学核心部分的变化，这正是通俗化历史初级阶段的典型特征。很明显，通俗历史热的深入发展，应当在外在形式变化的基础上走向记述内容与历史观念等核心部分的变化。具体而言，就是要把讲说与记述的重点，由庙堂转向民间，由官场转向社会。更多地关注下层，关注民众，以体现史家应有的现代眼光，这才是更高层次的、成熟形态的通俗历史。①

我们更希望写小人物在当时是怎么生活的，政权的不断变更给他的生活带来什么影响。当今之人对中国古代百姓们是怎样生活，怎样春耕、夏锄、秋收、冬储的只知道个大概，见不到详细的记载，更少见用文学的形式再现出一幅洋溢着人气、人味的风俗画面。推翻了帝制，封建王朝被认定为腐朽的王朝之后，我们满脑子被灌进的古代生活，仍是金碧辉煌的宫殿，曲径通幽的后花园，大臣们的三叩九拜，官宦人家的花天酒地，大富大贵人家的三妻六妾。或许我们的文字记载中缺少市井百姓的生活历史，使我们的历史文学创作史料不足，但不会是没有吧，正因为稀少，我们一旦能挖掘出来那岂不更弥足珍贵了？但这却少有人做。我们的知识分子有责任再现民族历史的真实，再现一下我们的祖先——市井百姓的真实生活，因为我们没有几个人的祖宗是皇帝。②

在这方面，耶鲁大学教授史景迁(Jonthan D. Spence)的努力是值得注意的。《王氏之死：大历史背后的小人物命运》(上海远东出版社 2005 年版)精心把 17 世纪中国普通农妇王氏从历史的海底打捞上岸。他通过《郯城县志》、郯城县令

① 李小树：《怎样看待"通俗历史热"》，《浙江日报》2007 年 9 月 17 日。

② 阮直：《平民没有历史?》，《兵团日报》2011 年 12 月 18 日。

的私人档案，以及与郯城相邻的淄川县作家蒲松龄的《聊斋志异》这三条看起来非常普通的路径，引领读者进入了令人嘘叹的大清帝国。我们看到的书名虽然叫《王氏之死》，但王氏只是个引子，引出的是以郯城为代表的清朝前期的民间生活：从土地制度到妇女地位，从诉讼程序到市相百态，总而言之，透过王氏这个穿着一双红色软底睡鞋和白色内裤的无足轻重的妇人的死，我们看到的是一个早已消失的大清治下的庶民社会的方方面面。《胡若望的困惑之旅》(上海远东出版社 2005 年版)的主人公是个和王氏一样无足轻重的草芥之民，他皈依了天主教，并在欧洲生活了几年。但是，这个东方人并不了解和习惯西方的生活及观念，他为此闹出不少乱子，还被送进了精神病院。史景迁就从这样一个人身上，看到了东西方两种文化的差异、碰撞和交融。不过，他没有硬性地把那些大词植入文中，而是通过胡若望个人的具体遭遇来诉求。在史景迁笔下，历史既有它自身运行的逻辑，也有它耐人寻味的细节，因此历史的最好表述方法，就是在娓娓道来的故事中，表达作者对历史的关注和思考。①

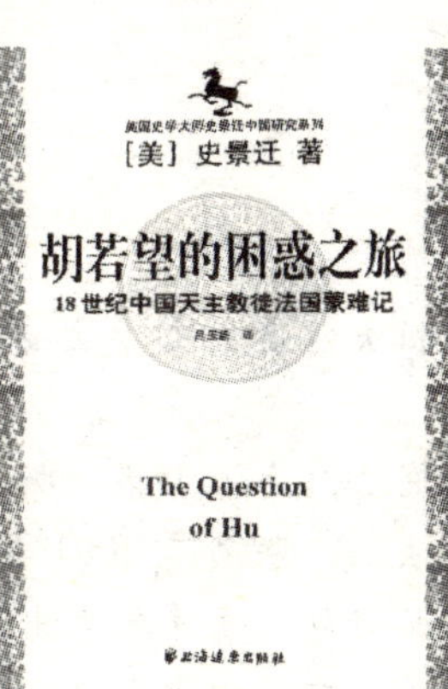

图 12-10　[美]史景迁及其作品

《王氏之死：大历史背后的小人物命运》写了一个普通而略显贫穷的区域，一个平常而稍有不安的年代，老实说，没有太多可写的；一部县志，知县黄六鸿一些回忆录和笔记，也没有太多可供查阅的档案资料，无论如何，这些资料更稍嫌单薄些，甚至让人担心挖掘和发挥的余地。但史景迁的本事就在这里。小地方的小事情要写好，就要有大眼光，从而赋予细节以意义。② 他擅长向美国人讲中国故事与中国问题，被人称为开了人文史学即平民史学的先河。

① 聂作平：《史景迁：一个外国人的中国史》，《海南日报》2009 年 12 月 10 日。

② 孙明：《史景迁在"中国故事"与"中国问题"之间》，《中国图书商报》2006 年 8 月 3 日。

第十三章
历史的专业研究

【讨论主题】

1. 学者需要什么样的历史
2. 历史研究的过程特点
3. 历史可以假设吗

【课前阅读材料】

1.［英］杰弗里·巴勒克拉夫:《当代史学主要趋势》,杨豫译,北京大学出版社 2006 年版

2.梁启超:《中国历史研究法》,上海古籍出版社 1987 年版

3.钱穆:《中国历史研究法》,三联书店 2001 年版

4.庞卓恒等:《西方新史学述评》,高等教育出版社 1992 年版

5.杜维运:《史学方法论》,北京大学出版社 2006 年版

6.岳晓东:《性格铸造历史:30 位古今中外名人之心理分析》,中国轻工业出版社 2009 年版。

【关键词释】

历史假设　历史还原　历史诠释学　历史的归纳　历史的演绎　历史的分析　历史的综合历史比较　阶级分析法　计量史学　历史心理学　心态史学　血型与历史人物

作为一门现代学术体系之内的学术研究活动,历史研究也不可避免地要以规制严整的学术表述方式表达出来。对于一个普通或外行的读者来说,历史研究成果专业化表述是一种不太能让人理解的行为。今天一本学术性历史论著,

通常只能印到两三千本，多数还收进了图书馆。一篇学术性历史论文，读者通常多不过百人，少的干脆可能只有几人。从作品的印刷数量、读者数量来衡量，学术研究的价值自然会受到怀疑。显然，学术作品有其不为大众所理解的存在理由。专家需要精细的历史，有因果联系的历史。一个现代知识人，必须知道历史研究是怎么回事，论文如何阅读。本讲关注以下几个问题：何以要写论文？如何写作论文？论文的基本格式是什么？论著的写作步骤与基本要求是什么？

第一节　专题研究的必要

李弘祺认为，传统中国人治学从笔记的短篇记述或考证而逐渐发展出撰写长篇札记的方法，在清朝时用以治经考史，竟然能演化成一种简单而实用的归纳法。后来因为合数篇考证而使一些史家能开始有系统地寻绎历史演变的通则，写成长篇探讨制度、风俗、文物的作品。尤其是赵翼等人的札记，其长处便在于能把论点作有条理的表达与叙述，而其叙述的本身便是举证，已接近于后来的学术论文体。这样的写作方法为晚清以来中国史家所熟悉，因此才能大致承受得了近代西洋史学之冲击。从章太炎的《官制索隐》到王国维、罗振玉的古史著述，再到顾颉刚关于古史层累堆积说的表述，中国学者进而接受现代西方史学的写作方法，正是很自然的演变。①

20世纪初以来，美国史学界实施了以建立历史学研究的规范化、专业化为目标的"专业化工程"，将史学研究与史学写作逐步改造成为一种为专业历史学家所垄断的知识产业。20世纪20年代之后，几乎所有的学会主席都拥有博士学位。历史学界的旗舰刊物《美国历史评论》也只发表那些使用了所谓"科学的"研究方法、并以追求"客观性"为目标的作品。史学打着"科学"的旗号，夹带着想象与虚构，堂而皇之地成了专业历史学家的垄断行业，唯有取得同等资格的人，方可进入这一领域。而该领域的规范则由专业历史学家自己拟定，并作为衡量学术地位和学术荣誉的评判标准。用米哈尔・瑟度(Michel de Certeau)的话来说，史学家为自己制造了一个地方(大学)、一种分析过程(史学专业)和一种文本(史学话语)，以此来生产乃至垄断史学知识，通过垄断知识生产过程而建立起专业历史学家的话语霸权。②

① 李弘祺：《泛论近代中国史学的发展与意义》，见罗志田：《20世纪的中国：学术与社会(史学卷)・编序》，山东人民出版社2001年版，第14—15页。

② 王希：《谁拥有历史——美国公共史学的起源、发展与挑战》，《历史研究》2010年第3期。

一、学术专业化表述含义

学术的专业化表达，就是学术论文。学术是指系统的、专门的学问，论文是讨论或研究某种问题的学理性文章。因此，所谓学术论文，就是用系统的、专门的知识来讨论或研究某种问题或研究成果的学理性文章。学术论文具有四大特点：学术性、科学性、创造性、学理性。此话表明，学术论文是学术研究的结晶，而不是一般的学术体会；是对某一学科领域科学规律的提示，而不是某些现象的直录、材料的罗列、事件经过的描述；是对真理的探求和发展，而不是对他人研究成果的简单重复。学术论文的作者必须站在一定的理论高度来观察和分析带有学术价值的问题，引述各种事实或道理去论证自己的新发现、新见解，向学术界表述自己研究的最新成果。

对一个研究者来说，就是为了表达自己的研究成果。不论您是在读研究生，还是在大学教书，或者是在研究所从事研究开发，只要有研究性的任务，都不同程度地要求你写出学术论文。作为一个科学家，写作和发表论文可能是不可缺少的环节。因为你要告诉别人你在做什么。大部分的科学家都想让大家分享自己的成果，所以他们总是千方百计地发表自己探索的结果，如此才能得到满足。因为他们牺牲了很多，他们为科学新现象而好奇，为找到新答案而探索，他们想贡献自己的研究结果。只有一种方式可以使他们达成目的，那就是大家公认的方式，发表学术研究论文。发表论文的目的有两个：告诉别人你在做什么，做出了什么；与同行交流学术问题。

从更高层面来说，论文是人类传承知识、创新知识的一个主要形式。知识的积累是人之所以成为人的最主要因素，或者说，知识的积累使人成为有文化的人。所谓文化，不过就是知识的积累，而正是因为人类有着累积知识的能力，才能进化到今天。现在，我们生活的方方面面莫不得益于千万年来人类知识的保存和创新。进入现代社会以后，知识更是在以前所未有的速率增长，而这种知识增长的一个最主要的形式就是每年数以万计的学术论文的发表。自古至今，人类的各种实践活动一直是知识生产的最根本的来源；以文字形式表现的论文及写作，仍然是人们传承知识、创新知识的主要形式。论文发表后，人们可以据此判断其学术水平，从而给予相应的职称。而不是倒过来，为了评职称而写作论文。

二、专业表述的存在价值

历史学为什么要进行专业研究？主要是为了深化认识。历史知识的社会化使用是浅层次的，泛泛而谈，难以深化。只有圈定范围，进行专门的系统研究，才能加深认识。

专业表达是社会专业分工的需要。现代社会是一个高度分工与合作的社会，学术研究正是各行各业中最尖端的研究活动。专业论文起点高，必须用专业化的方式来表达。严格的论文，是以问题为中心展开讨论的。问题是十分深而细的，题目比较小。某项专题研究越深，讨论的问题就越细。为了节省篇幅，必须省略基本知识，开门见山地回答。现代社会不能没有学术，真正的学术研究活动当然应当具有其独立、自由。这种"窄而深"的论文，有利于学术的深化与细化，推动学术向深度发展。写作与阅读这样的论文，作者与读者必须在同一知识平台上才行。论文的阅读对象是同行专家，而不是普通读者，具有阳春白雪的专业特性。普通读者的知识结构表现为"宽而平"的特征，不具备这样高门槛的知识平台，自然不理解作品所讨论的内容。

问题意识来源的不同，也是造成学术论文难读的原因。历史问题的来源，可以是学术的，也可以是社会的。一般说来，来源于学术的问题，只关注学术自身的进度，喜欢从故纸堆中梳理出新的史实线索，找到区别于前人成说的那种成就感，并不关心别人怎么想，社会怎么想。学术是一个相对独立的领域，圈外的普通读者自然无法理解学术界的专业问题意识，觉得他们讨论的问题太小，太琐碎，难以引起共鸣。而另一种来源于社会的问题，因为牵涉面较大，为众人所关注，相对说来更容易引起大家的共鸣。他们有强烈的现实关怀才研究历史，他们能够把个人兴趣和社会责任感结合起来。黄仁宇的书之所以在大陆和台湾拥有大量读者，最主要的原因其实就是两点，一是他的研究具有鲜明的时代感，表现出相当的现实关怀，能够引起很多读者的共鸣，读了会有一定的启示；二是他的著作的表述形式比较通俗直白，容易为有知识的普通读者所接受。①

学术有独立的存在价值，学术是一个国家科学水平的标志。国家出了那么多钱，读了那么多年的书，好不容易培养出一些尖端人才。目前，他们温饱无忧，出版发表不愁，习惯了高深艰涩，应该允许少数人钻进与现世隔绝的象牙塔。专家就是专家，专家有专家之用，就是为"小众"服务，我们不能要求所有专家都来做这种普及性工作。要求每个专家都来关注现实，普及大众，那是不现实的苛求。坚持为小众为服务，也是专业独立、精神自信的表现。

三、大学生也要学会研究

从传统的教育观点来讲，低年级大学生是不用写作论文的，但从近年流行的

---

① 杨奎松、郑文：《历史研究与历史学家的现实关怀——访北京大学历史系杨奎松教授》，《中学历史教学参考》2002 年第 5 期，也见《中华读书报》2002 年 4 月 17 日。

图 13-1　杨玉圣、张保生主编《学术规范导论》

研究性学习角度来说，一年级开始，就得尝试着学习研究与论文写作之事。由探索而发现，是人生的一大乐趣。人生最大的快乐就是创造，而知识的创造是最激动人心的。学生时期是最佳的知识、问题积累时期，也是最好的写作训练时期，错过了这个机会，恐怕要终身遗憾。

目前的现状是，大学四年基本上都是知识传授，几乎没有什么写作方面的训练。虽然也有作业，但基本上都是东抄西抄，拼拼凑凑而成的。学生的毕业论文也是从一些论文中拼凑出来的。一个题目确立后，赶快去找相关论文，甚至同题论文，然后复印下来，再回去搞排列组合，如此，学生的能力没有受到真正的锻炼。所以，必须从传统所谓小论文写作的误区中走出来，毕业论文不能等到四年级才开始研究与写作。

大学生要学会引用。学生是处于实习阶段的学者和研究者。大学的一个主要任务是，使学生能够成为创造新知识或形成新思想的人，这其中就包括为大学自身培养和储备一流的教师资源，以使大学能够不断延续和发展下去。什么是抄袭，什么是剽窃，什么是合理的借鉴，怎样按照学术规范正确引用别人的观点，这些必须被告知。“我们的思想就是我们的孩子，如果你未经注明，就引用了我们的思想，就是偷了我们的孩子。”这是一种非常形象的解释。“思想是我们的财产，我们像保护我们自己的汽车，自己的房子，自己的钱包一样，保护我们自己的思想。”这是美国人最常见的解释。如果基本的学术规范意识和社会诚信品质不能在学术起步阶段就树立起来，无疑将会对以后的学术研究和社会发展产生极为不利的影响。中国的大学必须使学术规范和学术道德内化为学生根本的学术信念，使学术诚信转化为学生具体的学术行为和社会行为，真正培育起大学生务实求真的良好学术作风和社会诚信品质。

图 13-2　[美]查尔斯·李普森《诚实做学问》

作为一个现代知识人，必须明白，研究是要有积累的，研究是需要长期关注的。这种积累，主要是选题积累、思想积累、资料积累三大积累。所以，我们提倡每一个大学生开展研究性学习，根据自己的兴趣爱好，积累几个选题。在四年期间，学会思考，学会研究。在美国，号称“独立思想是美国学界的最高价值”，中国也应向美国学习。

第二节　历史研究的过程

历史研究过程，本质上与公安人员破案没有什么不同。破案是破现实中的案，而历史研究则是破历史上的案。顺序上同，包括假设（提出问题），取证（解决问题），得出结论，写出立案报告（论文）。所有的历史纪录都不可能是完整无缺的，历史学家的任务就是透过已存历史材料的分析，对历史记载中的缺失提供合乎情理、合乎逻辑、合乎人们审美需要的解释、重构与再现。

一、历史的假设

假设作为科学发展的形式与途径，无论在自然科学还是社会科学研究中都具有极其重要的意义。这是一种独特的思维方式，就是以“假设……将如何……？”来探讨历史可能的不同途径。

什么是假设？所谓假设，是尚未证实前的推论。假设不同于臆想，臆想系指毫无根据的随意猜测，假设则指对客观事物及其发展规律作一定根据的设想。

任何假设都是认知意义上的，不是事实本体层面上的。历史学也不例外。从本体论上看，历史是过去的存在，历史是实实在在的事实，不容更改与抹杀，不能假设；但历史认知是一门现在的学问，当然可以假设。历史认知假设指在研究历史事件或其局部时，以一定的已知条件为前提对未知部分所做的有限度的推论。[①] 所谓有限度，是指不能进行时代错乱的、完全不客观的假设。历史认知假设是一种思辨的历史理解方式，是一种追求历史真相的方式。

鉴往知来是史学研究所应发挥的重要功能。对历史进行假设是为了辨析、获得真理和经验教训。历史有重演的可能性，人可能重复犯同样的错误，所以可以对历史进行假设。日常生活中，人们在总结最近历史的经验和教训时，就会用到对历史进行假设这一手段。所以，不是要不要假设问题，重要的是要提高历史研究中假设的学术含量。

---

① 张绪山：《“假设”的历史与历史研究的“假设”》，《光明日报》2004 年 4 月 6 日。

历史假设是历史研究的起点。历史研究包括实证与理论诠释两大方面。只有不断提出假设并继之以证实或证伪，方能相对接近于历史真实。在实证层面排除假设，就等于取消历史研究。在理论诠释层面，假设同样是开展研究不可或缺的前提。人们用以解释历史的理论框架的确立，都必然经历过假设的阶段。理论假设研究的基本原则是“大胆假设，小心求证”。如果假设没有经过严格的逻辑论证，没有证据支持，那么就永远只是假设。历史理论假设经过证实之后，便可成为科学理论。

历史认知假设的重要方面是反事实选择假设。反事实选择假设，是对已然发生了的历史作出不同路径的假定。历史选择假设的意义就是让人类未来的选择决策更为聪明些。历史是决定性与选择性的统一。任何历史事件结局的生成虽是唯一的，但这个唯一结局在最初并不是唯一的可能性。也就是说，历史事件在最终成为历史事实之前，不可避免地存在多种可能性，这些可能性的每一种都可能促使历史事件向有利于自己的一方变化。正是由于这些可能性的存在，人们的主观能动性才有价值；否则，一切都是命定，奋斗有何意义？[①] 反事实选择假设因其旨趣在于通过用假设的可能性与实际的历程比较，研判利弊、总结规律，仍不失为理论诠释范畴中用以深化对历史规律认识、更好总结经验教训的一种方法。[②] 反事实选择假设可以开阔人们视野，拓宽研究内容，丰富研究方法，使人们获取许多新鲜知识，得到有益的启发。

历史认知假设方法，扩大了历史研究的想象空间。历史教学中也可使用历史认知假设。为使学生思维更加活跃、认识问题更加深刻，学会结合特定的历史条件、历史背景来分析复杂的社会现象，有时在课堂上教师不妨假设一下历史，引导学生分析可能产生的事件结局。历史认知假设可以引起学生对定论的质疑，培养人的独立思考能力。所谓假设会搞乱人们的思想认识，只有政治家才会这么想，科学家是不会担心的。一个具有高度批判精神的民族，不会因为学术研究中出现的新观点或一时看来不妥当的观点而出现混乱。

历史学不能离开假设，离开假设就没有创造。只有大胆地假设，才能充分发挥历史研究者的无限创造力，才能对丰富多彩的历史现象作出更多的接近于真相的描述。

历史当然有其规律，但不能据此否定偶然事件对历史进程所起的作用，否则就忽视了个人的作用，陷入机械唯物主义的绝对决定论。历史毕竟是人的历史，记录的是人的行为，人的行为受思想支配，其中包含着偶然性。尤其在由个人执

---

① 张绪山：《“假设”的历史与历史研究的“假设”》，《光明日报》2004年4月6日。

② 曹大为：《历史研究不应拒绝假设》，《光明日报》1999年10月22日。

掌大权的极权社会中，统治者的一念之差往往会使历史走不同的道路。历史的必然规律并不是绝对的。在某些关节上，历史选择不同的道路是完全可能的。

研究历史要处理大量的文献资料，但并非为资料而资料，目的是以史为鉴。对虚拟历史的研究可以扩大视野，开阔思路，探索各种因素对历史进程的影响，对历史有更深刻的认识。虚拟历史究竟有什么用？其实用处多得很。在自然科学中常用模拟方法，在各种各样的条件下进行模拟，目的在于找出规律以指导实践。虚拟历史的研究也是如此，只要有助于找出规律，就有大用处。关键在于正确认识历史的必然性与偶然性，忽视了必然性，就否定了历史的规律性；忽视了偶然性，就否定了人的主观能动性。历史的规律性是通过一系列的偶然事件体现出来的，在所有的学科中，历史是最富偶然性的。在古代由于交通和通信手段不发达，世界的各个部分处于相对隔离的状态，历史学家还可以在不同地区找到几个样本作比较研究。现代交通和通讯手段高度发达，世界已日益成为一个不可分割的地球村，各个部分之间具有千丝万缕的联系，“牵一发而动全身”。简而言之，摆在现代史学家面前的只有一个样本——整个人类社会。这种情况使得科学方法中惯用的“可重复性”检验规则难有用武之地。[①]

二、历史的实证

实证是通过对史料的严格批判以确定史实的方法。历史研究的任务有二，一是确定事实，二是解释事实。确定事实、弄清楚是什么的过程，就是实证研究。历史研究很多时候就好像破案，有证人、有供词、有线索、有证据、有推理，这一切，需要综合加以考量，不是简单根据几句交待就可以匆匆定案的。实证的方法，就是对文献与史料进行考辨。考辨的方法，不外乎是外考证与内考证两种。外考证是对文献的辨伪，简单地说考伪书；内考证是对史事真实性加以鉴别，简单地说是考伪事。内考证的方法有二，一是史源法，二是反证法，三是旁证法，四是理证法。

三、历史的还原

历史还原，也称复原，是一种历史主义方法，即严格地按照历史的本来面目，把历史事件、人物、政治、经济、制度、思想、文化、科技、民族、外交等问题置于特定的时空条件下进行综合分析，揭示其运动的自然过程和规律。任何历史都要还原回它原来的历史背景之下去研究。既然要还原，就不得不考虑当时的社会现象。研究历史要实事求是，还原历史要有根有据，必须建立在对已发现和掌握

① 沈致远：《虚拟历史》，《文汇报》2000年7月29日。

图 13-3　博闻《让历史还原历史》

的材料的严谨考证和科学解读上。要在知识和史料之间寻找“历史真实”的切合点。“还原历史”，既需要“历史”的理论观照，也需要“历时”的文献检验。“还原历史”，最重要的就是需要研究者进行一番钩沉索隐、甄别异同的功夫。①

王立群说：严格来讲，凡是历史都无法完全还原，只要是过去了，它就不可重复。我们能够做到的是最大限度地接近历史的原貌。历史的原貌和历史的真实还是有区别的，……真实是原貌中间最本质的东西，原貌只是现象，而现象和本质是两码事。现象提供的是原貌，本质提供的才是真实。而对于历史来说，原貌都不可复制，真实则更难。我们现在能做的工作是通过历史文献、出土文献、考古发现加上现代科学最大限度地去接近历史的原貌。所以说，研究历史的人只能谈他自己心中的那个历史的真实，是每个研究者心中的那个真实的历史。②

第三节　历史研究的工具

所谓历史研究的工具就是逻辑方法，就是从纯粹的概念和理论形态上分析历史，通过对史实的认识，形成历史概念，再进行判断、推理，进而认识历史问题的本质，揭示历史发展的规律。现代史学是建立在严密的逻辑体系之上的，所以，必须先掌握有关的逻辑方法。

图 13-4　赵吉惠《历史学方法论》

图 13-5　［英］巴勒克拉夫《当代史学主要趋势》

① 孙少华：《“历史还原”的方法论问题》，《中华读书报》2011 年 1 月 4 日。

② 王立群、郑丽虹：《历史是无法完全还原的》，《深圳特区报》2008 年 7 月 23 日。

一、归纳与演绎

归纳与演绎是人类认识事物的两种基本的认知方法。

所谓归纳法，就是指从特殊推知一般的方法。是指人们以一系列经验事物或知识素材为依据，寻找出其服从的基本规律或共同规律，并假设同类事物中的其他事物也服从这些规律，从而将这些规律作为预测同类事物的其他事物的基本原理的一种认知方法。将零星的历史现象归纳出来一个道理。

所谓演绎法是指从一般推知特殊的方法，是指人们以一定的自然规律或思维规律为依据，从服从该规律的事物的已知部分推知事物的未知部分的人类认识自然界的一种方法。

二、分析与综合

分析就是把某一历史事件、历史现象、概念分解成较为简单的组成部分，或从整体上区分出个别特征、个别方面，以反映这些部分、方面的历史本质属性。

综合是把分析过的历史事件、历史现象，概念的各个部分、各种属性联合成统一的整体，以反映历史发展的轮廓和全貌。综合既可以以时间、地点、人物活动为中心来综合，也可以按历史阶段、历史事件的发展顺序进行综合；既可以进行纵向综合，也可以进行横向综合。

三、推因及果法

推因及果分析法是为了确定引起某一现象变化原因而作出的分析，主要解决“为什么”的问题。人们在探求和认识世界的时候，总是希望能够回答“为什么”的问题，即想要解释他们所接触到的现象是在哪些因素的影响下产生和形成的。正是对于这样的现象背后相对恒定的因果机制的挖掘，构成了我们知识积累的可能。因果分析就是在研究对象的先行情况中，把作为它的原因的现象与其他非原因的现象区别开来，或者是在研究对象的后行情况中，把作为它的结果的现象与其他的现象区别开来。因果性是自然界现象之间普遍的和基本的联系。虽然，在宏观世界和微观世界，因果律的表现形式各异，但是，因果律的存在是确定无疑的。19 世纪英国哲学家密尔(John Stuart Miu，1806—1873)所提出的古典归纳逻辑“求因果五法”(察同法、察异法、察同察异并用法、剩余法、共变法)就是分析因果联系的最简单模式。事后由果推因分析法，作为解释学方法，比较有效。因果分析是科学研究的基础，也是科学知识积累和学科建设的核心。

四、辩证分析法

全面地、联系地、发展地分析历史事件、历史现象，不能割裂历史，更不能孤立地、片面地分析历史事件、历史现象。唯物分析法，从人们的物质需要入手研究历史的变化及其规律，为正确解释历史提供了最缜密科学的理论体系，是其他任何历史理论不能比拟的。马克思主义史学是当代史学思潮的中流砥柱。

第四节　现代史学的方法

一、历史的比较法

图 13-6　张广智等
《现代西方史学》

图 13-7　于沛主编
《现代史学分支学科概论》

历史比较研究，就是根据一定的标准，通过两种或两种以上的相似或相关的历史现象的差异点和共同点的比较，来加深、扩大和验证对历史的认识，认识本质，揭示出其共同规律和特殊规律的一种方法。没有比较，就没有认知。历史比较研究，人称拓展思维的参照系。

比较史学的功能有五：从历史现象的同一性，探求人类社会发展的共性；从历史现象的差异性，揭示人类历史发展的个性；比较史学为历史现象的评价提供了尺度；从历史现象的个性中，寻找其独特的内在原因；用比较史学来验证某种历史认识。

历史比较研究应当具备两个条件：一是对象之间要有一定的类似性，二是要有一定的共同点。其大致有三种用法：验证和解释假说；发现不同社会的独特性；提出新的问题。研究步骤为：弄清比较双方的真实性情况；具体比较；系统比较；动态比较；实质比较。

比较史学著作分类：第一类是用历史实例的对比来证明某一理论的观点；第二类是通过历史比较来发现某一具体事实的特性和影响；第三类是通过历史比较进行宏观的因果分析。

历史比较类型，苏联学者提出三种：类型性比较、渊源性比较、国家间比较。美国学者提出三种：并行论证（适合理论）、来龙去脉（适合现象）、因果分析（适合宏观）。中国学者补充四种：横向比较（共时性）、纵向比较（历时性）、宏观比较、微观比较。

历史比较的条件和要求为：知彼知己，本质的比较，非现象的比较，且要有可比性。

历史比较研究的不足在于：能否得到科学的效果，取决于使用者的历史观是否正确；比较研究要有可比性；须与其他方法配合使用；结论只有相对可靠性。

比较研究往往缺乏深度，主要表现为某些学者知识面狭窄，总是根据自己是否熟悉来选择比较对象，方法上也过于简单，许多著作都是先陈述一个事实，再陈述另一个事实，最后以一个简单的结论概括异同。因此，历史学家应当扩大自己的知识面，提高理论素养，加强方法论的训练。

尽管如此，史学界对比较史学的前景仍持一种乐观的态度，因为历史比较研究是史学进步的标志，它冲破了几百年来危害史学发展的地理上和方法上的狭隘主义，代表了当今科学的发展水平。[①]

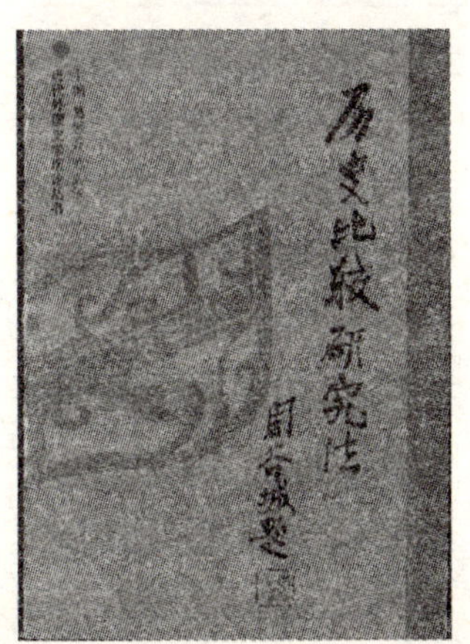

图 13-8　项观奇《历史比较研究法》

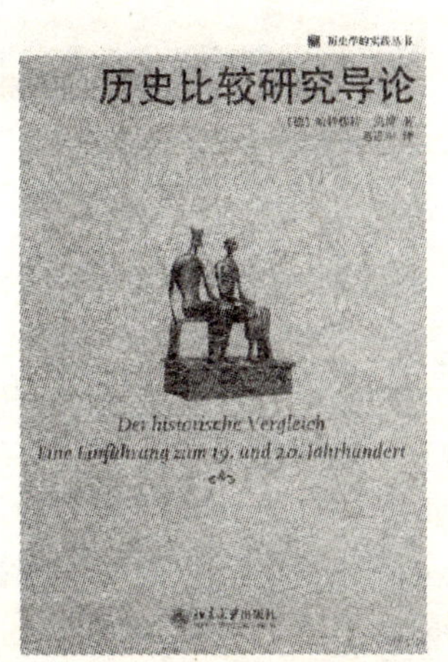

图 13-9　［德］哈特穆特・凯博《历史比较研究导论》

① 详参葛懋春等主编：《历史科学概论》第十四章，山东教育出版社 2002 年版，第 441—454 页。

二、历史计量分析

1. 计量史学的定义

计量史学就是运用自然科学中数学方法对历史资料进行定量分析，让史学趋向于精确。马克思说："一种科学只有成功地运用数学时，才算达到了真正完善的地步。"①历史是一个包罗万象的综合体，它本身存在种种数量关系和复杂结构，这也为用史学方法研究历史提供了客观可能性。

定量分析主要研究事物的数量关系，定性分析主要研究事物的性质。传统史学实际上就是运用定性的方法，因此，计量史学的出现是对传统史学的深化。

图 13-10 [英]罗德里克·弗莱德《计量史学方法导论》

图 13-11 庞卓恒主编《西方新史学述评》

2. 计量史学的作用

计量史学的一个显著作用是促使历史研究走向精密化。传统史学的缺陷之一，就是用一种模糊的语言解释历史，历史学家往往随意抽出一些史料来证明自己的结论，这样得出的结论往往是片面的，计量史学则在一定程度上纠正了这种偏差。

计量史学也使许多传统的看法得到检验和修正。

计量研究还使历史学家发现了许多传统定性研究难以发现的东西。

计量史学还进一步加深了对历史的认识。关于农民起义问题，过去人们往往只注重农民起义的口号和一些有关的史料，而计量史学家则全面研究农民起

① [法]保尔·拉法格等：《回忆马克思恩格斯》，人民出版社 1973 年版，第 6—7 页。

义的规模和频率、农民起义者的类型和职业以及谷物收成、气候变化，等等，避免了农民战争原因分析的简单化和公式化。

计量史学还开辟了新的研究领域。由于采用了计量分析，历史学家更多地把目光转向了下层人民群众，转向了物质生活和生产领域，转向了家庭史、妇女史、社区史、人口史、城市史等专门史。历史资料的来源也更加广泛，像遗嘱、死亡证明、法院审判记录、选票、民意测验，等等，都成为计量分析的对象。

计算机在贮存和处理资料方面拥有极大优势，提高了历史研究的效率，这也是计量史学在西方迅速普及的原因之一。

总之，计量史学的迅速发展反映了当代社会科学和自然科学融合的趋势。

3. 计量史学的内容、类型、适用范围

内容：利用电脑系统地收集、整理和储存史料，对数据资料进行数量分析；制定各种数据模型，开展对历史现象与过程的模拟研究。

类型：历史统计法和历史模拟分析法。

适用范围：适用有量或数量概念的历史分析，只是从数量关系上帮助揭示事物的性质；适用于对存在某种依赖关系的历史现象的研究；适用于对某些历史结构的分析；适用于对历史变化、发展及运用规律的分析。

4. 计量史学的缺陷

计量史学不能代替全部历史研究。对人的心理和思想的研究，计量史学往往是无能为力的，因为精神的东西很难用数量关系来精确地加以概括。计量化的方法在解答“什么”和“如何”的问题上是成功的，但在“为什么”的问题上往往不那么得心应手。

计量方法不能单独应用，必须同其他的历史研究方法相结合。如果单纯依靠计量方法，就会把丰富和生动的历史变成一堆枯燥无味的公式，妨碍历史学家才华的表现，降低历史著作的可读性。已经有许多历史学家开始指责计量史学把历史学家变成了简单的计算机操作工人，破坏了历史学的社会效益。所以，20世纪60年代中期以后，在西方出现了所谓“叙事史复兴”，这本身就是对计量史学的一种反动。

计量史学不可能完全排除历史学家的主观因素，以不同理论做指导的历史学家会从不同角度选取自己所需要的史料。

计量史学研究成果具有不可检验性。计量史学家往往用功率很大的大型电子计算机对收集起来的大批数据资料进行处理，可能存在一系列的问题，一般历史学家根本没有兴趣对这样高深的历史著作进行检验。

计量史学研究成果中可靠的数据少。统计分析出的同样结果可能会出现几种不同的解释，或得出不同的结论。统计出来的资料只是一堆干巴的死材料，根本无法解释历史的全貌，也不能激发历史学家的想象力。

因此，计量史学在历史研究中究竟应当占有什么样的地位，计量方法和传统叙事方法如何有机结合起来，这些都还需要进一步探讨。[①]

三、历史心理分析

1. 历史心理分析法

指运用现代心理学的理论和方法，通过分析历史上的各社会集团和人物的心理活动和个性特征，从而对历史作出某种解释的历史研究法。利用心理学的研究成果和方法解释社会历史现象。

人的性格、心理在历史上究竟有何作用，长久以来始终是历史学家苦苦思索又不得其解的一个问题。精神分析学说的产生，打开了缺口。弗洛伊德(Freud，1856—1939)称“抽象的精神分析理论适用于史学文献，它是能够打开过去无意识心理的一种详尽而又聪明的分析方法”。

2. 历史心理研究的回顾

心理史学是运用心理学方法研究历史上人们心理状态的一种史学流派。

图 13-12 [奥]弗洛伊德

维也纳的弗洛伊德是西方心理史学的奠基人，他所创立的精神分析法后来成为许多历史学家进行心理研究的主要依据。弗洛伊德在1912年率先运用精神分析理论写出了关于达·芬奇的传记《童年的回忆——达·芬奇》。这本书被认为是心理史学最早的著作。另外，弗洛伊德还著有《歌德对童年的回忆》、《托马斯·杰斐逊心理研究》等。这些著作，就历史研究而论都是失败的，但他的大胆探索却预示了一个新的学术领域，引来了效仿者和追随者。

在心理史学方面有所成就的还有法国年鉴学派的第一代学者吕·费弗尔(Lucien Febvre)，他提倡历史学和心理学的结合，并对心理史学进行了理论探讨。他在《拿破仑》一书中，曾对拿破仑性格的形成进行过心理分析。第二次世界大战以后，心理史学开始在整个西方

① 葛懋春等主编：《历史科学概论》第十四章，山东教育出版社2002年版，第454—468页。

兴起，美国走在了世界的前列。早在 1935 年，美国史学家威廉・兰格（William Langer）出版的《帝国主义外交》一书中，就用心理学方法分析了 19 世纪末英国的对外扩张。1957 年，美国历史协会主席兰格呼吁历史学家把心理史学方法引入历史研究领域，在这个基础上建立一门新的史学。学界通常把兰格的讲话看作美国心理史学真正形成的标志。1958 年，美国精神分析专家埃里克森（E. H. Erikson）出版了其心理史学的经典性著作《青年路德：对精神分析与历史学的研究》。此书既抛弃了片面强调童年经历重要性的弗氏教条，又克服了心理因素决定论的错误，而将个人的心理和经历同社会环境联系起来。因此，《青年路德》得到史学界的承认，成为心理史学的代表作。美国的新史学在 20 世纪 60 年代有了迅速发展，一批年轻的学者逐渐成长，他们大都受过历史专业和心理学专业双学位的训练，他们年富力强，成果卓著。他们的著作既严格地遵循史学规范，又准确地应用精神分析理论，是心理史学最终成熟的标志。美国心理史学还拥有两个专业刊物《心理史学杂志》和《新史学评论》。到 20 世纪 70 年代末，美国已有 30 多所大学开设心理史学的课程。有的还招收心理史学博士生，培养专业人才。这说明心理史学已经成为一个羽翼丰满的史学分支学科。当然，新史学在当代并不局限于美国，也波及了西欧所有的国家和加拿大。

中国史学界介绍、接受心理史学的研究方法，最早是在 20 世纪 20 年代末。著名史学理论家朱谦之（1899—1972）开始注意史学研究中“心理的方法”。20 世纪自 20 年代到 50 年代，中国史学界在心理史学方面，可以说基本上仅限于在理论上对西方史学理论的译介和初步的探索，还没有产生出心理史学理论的系统性研究成果。心理史学理论真正付诸具体实践，是在 20 世纪六七十年代以后，台湾学者殷海光（1919—1969）是这方面最早的实践者。大陆主要是从 80 年代开始重视历史心理分析的。20 世纪 90 年代初，中国心理史学以及与心理史学相关的研究已经发展到了既全面化又逐步规范化的阶段。其显著特征是专著和论文的内容覆盖范围广、数量多，而且论题所涉及的层面大多具有开创性和拓展性。21 世纪以来，向着以心理与历史为主、同时综合多种学科方法的“大综合”的方向发展。[①] 在史学研究的真实性与客观性受到越来越激烈挑战的今天，心理史学大有用武之地。“后现代主义对理性的怀疑自然对人类行为的解释有不同观点。就此而言，宣称能解释人类之中理性行为的心理分析理论就有了相当可以发挥的空间。心理史学以为人类行为往往要从其非理性之一面方可以解释完整，以往从理性上来解释人的行为，往往只是指出其中的一小部分而已。不论个人或群体，其许多行为要借助

① 陈曼娜：《二十世纪中外心理史学概述》，《史学史研究》2003 年第 1 期。

心理分析工具才能有满意的解释，因此在未来心理史学要比从前更有前景。”①

3. 西方心理史学的特点

概括起来说，当代西方心理史学表现出如下特点：其一，注重探讨历史人物的童年经历。其二，广泛应用精神分析的概念与术语。比如“犯罪感”就是应用很广的一个概念。除此之外，还有自我防御机制、自我同一性、心理暂停状态、唤起代理、男性自我陶醉等。其三，用精神分析法研究集体心理。其四，扩大了史料应用的范围。除了传统的文献著作外，心理史学还运用了其他有助于心理分析的资料如回忆录、私人信件、日记等。

图 13-13 ［法］米歇尔·德·塞尔托《历史与心理分析》

作为一门正在发展中的边缘学科，心理史学的方向是正确的。心理史学为历史研究开辟了新的途径，它扩大了历史研究的范围，把不被传统史学所注意的东西如童年经历、性格、情感、潜意识等引入历史学领域，有助于从不同侧面、不同角度揭示个人与群体、个人与历史进程、群体与群体、群体与历史运动之间的联系，以便探索历史的本质和发展规律，有助于消除单纯地从经济分析、阶级分析入手来考察历史的某些不定；也可以从一个方面补充一般传统史料证明方法的不足，并有可能更多地发现史料记录者的主观偏差，从而推进某些历史问题的解决。②

4. 历史心理分析的方法

具体的历史心理分析法有五种：一是个案方法，通过对历史人物的主要言谈和行为的考察，来分析其心理特征。二是问卷分析法，即列出题目，通过分析被研究对象的各种表现，进而作出判断。主要用于考察比个体更为复杂、历程更长的社会集团心理。三是回溯动因法，即运用心理学理论，通过形式排比和逻辑推理的方式去研究历史。四是语义分析法，即根据不同的语义对历史人物和历史上社会心理集团进行研究。五是作品分析法，即通过对作者的各种作品进行分析或用投射技术对笔迹进行鉴定，以了解其心理倾向。③

下面重点介绍两种有助于人物心理分析的理论。

---

① 王晴佳、古伟瀛：《后现代与历史学：中西比较》，山东大学出版社 2003 年，第 180 页。

② 陈启能等主编：《史学理论大辞典》，第 187 页。

③ 陈启能等主编：《史学理论大辞典》，第 187 页。

(1)“三我”说

弗洛伊德的主要贡献是创立了精神分析学说,其精神分析学说的建构是由本我、自我、超我三个概念来完成的。弗洛伊德认为,人的心理可以分为三个部分,从内而外是本我、自我和超我,分别代表情欲、理智、道德三个面相。这是一种哲学分类。

本我与超我正相反。本我是受原始驱动而纯粹为欲望行动的我。本我是内心深处的想法和需要,是人的本能冲动,如欲望、情感等。本我仅仅是“需要”,遵循享乐原则,是中性的。本我位于心理结构的最内层,是心理结构中最原始、最隐秘的部分。本我的需要主要分为两部分:一是生理上的需要,包括食欲和性欲等,二是精神上的需要,如愉悦感、认同感、优越感等。精神需求是人类的高级需要,也是人类与动物的重要区别。超我是理想中的完美的我,道德约束中的我,讲面子的我。超我代表良心、社会准则和自我理想,是人格的高层领导,它按照至善原则行事,指导自我,限制本我,就像一位严厉正经的大家长。超我是人格结构中的管制者,由完美原则支配,属于人格结构中的道德部分。超我以道德心的形式运作,维持个体的道德感、回避禁忌。自我之所以有时会约束本我,是因为有超我的监督和可能的惩罚。

自我处于本我和超我之间,是指个人有意识的部分,是自我控制以后形成的人格,代表理性和机智,具有防卫和中介职能,它按照现实原则来行事,是心理的“管理机构”,充当仲裁者,监督本我的动静,给予适当满足。理智、文化、修养、觉悟等是自我的部分,它是本我的“检察官”和“思想工作者”。自我是心理健康的关键,它总是尽量地、千方百计地按照社会所允许的方式满足本我的需要。自我“能够选择最大利益的路线而不是朝着阻力最小的方向去”。

人生的道路便是从本我到自我,然后再到超我的过程。本我是动物性阶段,自我是懂人事的阶段。自我的探寻和发现是人生中最重要的时刻,也是最漫长的一个阶段。超我是超越物质的精神阶段。超越自我是一种努力向善,努力表现成熟卓越的境界。本我、自我、超我构成了人的完整的人格。人的一切心理活动都可以从他们之间的联系中得到合理的解释,自我是永久存在的,而超我和本我又几乎是永久对立的。为了协调本我和超我之间的矛盾,自我需要进行调节。若个人承受的来自本我、超我和外界的压力过大而产生焦虑时,自我就会帮助启动压抑、否认、退行、抵消、投射、升华等防御机制。弗洛伊德认为,只有三个“我”和睦相处,保持平衡,人才会健康发展。当三者中的一个分裂出来时,就会出现人格分裂。

(2)性格类型

人是不同的,人的不同首先是性格、气质的不同,而性格、气质的不同又导致了人的价值观、审美观、方法论有所不同，这些进而又导致了人的文化思想的不同。人的性格、气质为什么不同？据日本学者的研究，人的性格、气质的不同源于血型的不同。血型决定性格，性格决定命运。血型关系到事业的成功、家庭的幸福。20 世纪 70 年代以来，日本人的血型研究领先世界。血型分析在日本、韩国很有市场，从谈恋爱到找工作都会先拿出血型进行衡量。他们的作品也翻译到了中国，如日本“血型先生”能见正古比的《血型与人生》(知识出版社 1989 年版)。中国学人也有所研究，如王建强《血型与人生——探究血型奥秘，解读人生命运》(光明日报出版社 2007 年版)、侯书生《血型的奥秘》(新疆出版社 2003 年版)。

图 13-14 [日]能见正古比《血型与人生》

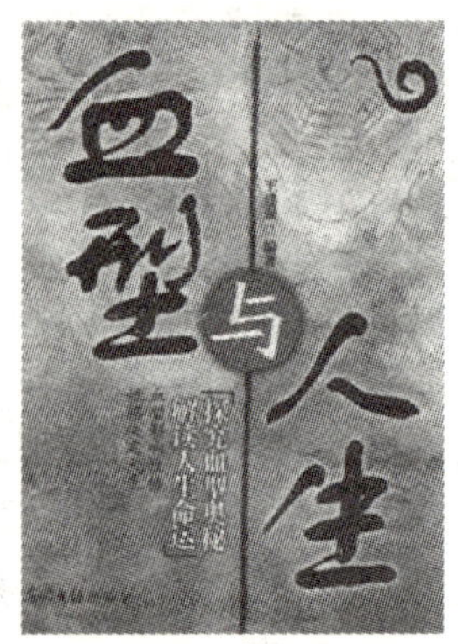

图 13-15 王建强《血型与人生》

相对东方人对血型的热情，发现血型的西方人对此却漠不关心。这可能与东西方不同的文化有关。西方文化是一种独立责任文化，讲规则、制度，人格独立。他们合则聚，不合则分，不会强迫自己。东方文化是一种互助责任文化，讲究人际关系的和谐，聚合不由己，个人总想研究以适应。

血型实际上是指人体全身的物质特征，是分布于细胞、内脏、体液、毛发、指甲、牙齿、骨骼等硬组织的特征。甚至，我们的中心神经枢纽——脑神经细胞中也含有血。因此，以人的血型确定其基本思维方式是唯物的观点。血型同基因一样，决定着人的潜意识，影响着人的性格、缘分和群体的发展。科学地运用血型知识，能够帮助我们了解人性、顺应人性、改造人生。人的主观能动性，人的学习认知能力，是改造习惯和命运的强有力的武器。可以这样讲，20 岁以前，命运决定性格；20 岁以后，性格决定命运。血型是形成性格的最基本因素，人们如果能够确切地掌握每一血型的特性，自能改善人际关系，使人与人之间互信互谅，友朋和善，进而获得成功事业、幸福婚姻。

人因血型不同，各自具有不同的气质。同一血型具有共同的气质，不同的血型有着不同的性格气质。王建强提出“血型思维方式说”，认为同一种血型的人具有一样的先天（基本）思维方式，基本思维方式（血型）影响着人的一生。O 型人是推理性，A 型人是线性，B 型人是发散性，AB 型人是聚合平衡性。血型的意义是看到了脑细胞中表达脑神经元的运作规律——基本思维方式。

血型是一个人与生俱来、终生不变的生理特征。不同血型的人，有着不同的典型性格特征，与此相关的，他们的人际关系、社交手段也各有特点。血型基本分为四种：A 型、B 型、AB 型、O 型。决定人的血型的是一种称之为“血液型物质”的东西。基本的血型是 A 型、B 型两种，AB 型、O 型是在它们基础上衍生而来。A 型人偏阴，B 型人偏阳，性格气质正相反，正好构成一对阴阳关系。

性格本身无所谓优缺点，但搭配在一起时，优缺点就会体现出来。所以，对婚姻、工作等影响较大，值得关注。血型与性格特征，涵盖的面相当广泛，不可能全面表达。实际上，现实生活中的人复杂得很，其中父母亲的遗传基因与生活环境、受教育程度，均可影响其性格。据研究，人的性格只有 30%～40%与遗传有关，而 60%～70%与后天的学习、环境的影响有关。又如脾气这东西，多是成长过程中逐渐形成的习惯。否则，世界上只有四大类型的人，不是太简单了吗？

最近，香港城市大学副教授、哈佛大学人类发展与心理学的博士岳晓东《历史名人心理分析》（商务印书馆（香港）有限公司 2009 年版，内地版称《历史中的心理学》，机械工业出版社 2010 年版；另有《性格铸造历史》，中国轻工业出版社 2009 年版）是较为成功的历史心理分析作品。此书按人的性格，分成五个不同的类型，而每一个类型下面，它再介绍了一些历史名人，做了心理分析。第一个类型第一章是人格障碍，有王安石、朱元璋、尼禄、拿破仑、希特勒。第二章是认知障碍，包括诸葛亮、李鸿章、袁世凯、海明威。第三章是人格缺陷，有诸葛亮、康有为、恺撒、麦克阿瑟。第四章是自我认知，如勾践、曹操、赵构、诺贝尔、斯大林。第五章是人格完善，有李世民、苏东坡、曹雪芹、林肯。

图 13-16　岳晓东及其作品

5. 历史心理学的缺陷

西方心理史学基本上是建立在弗洛伊德精神分析理论基础之上的，这一理论在医学和心理学上特别是在治疗精神病方面有独到的价值，但用它来研究整个历史领域就显得牵强附会了。历史唯物主义认为，人的本质是一切社会关系的总和，因此脱离了社会关系总的结构，脱离了社会历史环境，仅仅从人的本能和心理活动去概括解释历史，必然会得出错误的结论。个人与社会关系的对立，也是心理史学的不足。心理史学在西方的发展也限制了史学家的眼界，许多史学家只盯着人的内心活动，而不顾政治、经济、文化等因素的存在，这显然背离了心理史学应有的发展方向。心理分析也许有助于解释某个历史事件对于个人的重要性，但它解释不了事件本身。所以，一定要与唯物史观结合起来，注重重大环境的影响，强调在运用这种方法分析历史事件或历史人物时，不可忽视形成人物性格、社会关系和时代条件的本质因素。尽管心理史学存在这样或那样的局限，但心理因素对历史发展的影响是不容忽视的。

西方心理史学一直以精神分析学说为主要理论根据，这是它的主流，但却不是全部。其他心理学学说，如行为主义和认知理论等实验心理学也渗入了心理史学研究。在西方心理史学中，应用精神分析理论的称为精神分析心理史学，应用其他心理学理论的称为非精神分析心理史学。由于后者所应用的理论可以由实验来验证，其说服力比较明显，易为外界人士接受。但它也有严重的局限性和肤浅性。症结在于，实验心理学一般都是非历史性的，它只是静止地说明行为或事件何以会如此，而不善于连贯地解释历史的进程。而精神分析学说则十分注重发展演变，比如分析一个人的心理和行为总要从其童年经历开始，这种方法与历史学的方法恰相吻合。它对于人的心灵的分析也往往比实验心理学更深刻些，这便是精神分析学说在心理史学中一直占据主导地位的原因。但鉴于精神分析理论是由内省而来，至今仍不能由实验加以验证，因此终究要引起一些怀疑和争论。西方心理史学取得史学分支学科地位后一直未有重大发展，大概正因为精神分析学说的这些缺陷。①

四、心态史学研究

心态史学就是从心理学角度研究历史上人们的心理状态，用以解释历史现象的方法。心态史研究历史上的人们特别是其中的某一群体或集团的心态结构及其演变过程和趋势。它的研究对象，主要是这种心态结构的各种表现，即历史上社会群体在社会生活中所共有的观念和意识，以及这种观念和意识与当时现实物质环境之间的关系。② 心态史偏重从内部看历史，着重研究普通人的情感世界，研究决定他们个人行为和行为的价值体系和思维方式。“历史是人的作

① 于沛主编：《现代史学分支学科概论》第三章《心理史学》，中国社会科学出版社 1998 年。

② 吕一民：《法国心态史学述评》，《史学理论研究》1992 年第 3 期。

品"，人们的心理状态总会对外部世界有各种各样的影响，其结果就是人们所看的历史。

心态史学不同于心理史学。心理史学以弗洛伊德精神分析学说为理解基础，偏重个人的无意识，而心态史学偏重群体的无意识的精神状态。前者的基础是个性心理学，后者是社会心理学或集体心理学。前者偏重精英研究，后者偏重群体研究。前者基地在美国，后者基地在法国。① 心态是集体心态，不是个人心态。

图 13-17　彭卫《历史的心镜——心态史学》

心态史学方法的萌生形态，也可以在许多古代史籍中见到。心态史学方法发展和成熟是 20 世纪的事情。到 20 世纪 60 年代，"心态史学"这个专门术语才在西方史学界出现。1966 年和 1973 年，专业性学术刊物《心态史学评论》、《童年史季刊：心态史学杂志》在美国相继问世。

心态史是年鉴学派首先祭起的一面大旗。随着社会的发展，研究越来越精细，人们逐渐发现布罗代尔所倡导的包罗万象的"总体史"不仅很难做到，而且也有缺乏事件和事物不能引人入胜的缺点。到了 20 世纪 60 年代末，以雅克·勒高夫(Jacques Le Goff)为首的年轻一代的年鉴学派历史学家开始主张恢复年鉴学派创始人注重精神状态史研究的传统。这一转变被称为"从地窖到顶楼"的进步，是年鉴派史学整体研究发展的最后一个层次。它意味着对过去历史整体架构的把握，历史的认识也更为全面真实。

心态史学是历史学知识体系与心理学知识体系相融合的产物。从理论和方法来源看，它的一极是历史学，另一极是心理学；从研究的目的性看，它的起点和归宿是人类的历史过程。心态史学因此具有了双重含义。其一，方法论的含义，即心态史学是运用心理分析手段考察历史上人们精神状态的一种研究方法；其二，理论思维的含义，即心态史学是理解和解释人类历史活动的一种认识方式，它重视历史上各种类型人物的欲望、动机和价值观念，重视历史上各种社会集团、各种阶层的精神风貌，重视平静年代人们的精神活动和激荡岁月中人们的精神变化，重视上述这些因素对历史进程所产生的广泛而深刻的影响。② 人们发现，人的性格、气质这些东西对人们的影响是巨大的，西方有格言"性格就是命运"。随着当代技术的飞速发展，人们在加深对客观物质世界认识的同时，也迫切要求认识自身及其主观的精神世界，"人"的问题几乎成为所有社会科学和人

① 周兵：《心理与心态——论西方心理历史学两个主要流派》，《复旦学报》2001 年第 6 期。

② 彭卫：《历史的心镜——心态史学》，河南人民出版社 1992 年版。

文科学的研究核心。心态就是认识人的精神演化及其与物质生活的关系的最佳手段,从中可以认识到线性史观的不足。心态研究是历史学家试图从历史最深的沉淀层中开掘对人的自身认识的尝试。年鉴派当代大师雅克·勒高夫在《年鉴运动及西方史学的回归》中指出:“心态史应当是一种社会史,因为心态是与社会环境相关联的,对某些人来说,心态已成为全部历史演变的原因。”①

心态史学方法为人们观察历史开启了新视角,开拓了新视野,使历史研究更全面、更深刻、更立体、更丰富。当然,心态史学方法并不是适用于一切历史领域的,它只是在分析、描述历史人物时才能发挥作用。

随着这样的转变,在研究方法上也逐渐用定性的描述取代量化分析,在表达方法上自然造成叙事式取代分析式的结果。例如勒华拉杜里(Emmanuel Le Roy Ladurie)《蒙塔尤》在表达方式上纯粹是叙事式,被认为是叙事史的复兴,这是对年鉴范式的一次冲击。同时,心态史的研究没有一个确切的范围,其结果是出现了“史学爆炸”或“史学碎化”的现象,这就对分析整个社会人们心理的发展带来了一定的困难,这种情况在 20 世纪 70 年代就已出现,到如今是有增无减。新出的层出不穷的历史著作研究的问题越来越广泛,也越来越细微,从人的饮食、起居、举止、服饰到民俗、信仰、死亡、恐惧、节庆、礼仪、梦境、想象,不分巨细,史学的综合功能和独立地位面临危险,总体史概念本身也成为问题,在新史学家内部对之产生了多元化的不同的认识。如何解决总体史学与专题研究之间的关系,避免心态史研究中的愈益分散的现象是一个亟待解决的问题。②

图 13-18 [法]勒华拉杜里《蒙塔尤》

图 13-19 [法]乔治·杜比《私人生活史》

① 刘文立译,中山大学《史学集刊》第四辑,1996 年。

② 周启琳:《模糊而又清晰的心态史》,《世界文化》2006 年第 9 期。

第十四章
历史的哲学思考

【讨论主题】

1. 什么是历史哲学？历史哲学何以产生于西方？

2. 马克思人类社会发展理论

3. 西方历史哲学的最新变化趋势

【课前阅读材料】

1.［英］沃尔什：《历史哲学导论》，何兆武、张文杰译，北京大学出版社 2008 年版

2.［英］R. G. 柯林伍德：《历史的观念》，何兆武、张文杰译，中国社会科学出版社 1986 年版

3. 王晴佳：《西方的历史观念》，华东师范大学出版社 2002 年版

4. 韩震：《历史观念大学读本》，中国人民大学出版社 2008 年版

5. 章士嵘：《西方历史理论的进化》，山西教育出版社 2004 年版

6. 陈新：《当代西方历史哲学读本》，复旦大学出版社 2004 年版

7.［波兰］埃娃·多曼斯卡：《邂逅：后现代主义之后的历史哲学》，彭刚译，北京大学出版社 2007 年版

8. 王学典主编：《史学引论》第九章《历史学的新动向：后现代主义》，北京大学出版社 2008 年版

9. 严建强、王渊明：《从思辨的到分析与批判的西方历史哲学》，浙江人民出版社 1997 年版

10. 王晴佳、古伟瀛：《后现代与历史学：中西比较》，山东大学出版社 2003 年版

【关键词释】

历史哲学　历史观　奥古斯丁的天城论　马克思主义社会形态理论　斯大

林的五种生产方式论　文明形态史观　叙事实体 历史再现　历史经验　史学哲学　历史学的记忆转向　历史学的语言转向　历史学的叙事转向　历史的终结

历史学除了学术研究的层面和应用的层面之外，还有哲学的层面。历史哲学是历史研究的最高境界，也是认识历史和把握历史的最难阶段。因为从某种意义上讲，研究历史是任何人都可以做到的，区别只在于研究水平的高低。应用历史也是同样，大家都可以做，区别也只在于应用的是否得当。但是，历史哲学是要真正从本质上、总体上认识历史的规律和把握历史的过程，就不是人人能做到的。[①] 所谓"历史的本质"，即探讨已经发生过的历史事件和今天的生活所具有的内在联系。什么是历史哲学？历史哲学是如何来的？为什么西方有而中国没有历史哲学？古今中外的历史哲学探索是如何演变的？主要有哪些观点？这些是本章要回答的。

历史哲学，顾名思义，是对历史与历史学的一种哲学思考。历史哲学分为思辨的历史哲学与批评的历史哲学两大类。传统的思辨历史哲学，关注历史的进程、意义和规律。这应成为历史学家的使命，也应作为每一个对研究历史怀有浓厚兴趣人士的终极目标。[②]

图 14-1　严建强等《西方历史哲学》

人类社会的发展过程呈现出从低级向高级推进的阶段，但各个民族经历的发展阶段的具体形态不可能是一样的，因为各个民族是在不同的空间和时间条件下生存的。因此，以不同时代不同民族的生产能力和生产生活方式的具体状况为依归，就更能清晰地阐明人类历史发展中的地区差异，揭示人类社会发展的共同规律。

在人类历史上，出现过多种多样的历史观。它们的出现，是与人类生活方式的演进、人类反省自身历史能力的提高联系着的。中国是一个典型的世俗社会，而西方则是一个宗教社会。中国皇权最高，而西方则是上帝最高。如此，中国人关注世俗的王朝演变规律，而西方则关注"上帝之城"演变规律。世俗社会是中国人缺乏历史哲学的内在原因。

① 葛剑雄等：《历史学是什么》，北京大学出版社 2002 年版，第 239 页。

② 李勇：《基本体系的构建与具体内容的突破——史学理论创新的两个问题》，《社会科学辑刊》2000 年第 1 期。

第一节 西方历史哲学探索传统

一、古代的“理本”历史哲学

在西方传统中，哲学是万学之母。西洋哲学自古至今都以“知识论”为基础和核心。西方的一个流行说法是，过去两千年的哲学都是为柏拉图(Plato，约前427—前347)作注。柏拉图认为，人生活的世界就像一个洞穴，人被束缚于洞中，面朝洞里。洞外是一个理想的无限光明的世界，但人没有能力直接看到洞外的世界，只能观察到光把洞中的人、物投射到洞壁上的影子。经过经验的积累，人了解了洞中的影子，有了应付在洞中生活的能力。然一旦洞中人解脱束缚，转身面向洞外的时候，发现并洞悟了无限光明的世界，历史的终结也就来临了。此光明世界的境界与洞中之影子形成了强烈的反差，这反差也就是真理与现象之间的差异。在哲学理念主导之下，古希腊的历史知识和历史著作亦倾向于用理念来对史事的变化作通盘的解释，亦即把历史哲学化。①

柏拉图的理念与古希伯来人的上帝信仰相结合，在神学中上帝成为终极理念的本体和化身。柏拉图的“洞穴之外的大光明境界”与“洞穴之内的黑暗境况”的划分，在欧洲中世纪变成“天国”与“人间”之间的划分，而历史知识和历史著作亦受神学主导，进而用天路历程的信念来解说。上帝代表着无限超越的终极真理，不在时间、空间限制的历史境况之内。上帝依自己的形象造人，因此人有理性，人依此理性可以发现上帝贯穿于宇宙万物中的“理”。但人的理性是有限的，仅足以认知万物而使万物为己所用。这是欧洲中世纪神学化的历史，以基督教神学之父圣奥古斯丁(St. Augustine，354—430)的《忏悔录》和《上帝之城》为范本。②

图 14-2 [古希腊]柏拉图

① 陈启云：《历史“知识论”与西方史学理论》，《天津师范大学学报》2009 年第 2 期。
② 陈启云：《历史“知识论”与西方史学理论》，《天津师范大学学报》2009 年第 2 期。

图 14-3 [古罗马]奥古斯丁

中世纪是神本主义，人间是“上帝之城”，历史的过程是上帝的意志和设计在人间实现的进程，人只是实现上帝目的的工具。在宗教神学这一荒诞而庄严的形式下，西方开始了历史本质的追寻，其成绩是将历史扩展为普遍的历史，人类历史进程具有统一性，历史划分为几个阶段。奥古斯丁揭示了人类历史可以用一种单元的一元观念来解释和认识，把历史理解为神的计划的实现，这就给历史哲学以决定性的推动。从这一信念出发，就会产生历史哲学，所以，历史哲学是从奥古斯丁开始的。中世纪历史观的革新，为近代历史哲学的建立创造了理论前提。

二、近代的“人本”历史哲学

思辨的历史哲学的诞生，与近代文明在西方历史的兴起与发展相关。欧洲近代社会的呱呱落地，正如婴儿降生一样，对其父母(也即世界历史的进程)和本人而言，均是一件极为令人惊讶、惊喜的事情。因为在这以前不久，欧洲的文明不仅无法与中国文明相提并论，其周边的穆斯林文明也对之嗤之以鼻、冷落一旁。到了18世纪，非西方文明已经再也无法漠视欧洲文明的成就了。美国史家彭慕兰(Kenneth Pomeranz)的《大分流》，其主要论点就是1750年是西欧崛起并渐渐甩脱中国的分界线。西欧在18世纪的迅速崛起，已经是不争的事实，问题是如何解释这一现象，历史哲学这一学问应运而生，其目的是以研究世界历史演变轨迹为背景，以求发现西方基督教文明领先于其他文明的原因。[①]

自然界有规律，为什么历史没有呢？自然界的规律能够认识，为什么历史的规律不能认识呢？人们相信，历史发展与自然界的发展一样存在普遍规律，历史学家能通过经验研究去发现它。人们反对对历史作纯思辨的思考，主张从对史实的经验研究中总结出规律来。历史学家研究具体的历史事件，而历史哲学家则研究整个历史过程，而且告诉人们将来会是什么样。历史哲学家要回答的问题是历史过程的意义宗旨、人类命运的本质、人类历史的过程和人类的将来等。进化论的思想加强了历史意识，人们认识到个人命运和他所属的群体的历史进

---

① 王晴佳:《从历史思辨、历史认识到历史再现——当代西方历史哲学的转向与趋向》,《山东社会科学》2008年第4期。

化是联系在一起的。①

18 世纪的历史哲学有三大特征：其一，历史是一个有意义的过程，并非一片混乱，毫无规则；其二，虽然历史演化路线会有曲折，但最终会走向一个理想的目的；其三，历史的这一目的论式的发展，呈现其清楚的阶段性，前阶段是后阶段的铺垫和准备，而后阶段比前阶段更接近历史的最终目的地。②

意大利维柯（Giovanni Battista Vico，1668—1744）《新科学》（1725 年）认为自然万物和人是上帝造的，只有上帝知道一切存在的目的和意义。但是，人的历史却由人类自己创造，因此人能够相对地了解自己的历史。历史是人类的进化，进化受到天意的立法力量支配，力图说明人类如何从神的时代，经过英雄时代，进入人的时代。这三个时代，各有不同的心理、性格、宗教、语言、诗、政治和法律相对应。历史创造是无意识的活动，是诗意的冲动。

图 14-5 ［意］维柯

法国伏尔泰（Voltaire，1694—1778）反对写政治编年史，要求写文化史与世俗史，要描绘每个时代的人们的精神面貌。他首先提出“历史哲学”这一术语，吹响了写文化史的号角，大大拓展了历史学的眼界与空间。

法国孔多塞（Condorcet，1743—1794）认为人类能够无限地完善自身的进步，他将历史划分为十个时期。在《人类精神进步史表纲要》中提出了“人类不断进步”的历史观念，从而成为西方历史哲学中历史进步观的奠基人之一。

图 14-5 ［法］伏尔泰

图 14-6 ［法］孔多塞

图 14-7 ［德］赫尔德

德国赫尔德（Herder，1744—1803），将历史分为诗的时代、散文时代、哲学时代。赫尔德是维柯的主要继承者之一。赫尔德力图在多变的历史事实中去寻

① 章士嵘：《西方历史理论的进化》，山西教育出版社 2004 年版，第 113—116 页。

② 王晴佳：《从历史思辨、历史认识到历史再现——当代西方历史哲学的转向与趋向》，《山东社会科学》2008 年第 4 期。

求不变的历史规律，并认为所谓的历史规律是由所处地区的状况及其需要，所处时代及其机会和人们的内在特征这三个因素所决定的，时间、空间和民族特性决定了历史的面貌。赫尔德既承认、尊重每一代人的创造，强调历史发展本质上的不可重复性、自然演化过程，又从一代又一代人的成就中发现、肯定历史先后的继承关系，并把人类历史大致分为三个阶段。按照赫尔德的观点，人的本质目的是人道，历史进化的目的是人道的实现，也就是理性和正义的实现，而人道的完成正是历史发展的终极结果。

德国康德(Immanuel Kant，1724—1804)历史哲学的核心观点是，历史既是必然的、有规律的，又是自由的、合乎目的的。康德以“人本”为基础，从人对世界的认知着手，肯定人认知的“现象”，但他指出单凭人的经验素材不足以完成对外部存在的认知，经验素材若要成为知识，还依赖于经验之外的范畴格式和架构，如“时”、“空”、“因果”等，这些范畴是“先验”于经验知识的。①

图 14-8 [德]康德

图 14-9 [德]黑格尔

图 14-10 孔德

德国黑格尔(Hegel，1770—1831)著有《历史哲学》。黑格尔用“精神”取代“上帝的意志”，视其为驱动历史的源泉。在黑格尔看来，世界历史是绝对精神在时间中自身发展的过程。绝对精神是人类共有的和单一的，表现为人用他们的语言、心灵、文化所创造的一切。历史是绝对精神自我发展的历程，也是世界走向自我意识的过程。历史是一个理性自由的故事。黑格尔这套历史观是一种纯形而上学的和目的论的历史观，历史学的人文主义本质被他张扬到了极点。②

把“启蒙思想”推进到“科学实证主义”的是孔德(Comte，1798—1857)的历史发展三阶段论。孔德认为，从“人心的认知”可以观察到一条定律，即“认知”的演进经过三个阶段：神学的虚拟想象、玄学的抽象推理、科学的实证。孔德用他的实证主义哲学思想具体考察了人类历史的发展进程之后，认为人类社会的历

① 陈启云：《历史“知识论”与西方史学理论》，《天津师大学报》2009 年第 2 期。

② 以上详参章士嵘：《西方历史理论的进化》，山西教育出版社 2004 年版，第 113—131 页。

史进程实际上就是人类的集体思辨所经历的三个发展阶段的更迭过程，即神学阶段、玄学阶段和实证阶段。神学阶段是临时的和预备的阶段，形而上学阶段是过渡性阶段，而实证阶段则是唯一完全正常的阶段，人类理性的定型体制的各个方面均寓于此阶段之中。从神学阶段和形而上学阶段过渡到实证阶段，这是一场革命性的变化，它是人类智慧达到成熟的标志。孔德的上述三阶段论，既是对人类思辨的演变过程及其历史规律的认识和描述，也是对人类社会发展史的概括和总结。孔德认为，人类社会的发展也经历了与人类思辨发展阶段相对应的三个时期，即军事时期、过渡时期和工业时期，最后的工业时期是人类社会发展的顶点，也就是他所生活的时代。

思辨的历史哲学家以探究历史的演变规律为主，其代表人物几乎包含了所有自 18 世纪以来的历史哲学家。可以这样说，在 20 世纪以前，思辨的历史哲学既是历史哲学研究的创始性流派，也是历史哲学研究的主要代表。换言之，如果没有思辨的历史哲学，也就没有历史哲学这一学问。甚至在一定的程度上，思辨的历史哲学可说是西方文明的特殊产物，因为在非西方地区，尽管有一些零星的、对历史进行哲学思考的论著，如 14 世纪穆斯林史家伊本·卡尔敦(Ibn Khal-dun，1332—1406)的《历史导论》，但就总体而言，没有人像上述这些西方人士那样，在近代的几个世纪内，有系统地和承先启后地对人类历史的过去与未来做出如此深入的探索和分析。①

第二节　马克思的人类社会规律

由维柯开启的思辨历史哲学，经过康德、黑格尔、马克思等德国思想家的发展而蔚为大观，特别是马克思(1818—1883)的历史唯物主义，更是成为当代影响深远的一大学说。他们试图在社会过程中的连续性中揭示其有序发展的事实，并论证这个发展必然导致理性的胜利和人类社会日益合理化。

一、马克思主义社会形态理论

马克思主义社会形态理论指提示人类社会形态的性质、内容、发展形式和发展规律的一种科学的理论体系。所谓社会，不过是人们交互作用的产物。社会形态就是某种社会的存在形式，是一定时期和地区人们生活于其中的社会制度。

① 王晴佳：《从历史思辨、历史认识到历史再现——当代西方历史哲学的转向与趋向》，《山东社会科学》2008 年第 4 期。

它在本质上是一种建立在一定生产力基础之上的经济基础和上层建筑的具体的、历史的统一体。在内容上，包括经济形态、政治形态和意识形态三大部分。从宏观理性的角度来说，人类历史是一个有序的阶段性发展过程。人类历史是建立在人类生产活动基础之上的人类自我完美的自然发展过程。发展生产力和人类的自我完美是同一历史过程的两个方面，二者统一于历史进程之中。人类发展是分阶段的，人类生产的阶段性决定人类生活的阶段性，人类无法迈越历史阶段。马克思唯物史观的最大贡献在于，为人类社会的发展找到了经济动力学。唯物史观的产生，无疑是历史理论的一场深刻革命。唯物史观对历史研究的直接影响就是马克思主义史学流派的产生和发展。唯物史观引进历史研究，使之找到了社会现象重复性的客观标准，把社会发展看作是一个自然的过程，因而使人们对史学的现实性质和任务产生了根本性的转变。[①]

马克思主义社会形态理论的特点是，以生产方式作为划分人类历史发展阶段的标准。每一种社会形态都有其一定生产力基础上的特定的经济基础和上层建筑。生产力与生产关系、经济基础与上层建筑之间是对立统一的辩证关系，正是它们之间的矛盾运动，推动了社会形态的发展，使一种社会形态必然被另一种更高级的社会形态所取代，这是人类社会发展的普遍规律。历史就其内容来讲是主观（人）与客观（自然条件、社会条件）的辩证统一。人与自然的斗争，决定了人类的生存环境。人类斗不过自然，只能按自然生存。人类能力强了，就可以不按自然生存。农耕文明，是低级形态的生存方式。工商文明，是高级形态的生存方式。人虽是历史的主体，但不是作为自然历史进程的历史的主宰。推动历史前进的根本动力是在社会内部的矛盾，特别是在基本矛盾中产生的。这些基本矛盾不是由哪一个人的力量所形成，也不是靠哪一个人的力量所能解决，它们是社会中很多人共同活动的结果。这样，社会的前进及前进趋向就不可能以人的意志为转移，而是具有一定的客观必然性。

马克思主义社会形态理论突出劳动在历史发展中的作用。生产活动是人们创造历史的前提。人同动物的区别在于人是通过自己的劳动来创造自己的生活，而动物则不是。所以，马克思说人的本质是自由自觉的生产劳动。人们为了生活，需要结成一定的社会关系同自然相对立以生产出自己的生活用品和生产资料等。这样，在一个相对独立的社会有机体内部，就出现四类矛盾，即人与自然的矛盾、人与社会的矛盾、人与人的矛盾以及人自身的矛盾。这四类基本矛盾存在于所有社会中，它们的运动及其相互作用推动着历史的发展。其中，人的个体发展是这些矛盾的主线，其他矛盾特别是人与自然的矛盾都是由此产生并始终为之服务的。为

① 章士嵘：《西方历史理论的进化》，山西教育出版社2004年版，第145—160页。

了解决好这些矛盾，出现了或即将出现各种各样的社会形态。所以，有人称马克思唯物史观是在劳动发展史中找到了理解全部社会史的钥锁的新派别。

社会史研究重视阶级分析。在《卡尔·马克思》一文中，恩格斯写道："马克思则证明，过去的全部历史是阶级斗争的历史，在全部纷繁和复杂的政治斗争中，问题的中心始终是社会阶级的社会和政治的统治。"[①]当然，阶级分析并非为马克思所独有。

马克思认为历史会一线发展，经历不同的发展阶段，因此工业化英国的"现在"，便是滞留于农业经济的印度的"未来"，而人类历史的理想终点便是共产主义。马克思高明之处在于用物质基础与上层建筑的互动来分析历史演变的动因，且指出了资本主义衰亡的必然性。[②]

二、斯大林的五种生产方式论

人类社会的发展是普遍按照五种基本社会形态依次更迭进行的。1859 年，马克思在《政治经济学批判》序言中归纳了历史唯物主义基本原理后写道："大体说来，亚细亚的、古代的、封建的和现代资产阶级的生产方式，可以看做是人类社会经济形态演进的几个时代。"苏联人认为马克思所说的亚细亚生产方式不够确切，以原始社会代替亚细亚社会，归纳出原始社会、奴隶社会、封建社会、资本主义社会、共产主义社会（社会主义社会是其低级阶段）五种社会形态依次更替的理论。

对人类社会发展理论，部分中国学者有不同的看法。他们认为，这一公式来自 20 世纪 30 年代的苏联史学，是当时的苏联史学家根据他们所误解了的马克思的思想而构造的。产生这一历史公式的理论背景，一是古典进化论的单线演化模式，一是 19 世纪欧洲史学中流行的欧洲中心主义。这一历史公式假定人类社会发展只应当具有单一的发展和演化模式，实际上就是以欧洲道路作为标尺的模式。然而，对于亚非拉地区的大多数民族和国家来说，由于它们的历史文化传统与欧洲大不相同，它们不仅从未走过欧洲式的资本主义道路，而且也从未经历过希腊、罗马以及中世纪欧洲那种奴隶制、封建制的道路。但是 30 多年来的中国历史学却一直在做两件事：试图尽可能地削足适履，扭曲、删改、修正中国历史，以便把它塞进这个历史公式的框架内和在"历史规律"的名义下，将这个公式神化成不可怀疑和批评的神圣教条。[③]

---

① 《马克思恩格斯全集》第 19 卷，人民出版社 1963 年版，第 121—122 页。

② 王晴佳：《从历史思辨、历史认识到历史再现——当代西方历史哲学的转向与趋向》，《山东社会科学》2008 年第 4 期。

③ 何新：《古代社会史的重新认识——从近年出版的两部史著看当代中国史学理论的危机》，《读书》1986 年第 11 期。

由最具灵性的人类创造的历史没有什么规律可言，昨日之果可以构成今日之因，然而由于历史创造者的聪明或者说对人类经验的记忆和汲取，这种因果并不总是构成严密的逻辑关系。我们过去一直在追寻的所谓历史规律，其实只是我们头脑中的乌托邦，并不是真实的存在。如果真的有一个历史规律的话，那么人们完全有可能通过逻辑推理，通过大型计算机的运算，推定人类的过去、现在与未来。这显然是不可能的。“规律”一词，可以作两种不同的理解，一是描叙性的，只是陈述事实上的前后相续；二是规范性的，是绝对命令式的规定，是必然的、给定的、非如此不可的。社会科学的规律是概率性规律，遵循的是概率性的大数定律，例外不仅不是异常，恰恰是正常的。人类社会的发展规律是人类认知的结果，而认知是不断发展和不断变化的，所以不会有万世不变的永恒规律。五种社会形态的理论对现代中国历史学有着巨大的影响，它有助于人们更深入、更科学地认知历史，然而任何理论过了头就会走向僵化的教条主义，科学就会朝着自己的对立面经学即神学转化。①

过去，历史学家曾雄心勃勃地声称要发现历史的规律，探寻历史的真实性和客观性，但当他们关注于“宏大叙事”并且埋头苦干了多少年之后，突然发现在“宏大叙事”下被抽象和简约了的历史剩下的只是更为主观的抽象概括，既丧失了历史学原来生动的叙事性，也更加没有真实和客观性可言。②

三、辩证看待历史发展规律性

首先，必须区分人类史与国家史。人类历史的发展大体是照五种生产方式的顺序进行的。马克思主义创始人从来没有认为每个国家、民族的历史都必须按照五种生产方式的顺序行进。前者是超国家、民族的，后者是国家、民族的。人类社会总体史可以按照五种生产来讲，而国家、民族的历史，即国别史，不能照搬五种生产方式。现在的争论，都是混淆人类史与国家史而成的。

其次，一般性与特殊性是相结合的。社会形态的跨越体现着人类历史发展的一般规律。世界上曾出现的社会形态两次大的跨越（日耳曼人未经奴隶社会而进入封建社会、美洲从原始社会进入资本主义社会）以及一些少数民族发展中的“一步跨千年”的飞跃，是历史发展长途中个别地区、个别阶段在发展的形式和顺序上表现出来的特殊性。这种跨越，对某一国家、某一民族来说是特殊规律，而整体上看，这种特殊规律又体现着人类历史发展的一般规律。这种现象，是人

---

① 何兆武：《社会形态与历史规律》，《历史研究》2000 年第 2 期。

② 李宏图：《在人的社会“实践”中重构历史——近年来西方史学变革的解读》，《浙江学刊》2004 年第 6 期。

类历史进程中一般规律与特殊规律的辩证统一。

其三，人类社会从低级向高级发展的趋势不会变。唯物史观揭示的普遍规律阐明了人们谋求生存和发展的生产活动和由此而来的生产能力的发展必然要推动人类自身和人类社会从低级向高级发展的规律。一部历史，可以从经济形态来考察，也可以从社会形态来考察。前者是狩猎经济、游牧经济、游耕经济、农耕经济、工商经济，后者就是由官主社会到民主社会的转型。不同空间、不同民族、不同体制的国家，进入某一阶段的时间是不同的，有的快，有的慢。不过，快慢不同，趋势相同。譬如资本主义社会，自列宁以后，原以为可以跨越，直接进入社会主义社会，现在看来是不可能的。又譬如，民主社会也是人类必然要进入的，只是各个国家进入的时间不同而已。

其四，社会经济形态的理论和五种生产方式更替的理论，既密切相关，又不能等同起来。李根蟠认为，社会经济形态理论是马克思主义历史理论的基石，不能丢，但各种生产方式如何演替，特别是具体到中国，完全可以而且很值得讨论。马克思从各种社会关系中找出最基本的关系——生产关系，并指出它是由生产力发展的状况所决定的，生产关系的总和构成了社会经济形态的概念，这就揭示了历史发展的深层秘密，使史学摆脱用政治的或思想的偶然因素任意解释的混沌状态，使它成为科学。看不出否定这种这种理论正确性的任何站得住的理由。至于五种生产方式，则是马、恩对社会经济形态演替一般规律的阐述。他们当时的依据主要是西欧的经验，西欧的经验有特殊性，也包含普遍性。我们应该以此为指南或参照，从中国的历史实际出发，寻找出中国自身的社会经济形态的演替规律。这种演替规律，比之西欧，一定有其特殊性，但应该也有共同的东西。①

图 14-11　章士嵘《西方历史理论的进化》

第三节　由历史哲学到史学哲学

自 20 世纪初期以来，历史哲学研究的主流趋向已从历史规律论转到了历史认识论，也即从思辨的历史哲学转向了分析的（批判的）历史哲学。甚至可以说，

① 李根蟠、张剑平《社会经济形态理论与古史分期讨论——李根蟠先生访谈录》，《史学理论研究》2002 年第 4 期。

由历史哲学转型到了史学哲学。

一、思辨的历史哲学衰落

1910 年的欧洲，人们享受工业革命的成果，一片升平，英国作家诺曼·安吉尔(Norman Angell，1874—1967)出版《大幻觉》，宣称战争已成过去，因为战争耗费人力物力甚巨，不会有国家愿意在明知无利可图下，仍然发动战争，所以人类的未来极尽美好，历史已经终结。此书被译成十一种文字出版，一时洛阳纸贵。

谁知好景不过四年，第一次世界大战就发生于当时最富庶、最文明的欧洲，从而印证了马克思所说的西方资本主义正在走向衰亡的预言。面对战后的一片疮痍，许多人重温尼采(Friedrich Wilhelm Nietzche，1844—1900)在世纪之初提出的“上帝死了”的说法，怅然之间不得不承认其先知先觉。由此，德国哲学家斯宾格勒(Oswald Arnold Gottfried Spengler，1880—1936)二卷本的《西方的没落》(1918—1922)一夜成名。此书以文化、文明为单位考察世界历史过程，全书通过埃及文化、印度文化、中国文化、西方文化等十七八种文化考察人类历史进程，认为它们的发展遵循着相同的诞生、发育、成熟、老化、衰亡规律，没有哪种文化更先进。此书走出了一线发展历史观，倡导了多元文化史观。① 不过，此书影响最大的不在内容，而在其书名“西方的没落”所揭示的主题思想，说出了西方人的担心。它像一部“历史的占卜书”，引发了西方一场长达几十年的西方文化命运之争。②

图 14-12 [德]斯宾格勒及其《西方的没落》

图 14-13 何兆武等《当代西方史学理论》

斯宾格勒启发了汤因比，他的文明形态史观，强调以文明为单位，研究人类

① 王晴佳：《新史学讲演录》，中国人民大学出版社 2010 年，第 78—79 页。

② 何兆武、陈启能主编：《当代西方史学理论》，中国社会科学出版社 1996 年版，第 91—93 页。

历史。汤因比认为，研究历史的单位，既不是民族国家，也不是高高在上的人类全体，而是社会的某一群人类。他认为，在人类历史上存在过20多个文明社会，起初是21个，后来扩充为26种，最后增加到37种。所有这些文明社会都是同时代的。这些文明社会，在哲学上的价值是相等的。他强调“挑战—应战”论，即来自自然环境和人文环境的挑战和人类的成功应战作为解释文明的模式。文明是靠人来创造的，人才是行动的源泉，才是发展的内在因素。文明的衰落，主要是由内因决定的，而不是外因。[①] 汤因比这套理论扩大了人类的空间视野，使人们走出了国家史视野、人类史视野。以不大不小的中型规模的世界各地的文明社会为单位，是一部世界区域文明总史，因而是有意义的。

汤因比是位多产的学者，共有几十部著作，在世的时候，曾被人誉为“20世纪的智者”。其皇皇巨著12卷本的《历史研究》(1936—1964)勾勒了人类文明的走向，以“挑战与应战”为基点，分析文明的兴衰原因，让许多人为其睿智而倾倒。汤因比的理论，没有像施宾格勒那样悲观，但他分析人类各文明的兴衰轨迹，也是为了安慰西方读者，即，西方文明虽然衰落了，也无甚大不了，不用特别悲观，因为它只不过重复了其他文明的演化老路而已。直至目前，西方学术界始终没有完全克服这一悲观的心态。思辨的历史哲学，便不可避免地衰落了。新康德主义哲学家狄尔泰(Wilhelm Dihhey，1833—1911)、李凯尔特(Heinrieh Riekert，1863—1936)反对将自然科学的方法挪用来研究人类历史和社会，波普尔(Karl Popper，1902—1994)则对历史决定论和历史规律论特别反感。当今的西

图 14-14　[英]汤因比及其《历史研究》

① 章士嵘:《西方历史理论的进化》，山西教育出版社2004年版，第208—211页。

方学术界，已经很少有人还像黑格尔那样自信，认为人类历史经过一线发展的轨迹，会走向一个美好、理想的目的地。甚至不少人怀疑，即使历史向上发展，西方文明是否能在这一进程中一定扮演一个“领导”的角色还是一个问题。[①]

图 14-15 [美]福山《历史的终结》

不过，也有例外。20 世纪是共产主义及资本主义两大阵营的对立年代，80 年代末东欧、苏联一系列社会主义国家相继发生剧变和解体，国际共产主义运动由此陷入低潮，冷战结束。目睹柏林墙的倒塌和战后“冷战”的结束，美国政治学者福山（Francis Fukuyama）在 1992 年出版了《历史的终结》，认为世界范围内民主化运动的发展，具有一种“百川归海”的趋势，西方国家实行的自由民主制度也许是“人类意识形态发展的终点”和“人类最后一种统治形式”，西方自由民主已经取得决定性胜利，只剩下一个世界、一个历史。此论一出，很快形成了一股弥漫全球的“终结热”。

福山的论点虽然引人注目，但对之持批评态度的人士，显然远远多于其支持者。1996 年，哈佛大学的政治学家塞缪尔·亨廷顿（Samuel P. Huntington，1927—2008）出版了《文明的冲突》。此书以文明为单位分析世界历史框架，认为历史非但没有终结，反而将步入文明的冲突。当今的世界历史由三大文明的冲突所驱动，目前集中在西方基督教文明和中东穆斯林文明之间，未来则会发生在

图 14-16 [美]亨廷顿及其《文明的冲突》

① 王晴佳：《从历史思辨、历史认识到历史再现——当代西方历史哲学的转向与趋向》，《山东社会科学》2008 年第 4 期。

西方基督教文明和东亚儒家文明之间。近年蓬勃兴起的“全球史”、“全球化”的研究，也展现了一种从新的角度探究人类文明发展走向的努力。[①]

二、分析的历史哲学兴起

图 14-17　[英]沃尔什《历史哲学导论》

1938 年，雷蒙·阿隆（Raymond Aron，1905—1983）的《历史哲学导论》和曼德尔鲍姆（Maurice Mandelbaum，1908—1987）的《历史知识问题》出版后，历史哲学主流趋向已经从历史规律论转到了历史认识论，也即从思辨的历史哲学转向了分析的历史哲学。英国沃尔什（W. H. Walsh，1913—1986）的《历史哲学导论》（1951）首次系统地总结了历史哲学发展的两种范式，即思辨的历史哲学和分析的历史哲学在历史理论学术史上的重要地位。前者也可称为历史哲学，后者可称为史学哲学。[②] 当代历史哲学的主要兴趣于是集中于探讨历史认识论的问题。分析的历史哲学是 20 世纪以来的主流，关注历史认识，集中于历史学的性质、历史与历史学家的关系、历史的理解与解释、历史的真实性与客观性、历史中的因果关系、历史中的道德审判以及历史学的实践功能等一系列问题上。简单地说，思辨的历史哲学以历史本体（历史实在）为研究对象，而分析的历史哲学以历史认识为研究对象。分析的历史哲学是对历史认识的重新认识与反思。它关注三大问题，历史的认识是如何可能的（即历史认识论），历史自律（历史自主或史学自主，是一种独立自主的研究，不受自然科学统治的自律的科学），历史的价值（历史学是做什么用的，对我们的价值何在）。在三者之中，历史认识论最为重要，它是分析历史哲学家最关注的根本问题。这个问题解决了，历史自律自然可以依它而证成，而历史价值的探索也必然会有新的思考。总之，有效地建立历史的认识论，有力地证成历史自律，是西方分析历史哲学家的根本要务。

当代历史哲学的探讨，已经无法认同“历史＝过去”这样的看法了，取而代之的是“史学＝过去”。或者用另一种方式表达，“历史＝史学”。“历史”再也没有了双重的含义，只是一种对过去的表述和解释而已。当然，当代的历史哲学家并没有直接否认“过去”的存在。他们只是指出，这一“过去”即使存在，也没有哲学

① 王晴佳：《从历史思辨、历史认识到历史再现——当代西方历史哲学的转向与趋向》，《山东社会科学》2008 年第 4 期。

② 韩震：《西方历史哲学导论》，山东人民出版社 1992 年版，第 2—3 页。

意义，因为人们无法回到过去。而要想对这一过去有所认知，则必须借助历史的著述和文本，于是就有了“过去＝史学”的结论。[①]

图 14-18　韩震
《西方历史哲学导论》

图 14-19　[英]罗兰·巴尔特
《历史的话语》

自 20 世纪 90 年代以来，后现代主义的历史认识论，以海登·怀特(Hayden White)和康乃尔大学多米尼克·拉卡普拉(Dominick LaCapra)的论著为代表，慢慢侵入历史研究的领域，也渐渐有了一些拥护者，如蒙斯洛(Alun Munslow)以及安克斯密特(Frank Ankersmit)和詹京斯(Keith Jenkins)，是重要的代表。在当代历史哲学的研究中，虽然后现代主义的观点没有被全盘接受，但在历史认识论的研究中，后现代主义的历史认识论，却毫无疑问已经成为其中最有影响的派别。最近出版的三部历史哲学的论文集，其内容重点都清楚地反映了这一趋向。安克斯密特与柯尔纳(Hans Kellner)在 1995 年合编了《新历史哲学》一书，不仅从历史认识论的角度建构历史哲学的架构，而且其研究思路都带有明显的后现代主义的特征。他们所谓的“新历史哲学”，就是要为后现代主义史学提供理论基础。剑桥大学出版社最新出版的一本历史哲学著作，也径直题为《认识过去：史学哲学》，其副题干脆舍弃了“历史哲学”一词，也即剔除了“历史”一词中的“大写历史”的含义，而直接讨论“小写历史”——史学理论，虽然作者并不完全赞同后现代主义。由詹京斯等人所写的阐述后现代史学论点的著作，不但在西方

① 王晴佳：《从历史思辨、历史认识到历史再现——当代西方历史哲学的转向与趋向》，《山东社会科学》2008 年第 4 期。

史学界，而且在非西方地区，都引起了广泛的注意。①

三、叙事史的重新复兴

第二次世界大战以降的一段时期内，分析的历史哲学盛极一时，然而不过30年左右的时光。到了20世纪70年代，西方史学理论领域发生了学术范式的转型，叙事这一传统历史写作的主要样式，重新受到高度关注，分析的历史哲学逐渐被叙事主义的历史哲学所取代，这一转型通常被称之为叙事的转向。20世纪80年代以来，此叙述转向在欧美、日本、韩国和中国台湾、香港等地学术界渐次展开。至今它仍是当代西方史学理论中最主要的理论形态。这一转向的主要代表人物是美国的海登·怀特和荷兰的安克斯密特。②

美国历史哲学家海登·怀特以其1973年出版的《元史学——19世纪欧洲的历史想像》一书，成为推动叙事转向的最重要代表人物。在海登·怀特那里，"叙事"是一种泛化的故事，叙事性是所有历史文本的内在特征。他的"历史叙事"同样也是整体的历史文本，它是对个别历史陈述或者历史事实的组织和编排。他也承认个别历史陈述或者历史事实的真实性，但是否认作为这些陈述和事实综合的历史叙事是对实在的指涉。在海登·怀特看来，历史叙事是一种意识形态和美学的文本建构，是对过去混沌的一种语言植入，它至多向我们提供一种比喻的或者审美的真实性。荷兰史学理论家安克斯密特则以他1983年出版的《叙事的逻辑：历史学家语言语义学的分析》为起点，加入这一转向。他在《叙事的逻辑》一书中阐发了"叙事实体"的概念。这一概念与海登·怀特的"历史叙事"极为相似，都是自我指涉的语言文本，它们仅仅与过去具有相关性，而并不指涉过去。③ 历史叙事所要作的，并不是要告诉我们，过去可能是

图14-20　[美]海登·怀特《元史学：十九世纪欧洲的历史想像》

① 王晴佳：《从历史思辨、历史认识到历史再现——当代西方历史哲学的转向与趋向》，《山东社会科学》2008年第4期。

② 彭刚：《从"叙事实体"到"历史经验"——由安克斯密特看当代西方史学理论的新趋向》，《历史研究》2009年第1期。也见其《叙述的转向：当代西方史学理论的考察》第二章，北京大学出版社2009年版。

③ 董立河：《从"叙事"到"在场"——论安克施密特史学理论嬗变及其意义》，《江海学刊》2010年3期。

什么模样，而是旨在提出某种对于过去的叙事性解释。[①]

图 14-21　陈新《西方历史叙述学》

图 14-22　彭刚《叙事的转向》

图 14-23　王晴佳及其《后现代与历史学》

叙事的转向，是后现代主义思潮“语言学的转向”的结果。“语言学的转向”被西方学界视为是一场“语言学的革命”，因为它挑战了原来视为理所当然的“语言＝思想”观念。西方语言不像中国语言是“象形”语言，而是“拼音”语言。它之所以能传达信息，靠的是声音的传递，再诉诸文字表述。所以它不像中国语文那样，经常靠眼睛看来获取信息。西方人在发出声音的时候，一般就能表述自己的

① 彭刚：《从“叙事实体”到“历史经验”——由安克斯密特看当代西方史学理论的新趋向》，《历史研究》2009 年第 1 期。

意思，也即“语言＝思想”。语言的清晰与思维的清楚直接相关。但后结构主义却挑战了这一已经习以为常的观念，导致了德里达（Jacques Derrida，1930—2004）所谓的“解构”，也即否认语言能反映事物、传达信息的功能，从而将主观与客观彻底脱钩。①

图 14-24　［法］德里达

西方史学在 20 世纪 60 年代以后，经历了“语言学的转向”，而且还格外明显。因为叙述史是西方史学发展的主干，在古希腊、罗马时代，就是史家记录、写作历史的主要风格。中世纪时期，编年史一度流行。但到了近代，叙述史很快又取代了编年史，成为西方史学的主流风格。编年史有一定的格式，讲究“客观性”，时间的顺序无法轻易更改；而叙述史则可以给予史家很大的写作空间，任其编排、组织史实，来表现自己的好恶，或者追求修辞的完美。也许是叙述史的这些特点，西方史家对历史写作中主观的因素特别敏感，由此才十分推崇客观的、科学的史学。由于“语言学的转向”，他们感到要想在历史叙述中排除主观的意见几乎不可能。因为叙述必须依赖语言，而语言文字本身有其自律性，作者可以试图将其思想、观点借助语言、文字加以表达，但这一表达是否就一定与作者的思想对号，完全是另一回事。而且一旦写作成文，这些文字就可以让读者自由评判，甚至自由发挥。因此读者是否一定要通过文字理解作者的意图，其实并不重要。②

图 14-25　黄进兴《后现代主义与史学研究》

语言学转向之后，史学理论中心也跟着变化。有关历史研究性质的关键问题，从“历史学是不是科学”转变为“历史学是不是小说”了。易言之，历史叙述的“诗性”成了研讨的中心问题了。这里的“诗性”，主要指的是史家写作历史的时候所运用的想象和创造。由“诗性”一词来代

① 王晴佳：《从历史思辨、历史认识到历史再现——当代西方历史哲学的转向与趋向》，《山东社会科学》2008 年第 4 期。

② 王晴佳：《从历史思辨、历史认识到历史再现——当代西方历史哲学的转向与趋向》，《山东社会科学》2008 年第 4 期。

图 14-26 [波兰]埃娃·多曼斯卡《邂逅：后现代主义之后的历史哲学》

表历史著作的不同写作风格和语言模式，正是怀特《元史学》一书论旨的核心。对于怀特而言，历史记录有两种形式：编年史和叙述史，而后者是对前者的改造。与前者不同，后者采取的是讲故事的形式，因此有开始、过渡和结束或者升华。怀特显然更注意编年史和叙述史的差别。这一差别是他《元史学》一书论点的基础。因为叙述有开始、过渡和结束，因此史家写作历史的时候，必然遵循一种既定的模式，如浪漫史诗式、喜剧式、悲剧式和反讽式。这些模式在修辞学上的表现，则可归纳为"隐喻"、"转喻"、"提喻"和"讽喻"。简单地说，怀特认为史家根据个人性格所好，会将他所处理的历史，编织成不同的故事，也即他所谓的"情节设置"。这一"情节设置"的观点，是怀特《元史学》一书的核心。由此出发，怀特指出史书与文学作品，其实没有本质的区别。怀特的出发点，与后现代主义的基本脉络和走向并不完全一致，但他将文学与史学等同，却又与后现代主义理论异曲同工，冲击了"小写历史"也即历史认识论的科学基础。由于怀特的坚持，西方历史哲学的研究重点，已经在最近的20余年发生了很明显的改变，有关史家写作的一系列问题成为研究的重点。荷兰史学理论家安克斯密特在《崇高的历史经验》(2005)①序言中开门见山地指出，战后史学理论的发展主要围绕两个问题，一个有关历史的真实性，另一个有关历史叙述中过去的"再现"。这两个问题既有密切的关联，又呈现一个先后发展的顺序。有关前者的考量，使得理论家思索历史叙述能否再现真实的问题，集中探讨历史叙述中所含有的一系列问题，从而形成历史哲学中的"叙述主义"流派。这一流派以法国的列维—施特劳斯(Claude Levi-Strauss，1908—2009)、罗兰·巴特(Roland Barthes，1915—1980)和海登·怀特的论著为代表。安克斯密特与詹京斯，堪称当代西方历史哲学领域中后现代主义的代表人物。②

詹京斯与蒙斯洛在2004年合编的《历史学性质读本》中，将当代史学理论分成四大派别：重构主义；构造主义；解构主义；终结主义。重构主义指传统的近代

① 杨军译，北京大学出版社2011年版。

② 王晴佳：《从历史思辨、历史认识到历史再现——当代西方历史哲学的转向与趋向》，《山东社会科学》2008年第4期。

史家，主张历史学以重建过去为宗旨；解构主义认为这一重建根本是痴人说梦；而所谓“构造主义”，指的是介于“重构主义”和“解构主义”之间的一种取径，其特点是一方面相信历史可以重建过去，但在另一方面又认为这一重建必然表现出史家的主观立场，并非完全“客观”的重建，而是一种“再现”。他们提出，历史哲学界的“语言学转向”，似乎称“美学转向”更为贴切，因为怀特和安克斯密特等人的理论，强调史家治史，应该超越以往重建过去的简单目的，而注重历史叙述的形式表达，于是就将史学与美学相连了。对詹京斯和蒙斯洛来说，历史研究已经不再是一个如何认识过去的认识论的问题，而是一个如何描绘过去、再现过去的美学问题了。①

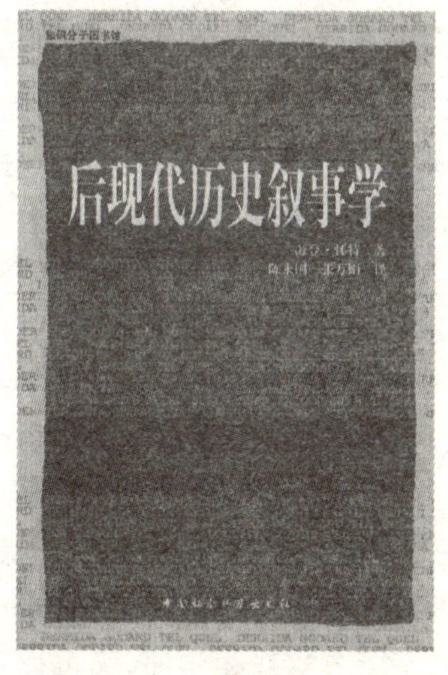

图 14-27　[美]海登·怀特《后现代历史叙事学》

图 14-28　海登·怀特与钱茂伟在复旦大学(2004)

安克斯密特对没有被叙事“驯化”过的对于过去的意识亦即“历史经验”产生了浓厚的兴趣。从 20 世纪 90 年代初到 2005 年《崇高的历史经验》出版，经过十多年的思考和酝酿，安克斯密特精心构建了一套旨在超越叙述主义的“历史经验”理论。历史经验并不仅仅局限在历史写作和历史学家身上，它实际上遍布整个社会。只要意识到世界的变化，普通人也会有历史经验，而且感受更深刻。安克斯密特的“历史经验”是敌视和排斥语言的。它基本上是反再现主义的，强调历史经验之未受语言污染的“直接性”、“当下性”和“本真性”。他反复强调，历史

① 王晴佳：《从历史思辨、历史认识到历史再现——当代西方历史哲学的转向与趋向》，《山东社会科学》2008 年第 4 期。

图 14-29　韩震等
《历史学的语言学转向》

经验是“一种未经中介的对于过去的经验”，是“过去与历史学家的接近”。在他看来，将来最重要的问题不是如何成功地再现过往，而是直接地经验过去。“历史经验”尤其排斥叙事。经验是先于叙事的，而且二者也是相互排斥的。安克斯密特的历史经验位于主体和客体之间的洪荒地带，它是先于主体和客体的二元界分的，超越主客二分。崇高历史经验是一种既没有主体也没有经验对象的经验。“崇高”与“创伤”紧密相连，“创伤”可以被看做是“崇高”在心理学上的对应物，而“崇高”则可以被看做是“创伤”在哲学上的对应物。由于“历史经验”所表现出来的某些神秘主义和非理性主义特征，它已经遭到一些学者的质疑和批评。但是，我们不妨谨慎地预期，“经验”概念如果不能独立构筑一个新的史学理论范式，起码也会成为新范式或新话语中的关键词。[①]

安克斯密特《崇高的历史经验》的重点在于研究“历史经验”。他在序言中指出，“历史再现”已经成为史学理论研究的核心，但是，大部分历史学家对此问题并不关心，因此史学理论和史学实践之间存在一种“遗憾的隔阂”。他提醒他的同行说，“历史再现”还是想再现过去。易言之，安克斯密特想强调说，虽然历史写作与文学创作之间有很多雷同，但其注意的对象毕竟是不同的。如果从研究“经验”入手，既可以让史学理论的研究与史家的历史实践相沟通，又可以让史学理论和历史哲学的研究获得自己的独立地位，不但从以前附属于哲学研究的地位中解放出来，而且还可以充实、帮助哲学研究的发展。具体而言，安克斯密特想通过“经验”的探究，来超越当代哲学注重语言研究的倾向，提倡一种新的“思想的经验主义”，借此与史家实际从事的研究工作有所沟通。他认为，历史的“再现”，首先要“经验”或者“体验”过去，于是这一“经验”，同时包含对过去的“发现”和“复原”两个方面。这一提法，乍看起来似乎在重申柯林武德的历史哲学，并无太多新意，其实不然。安克斯密特所界定的“经验”，与其说是一种“历史经验”，不如说是一种“美学经验”。他说道，既然想“发现”过去，也就意味着过去与现在之间，已经存在着明显的差别，甚至产生了鸿沟。所以这种“发现”过去的历史经

① 董立河：《从“叙事”到“在场”——论安克施密特史学理论嬗变及其意义》，《江海学刊》2010 年 3 期。

验，首先是一种对“失去”的体验。而为了要“复原”过去，又必须经历一种“期望”乃至“热爱”。于是，历史经验同时交织了“失去”和“热爱”、“痛苦”和“快乐”的交替经验。显然，安克斯密特的史学理论，已经将历史研究放在了美学的层次上加以分析了。用他的话来说，史家研究历史，不仅仅是为了认知过去，还是为了“感觉”、“感受”过去，两者同样重要。虽然历史研究是人们获取对于过去的认知的高级形式，但就历史知识在社会上的传播而言，历史著作的写作及其出版往往不是最有效的方式。由此看来，历史研究是否需要考虑美化其表达的方式和叙述风格，并不是无足轻重的问题。当代历史哲学的最新发展，似乎是想在求真之外的方面有所探索。①

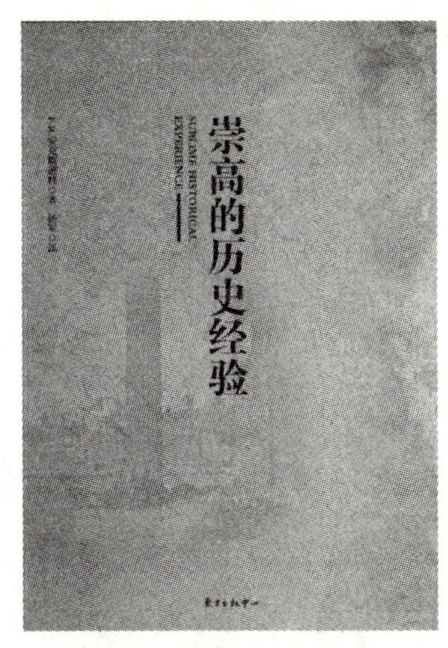

图 14-30 ［荷］安克斯密特《崇高的历史经验》

四、历史学的记忆转向

20 世纪 80 年代，历史哲学家们对纳粹大屠杀与历史表现的关系所做的探讨，以及 90 年代推及的对历史创伤的研究，都促成了人们对历史记忆问题的关注。“记忆”与“史学”的研究成为热点，出现了所谓的“历史学的记忆转向”。②历史记忆理论的引入，使历史认知学的探讨进入了一个更高的境界。记忆是历史认识的深处，“对它的关注有可能从根本上动摇传统历史认识论对历史真实的解释，它需要更多地考虑认识主体的心理状态，甚至还是讨论历史叙事、历史表现、历史认同诸问题的前提条件”③。近十多年来，记忆作为分析历史在公众和私人生活中的作用和表现形式的一个理论工具，“历史与记忆”④逐渐成为社会构成与理解的核心议题。其在国外是一个十分热闹的领域，而在中国则刚开始。

历史学是一门经验性的学科，作为对历史学学科性质进行理论反思的史学理论，必须高度关注和尊重历史学家的史学实践。⑤ 史学概论体系的建构，要顺应史学理论的变化。

---

① 王晴佳：《从历史思辨、历史认识到历史再现——当代西方历史哲学的转向与趋向》，《山东社会科学》2008 年第 4 期。

② 王晴佳：《历史学的“记忆转向”》，《中国社会科学报》2010 年 3 月 2 日。

③ 陈新：《迈克尔·罗斯：〈讥讽者的牢笼：记忆、创伤与历史建构〉》，《中国学术》2004 年第 2 期。

④ 如［美］弗里兰主编的《历史和记忆》半年刊。

⑤ 彭刚：《从“叙事实体”到“历史经验”——由安克斯密特看当代西方史学理论的新趋向》，《历史研究》2009 年第 1 期。

第十五章
历史从业者的素养

【讨论主题】

1. 史家的素养与责任

2. 新史学工作者如何培养

【课前阅读材料】

1.李剑鸣:《历史学家的修养和技艺》,上海三联书店 2007 年版

2.李清凌:《史学理论与方法》,甘肃民族出版社 1993 年版

3.赵吉惠:《史学概论》,陕西师范大学出版社 1990 年版

4.[英]霍布斯·鲍姆:《史学家:历史神话的终结者》,马俊亚等译,上海人民出版社 2002 年版

【关键词释】

史学三长　历史学家史德　史学责任心

从事历史行业的人物,古人称为“史官”、“太史”、“史家”,今天称为“历史学家”①。维基百科的解释是:“历史学家,也称史学家,是指以撰写历史著作为职业或对历史学的创立、发展与应用付出努力的知识分子。历史学家包括历史记录的编撰者和历史材料的研究者。”在汉语中,能称得上“家”的人,多是能成一家之言的专家级人物。以此高标准来衡量,古往今来,没有多少人可称为历史学

① 美国作家伊丽莎白·科斯托娃的书直接名为《历史学家》(刘玉红、凌建娥译,人民文学出版社 2006 年版),那可是一部惊险小说,说的是为了追踪吸血鬼的巢穴,三代历史学家以自己的名誉、安全为代价,开始了他们的惊魂之旅。

家。所以，相当多的教授级人物，也不敢自比，往往自称为“历史从业者”。这样的称谓不完全是自谦，可能更为合适。因为，它的内涵比较宽泛，可以包括多种类型的人。从记录与编纂来说，可以分为历史书写者与历史研究者两大类型。这其中，又可按大历史与小历史，分为大历史书写者与研究者、小历史书写与研究者两大类型。从职业来说，可以分为历史研究者、历史教育者、通俗史学工作者、公共史学工作者四大类型。公共史学家的兴起，“是史学职业化发展的产物，可以说是副产品。史学的职业化使得历史学家或高水平的史学工作者的数量大增，而专门的史学研究机构的人员需求是十分有限的，因此，这就促使许多接受过专门的史学研究训练的人员进入社会服务机构或政府机关，利用自己的知识和技能为解决社会问题或者为政府出谋划策，成为公共历史学家而不是专门从事史学研究或者教学的专业人员”①。可以说，史学主体出现多元化现象。从鼓励更多的人参与历史书写与历史研究工作来说，这样的分类是需要的。它可以让更多的人克服心理障碍，做自己力所能及的历史学工作，成为众多历史学从业队伍一员。

历史从业者的素养问题，是指历史从业工作者的自身素质问题。关于历史书写者与历史编纂者的素养问题，前面已经有所涉及。本章拟从历史研究者、历史教育者、通俗史学工作者入手，谈一下历史从业者的素养问题。

第一节　历史研究工作者的素养

一、传统的史学四长论

关于史家修养问题，中国人从孔子时便开始重视。孔子在《春秋》中说：“董狐，古之良史也，书法不隐。”②南朝学人刘勰所著《文心雕龙》卷四《史传》，提出“素心”与“素臣”说。素心，即公心，它要求史家在著史时，具备一种无偏私的心态，不受个人情感和时风势利等主、客观条件的影响，以达到“析理居正”的目的。③ 到唐中期，刘知幾(661—721)在总结前人的基础上，提出了才、学、识史家“三长论”，是中国最早的有关史家修养问题的全面论述。明代学者胡应麟(1551—1602)在《史书占毕》中提出的“公心”与“直笔”，既继承发展了刘知幾的

① 程群：《六十年来美国史学多元性发展的成绩与问题》，《河北学刊》2004年第5期。
② 《春秋左传注疏》卷二一，宣公元年条。
③ 李珍：《素心与史德》，《史学理论研究》2000年第2期。

“三长”说和直笔论，又启导章学诚（1738—1801）的史德说和心术论。到清中叶的章学诚，又增加了“史德”一说，使得中国古代关于史家修养的论述更加完备。到了近代的梁启超，将“史德”置于首，称为“史学四长”。

图 15-1　刘知幾

图 15-2　章学诚

史德即治史道德或思想品德，要求是非分明，不屈服于权势或压力。

史才是治史的才能，即研究与表述历史的能力，即在考核史料、叙述史事编纂技巧方面的能力。

史学是历史的知识或学问。要掌握广博的史学知识及其他有关知识，掌握充分的史料。从现代来看，还必须掌握一定的基础学科和交叉学科知识。基础科学，指治史所必备的文学、历史、地理等方面的基础知识。交叉学科，是指学科之间相互渗透的知识或学问。

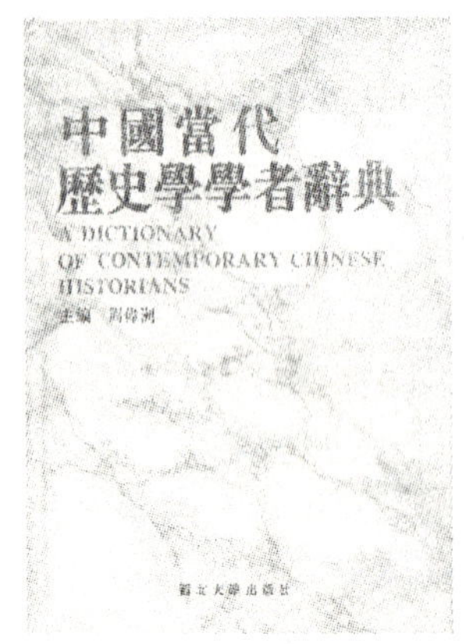

图 15-3　周伟洲主编《中国当代历史学学者辞典》

史识，是指对历史能提出深刻的见解，对复杂的历史能有辨识的能力。简单地说，是观察、分析、抽象、概括历史的能力。重视历史理解、历史解释的现代史学，更加强调史识的价值。如果没有对历史的深刻理解，便难以对历史做出合情合理的解释。史识是揭示历史的内在联系，认识历史的深刻本质，概括历史运动规律的主要过程的基本能力。

以上四个方面，是相互补充、辩证统一的，是史学工作者必备的认知结构，又是作为良史的能力要求。它是后天在社会实践基础上逐渐学习与培养起来的。这要有个人努力，也要有合适的学术环境，相当不容易。史识要靠培养，史德要靠坚守，史才是天生的，史笔是合理、简洁、清楚、明白地写。这是一个好的史学家一辈子追求的目标。[①]

二、现代的专业素养要求

20世纪以来的历史学，是一种学科意义的现代史学。“现代历史学是一种职业化的活动，其主体是大学、研究机构的教学、科研人员。他们在这些机构之中，从事整理史料、解释历史的工作，以研究历史为职业。历史学家是有历史学专长，专门从事历史研究活动的人。”[②]这种专业的历史学家，可以称为历史知识的生产者。此外，尚有一定数量的历史学业余爱好者，可分为消遣型和研究型两种。“业余史学家与专业史学家的分离，是史学专业化进程的必然产物。就历史学的发展进程来看，在历史学成为一门学科之前，史学研究的主体多数是业余作家，而且多数是贵族知识分子，也就是人们常说的精英阶层，与政治、军事活动有着密切的联系。而随着史学的职业化和各种专业培训机构的设立，只要能够进入高等院校的专业教育机构、接受过专门训练的专业人员就可以从事历史研究。这无疑大大有助于历史学家或历史工作者队伍的扩大，而且有助于史学流派的形成。”[③]

从内在素养来说，必须具备适当的认知结构与一定的研究能力。所谓认知结构，不是一个纯粹的知识体系，而是包括治史基础知识、思维品质、认知能力在内的广义素质概念。[④] 如何做才能成为一个合格的史学研究者？这需要经历一个严格的学术训练过程。李剑鸣说，良好的天赋，如记忆、理解、想象、文辞各个方面都能超越出常人，成才的道路肯定要顺畅得多。但经验表明，单靠天赋还不足以成为良史。训练、实践和勤奋同样很重要。前辈强调基本功训练，其内涵大体是丰富而可靠的专业知识，深厚而坚实的理论修养，广博而详赡的史料占有，精纯而实用的方法技艺，严谨而得当的学术规范。初学者沿着这个方向用功，就可以不断接近良史这一目标。治史是一种复杂而微妙的智力操作，怎样才能成为一个出色的历史学家，不仅是初学者关心的事情，也是每一个职业史家要用一生的努力来求索答案的问题。[⑤]

从外在素养来说，要有史学责任心。人类做事要想成功，关键是树立责任心。没有责任心，这是人生的一大忌讳。责任心的培养，必须与责任区联系。要

---

① 许倬云：《我为何写〈万古江河〉》，见陆挺、徐宏主编：《人文通识讲演录·历史卷》，文化艺术出版社2007年版。

② 李隆国：《史学概论》，北京大学出版社2009年版，第23—24页。

③ 程群：《六十年来美国史学多元性发展的成绩与问题》，《河北学刊》2004年第5期。

④ 赵吉惠：《史学概论》，陕西师范大学出版社1990年版，第288页。

⑤ 李剑鸣：《历史学家的修养和技艺》，上海三联书店2007年版，第3页。

有一点学术责任心，将自己的兴趣绑在某个专业上，圈定某一个领域或某个选题作为自己的学术责任区，加以长期的经营，才有可能出学术成绩。没有明确的学术责任区，不会关注相应的事；有了学术责任区与责任物，就会关注自己责任范围内的学术事务。学术责任区的进一步细化就是学术项目，即确定实际的做事目标，然后花费时间，就有成功的可能。这是现代社会的一种做事方式。目标、责任、勤奋，这是做事成功的三大要素，也是历史研究者的基本素养。

第二节　历史教育工作者的素养

作为历史研究者，队伍不可能很大。作为历史教育者，队伍则可以大一些。

教师的素质是一个全方位的问题，不可或缺地包括师德、专业素质和工作方法等多方面。“师才”可在以下几方面得以体现：

一、具备相当的专业知识

作为一名历史教师，只有具备比中学教材更高深和广博的知识，也只有对教材内容有着十分深刻的认识，善于进行教材分析，才能正确处理教材，更加准确地讲解教材，解答学生在学习过程中提出的各种问题。同时，由于科技的发展，知识结构日新月异，作为教师还应关注历史研究的新成就，使自己的知识结构不断得以更新和发展，并在教学中结合教材传授给学生，以开拓学生的视野，不断提高教学质量，体现新时期的教学特点。

二、掌握全面的教学技能

教师在教学过程中主要是通过课堂主渠道向学生传授知识的，因此就要求教师必须具备组织教学、课堂提问和解答、批评和表扬等方面的技能与技巧，必须具备语言表达、身体语言和心理暗示等技巧，同时还必须具备板书、板绘和使用电化教具的技能与技巧。

如在初一展开竞赛式教学法，由于此年龄段的学生比较争强好胜，喜欢听老师和同学的夸奖，于是每节课都设计十几个问题，然后按小组回答或抢答，将其得分记在黑板上。一分成绩要有一分辛勤付出，为了多得几分，学生们自觉不自觉地掀起学习历史的热潮。在初二年段则进行乐学教育法。对于初三年段的学生则相应采取参与式教学法。此外，经验丰富的老师还善于采用身体语言和直观教具来诱发学生的“无意注意”，使学生在课堂中能准确地捕捉信息，并在脑中形成直观而深刻的印象，这些印象是与教师在授课过程中的语言和其他表现同时并存的。学生正是在这种获得知识的过程中体验学习成功的快感，产生心理上的满足，从而对使自己获取知识的老师产生信任和崇敬。①

三、要利用现代教学手段

一个有着广泛的兴趣和爱好的人在人际交往中无疑是受到欢迎的，在教学过程中也是如此。由于年龄的原因，学生的求知欲是很强的，这种求知欲并不满足于在课堂中所学到的书本上的知识，而是文学、艺术、军事、体育甚至社会学方面的所有知识和技能都会引起他们浓厚的兴趣，他们获得这些课余知识的途径主要是阅读一些有关的书刊和报纸，或参加一些社会活动。虽然我们在专业课的教学任务中可以没有这些内容，但历史科的包容性极强，在适当的时机以适当的方式在课堂上让学生接触一些书本以外的知识无疑会使学生的兴趣提高。当然，也并非绝对地说看的书多、知识面广或有一技之长，就能呼风唤雨。实际上，我们强调的教学素质更重要的还是将基础知识与能力培养紧密结合，能将所知、所学、所想等贯穿于课堂的实际教学中，让学生在消化本学科基础知识的同时，又增加了对新事物的认识与理解。

一个具有广博知识和广泛兴趣爱好的教师会使学生在接受教育之前以接受的心态来对待即将到来的学习，而教师也可借此树立良好的形象，在教学过程中以“高素质”的形象“先声夺人”，取得学生的信任和欢迎，这对于营造“乐学”氛围，提高课堂效率有着十分重要的意义，这也是我们新时期探索心理教育与知识教学相结合，提高历史教育工作者素质的一个重要组成部分。②

作为历史教育工作者，需要博学，通而不专。形象思维应发达些，多看些文学艺术作品，提高自己的修养。

提高电脑水平，学会课件制作，甚至电视片制作。可以仿音乐电视风格，把中学历史教科书上的内容制作成历史电视（HTV）。中学历史教学的主要任务是再现历史知识，使学生了解昨天发生的一些重大事件，接触一些重要的历史人物，认识社会发展的轨迹。可以说，主要的任务是感性认识而不是理性思维，这就为历史电视的尝试提供了依据。同时，历史学科制作历史电视，具有独特的学科优势。首先，历史学科每一章节内容都是一个或几个比较完整的故事，它们具有一定的情节。其次，已经发掘的遗址、化石或留存下来的遗迹为 HTV 的制作提供了必要的物质基础。至于具体的设想，因为是教学所用，所以必须是短小精悍型的。也就是说，在介绍历史人物、讲述故事情节时要借鉴历史剧制作的方

① 以上据郑辉：《中学历史教师的素质浅谈》，《教育评论》1997 年第 2 期。

② 以上据郑辉：《中学历史教师的素质浅谈》，《教育评论》1997 年第 2 期。

法，但又要讲究精练，注意必须与史实相吻合。①

第三节　通俗史学工作者的素养

一、兼学术与大众于一体

通俗史学工作者既要熟悉学术的表达体系，又要懂大众的接受方式。消化能力，就是消化学术作品的能力，即将散在无数种专门性刊物中的历史论文结论综合起来，加以融会贯通。同时，要具备高超的文字表达能力、语言表达能力。史学知识大众文化化，对史学工作者的专业要求不是降低了，而是提高了。大众化的深入浅出，要求首先应有研究性，是要全面深入地把握有关知识，具有综合分析能力，还要富有文采地表达出来，此等著作的写作谈何容易？仅有几分知识，浅学易满之人，哪里能写作得好？普及与提高是一致的，以为普及的读物可以要求得低一些，这是误解，无益于史学知识的大众化，极需纠正。②

二、有意识地培养一支队伍

从目前来说，中国有的是基础研究者，缺乏的是通俗史学创作人员，所以尤其要强调通俗史学队伍建设问题。如何将高深的学院史学成果转化为社会大众易于接受的知识，是当前中外史学家共同面临的严肃课题。正如一些西方史家所提出的那样，现在史学界面临的挑战，不是研究技术改进问题，而是用通俗的手法，向更广大的读者重新介绍历史。中国缺少一支写作水平高、又能及时吸收史学研究成果的历史作品创作队伍。创作通俗史学作品，应有一支庞大的队伍。无论是科普性通俗还是娱乐性通俗，都面临一个队伍建设问题。要发展通俗史学，培养一支创作队伍是十分重要的。队伍的培养，可以从三方面进行，一是从原有专业作者群中分流一部分，二是从别的行业中引进一部分，三是专门培养一批不求职称只求利润的走市场的史学创作队伍。

大学中文系、历史系完全可以联姻，开设“历史题材创作”专业方向。现在的中文系和历史系招生情况不乐观，如能寻找共同点，开办一个历史创作、历史电视方向的班，做得好，无疑是一条阳关大道，可以找到一个新的招生专业增长点。这是一种复合型人才培养活动。这个工作，在目前的大学体制下完全可以做。

---

① 以上据汪树民：《HTV：中学历史教学方式新探》，《中学历史教学参考》1998 年第 7 期。

② 冯尔康：《“说故事”的历史学和历史知识大众化》，《河北学刊》2004 年第 1 期。

现在的大学在走打通专业、宽口径培养之路，一二年级不分专业，三年级开始分方向。中文、历史、哲学三个系往往合并成人文学院或文学院。既在同一个学院，合作开课完全是可以的。改革高校历史系学生培养模式，将本科生的培养分两个阶段，前两年以基础学习为主，后两年根据社会需要与学生本人的兴趣分流培养。[①] 这个建议和现在流行的平台式教学模式是接近的。

具体地说，可以开设两个班，一是历史题材创作班，一是历史电视策划班。前者偏重中文系学生，后者偏重历史系学生。"历史题材创作"班，可以先开设选修课，编纂历史剧创作教程，确立创作原则。"历史题材创作"主要是看片子，提供观摩分析。历史剧的创作，重视材料和图片的搜集，用历史化的语言文字，进行历史化构思。在历史剧创作中，题材、视角最为重要。同时也要指出，历史剧的创作，人生阅历十分重要。否则，无法理解古人的思想性格。创作题材、创作素材、创作队伍、创作模式，是历史题材创作中最为重要的几个方面。相信通过这种办法，可以培养出一些专业历史电视剧创作与制作人员。

也可以举办"历史电视策划"班。历史电视既可以在电台播放，也可用于大、中、小教学。电视台播放的成语故事剧，一个成语故事一个短剧，小朋友学习效果非常好。其他的历史故事，也可以制作成短剧供人收看。历史电视主要是两大系列，一种是面向学校的，一般根据教材来制作；一种是面向社会的，题材较为广泛，开始可以做热点追踪的历史背景，以后则可以引导人们来了解历史知识。如伊拉克战争开始，就可以制作有关伊斯兰、两河流域文明等历史电视。清宫戏说片热播时，如能及时制作出细说电视片，相信一定能取得不亚于戏说的效果。这既可以针锋相对，传播正确的历史知识，引导观众欣赏，也可以取得较好的经济社会效益。作为大学，主要是培养历史方面的策划人才。具体的制作可以由专业技术人员来完成。历史电视策划的关键是反应要快，不但要能及时捕捉市场信息，而且要能预测市场信息。因此要有强大的数据资料库，强大的策划队伍，队伍人员要精通历史，精通电视技术，精通传媒艺术。历史电视策划可以做活历史。历史电视策划班有较好的市场前景，不仅大学中的文学院可以成立公司，学生毕业后也可以独立开设公司。现在的电视台正在走制、播分离之路，电视制作公司将越来越多。这种利好背景，为我们进行历史电视人才培养创造了条件。历史是故事性较强的一门学科，相信历史电视有广阔的发展前景。

① 胡逢祥：《我们需要重塑历史学的社会形象》，见萧黎主编：《我的史学观》，广东人民出版社 1997 年版。

后　　记

本书是在我近三十年的《史学概论》学习、探索、实践的基础上形成的。

20 世纪 80 年初在杭州大学求学期间，承担“史学概论”课教学任务的是王正平教授。那时没有此类史学概论教材，王先生只好自编讲义，我们则是埋头记录。王先生是一个思想成熟的老教授，口才相当好，字斟句酌，一板一眼。在我看来，每一句话都值得记下来，而且那速度也确实记得下来。王先生的讲义，后来整理成《史学理论与方法》，1990 年正式由杭州大学出版社出版。此书奠定了我对史学理论的认识基础。

在其后的研究生涯中，由于功底浅，年纪轻，我对史学理论的兴趣并不浓。到了 1991 年，系领导要我承担历史专业“史学概论”课，我只能勉力为之。当时尚是宁波师院政史系专科班，所以选用的是刚出版的赵吉惠的《史学概论》。那是一部全国高等师范专科学校教材，22 万字，简明扼要，篇幅正适合一学期使用。我就以此为蓝本，先全部接纳，然后逐步消化吸收，编纂讲义。1994 年以后，学校开始招收历史学本科专业，仍使用此教材。1996 年左右，改用庞卓恒主编的《史学概论》，那是适合电大本科教育的教材，只用了一个学期。此后，换了李振宏的《历史学的理论与方法》，用了几个学期。2003 年开始，选用姜义华等的《史学导论》。2006 年，复选用新出版的庞卓恒等的《史学概论》，觉得更适合世界史专业，只用了一个学期。此外，我也参考了其他不少同类教材。其中，李剑鸣的《历史学家的修养与技艺》最接近我的理念。我反对众人临时编纂，主张深思独撰，编者应是长期担任高校《史学概论》教学且有独立思考的教授，同时要学会吸纳前人的相关成果。

在继承与创新的探索中，我自己的观点越来越明确，最终形成了自己的讲义体系。讲义吸收了以上几部教材中的有益成分，同时增加了一些新的内容。体系形成以后，教材不断在变，而我的讲义则只是局部变化。虽然订了教材，但实际搁置一边，偶尔讲一下相关章节而已。2004 年，“史学理论与史学史”课程群列入宁波大学优秀课程建设计划，这促使我下决心修订讲义，制作课件。2006 年，因学校推荐申报省级精品课程，我集中精力将《史学概论》讲义修订了出来。

2007 年底，人文教育专业也开设“史学概论”，这促使我进一步打破原来的体系，朝素质教育方向努力。人文教育使我充分意识到了中国教育由精英教育而大众教育的转型趋势，不再完全以培养职业史家为己任，而以提升公民素质教育为新任。根据西方历史哲学由批评的历史哲学向史学哲学发展的趋势，我确定了以“历史认知学”为主线的修订思想。这部以素质教育为己任的新教材，称为《史学概论新编》。2008 年初，因一时订不到教材，遂决定抛弃订购通用教材习惯，改用自己所编的教材。如此，经过反复修订，第一版《史学概论新编》发到了学生手中。

随着教改的发展，“史学概论”的课时越来越少，原来每周 3 节，现在每周只有 2 节。然而随着研究的深入，可讲的东西越来越多。一学期下来，经常发现，拼命讲也讲不完。这一少一多的矛盾怎么解决？最终想到的办法是将自编教材发给学生，让他们提前自习，然后在课上讨论。传统的想法是老师不公开自己的讲义，认为讲义公开后，老师还讲什么。从实践来看，发讲义是相当好的办法。从此，师生有一个共同文本，不再出现教材与讲义脱钩现象，学生不用记很多内容，教学重点放在了理解上面，学生只需将不理解的内容提出来讨论，如此，双向沟通加强，课堂活跃气氛，教学效果更好了。

2008 年以后“史学概论”教学的一个重大变化是加强了学生实践环节的训练。我不再布置虚拟的练习题，改为要求大家写小论文，每学期只要求做两个实战性的大项目，即《我的青少年时代》与《我的家族》。这项活动的主旨是确立小历史书写理念，提升小历史书写能力，理解历史文本的建构流程，最终知道历史学是什么。从几年实践来看，取得了明显的教学效果，从中也积累了丰富的经验。这两项人人可做的、需要反复修订的实践活动，也为学生学习成绩评价的过程性与全面性提供了可能。

讲义出来后，我既征求同行意见，更征求学生意见，然后不断修订，不断更新。每堂课实践下来，总有一些心得，有心得就修订。在这个过程中，我经常使用的蓝勇《中国历史地理学》的编纂模式，给了我不少启迪。由于历史专业与人文教育专业均开设此课，2008 年以后，几乎每学期都有“史学概论”课，课程开设密度的加大，加速了修订的进程。到了 2010 年，我的公民历史素质教育观越来越明确，于是进一步修订，最后定名《史学通论》。我查了一下，发现此名始于日本人浮田和民。20 世纪 50 年代以前，中国人用得比较多，如曹佐熙、周容、杨鸿烈、李则刚、陈汉章均称《史学通论》，台湾有甲凯、周简文各自的《史学通论》。50 年代以后的大陆，只有赵铁峰的讲义称《史学通论》，公开出版者无人使用，这更坚定了我的信心。虽然都叫《史学通论》，显然内涵完全不同。我更偏重“通人”教育之“通”，即通识。本课程不再以培养史家为己任，更希望提升学习者的历史认知能力、历史理解力、历史书写能力。

2010 年 10 月，我校历史学一级学科硕士点批复，我负责的史学理论与史学史专业终于可以招生了，这是我非常高兴的。借着东风，《史学通论》列入学校学科建设项目，这就逼着我集中时间，进一步修订，期望早日出版，为更多的人所用。

2011 年 4 月，“史学概论”课程又列入学院“探究式课程建设”计划。不久，升格为校级探究式示范课程建设计划。年底，又列入宁波大学教材建设计划。所谓“探究式课程”，就是要进行“双主体教学”，实现理念、实践、效果三方面的重要转变，即把传统的“以教师为中心”的教学观念转变为“以教师为主导，学生为主体”的教学观念，把以教师灌输为主的教学方法转变为以导为主、双向交流的教学方法，把单纯考核理论知识的考试方法转变为着眼于科学全面地评价学生的综合素质和创新能力。这些要求正是我近五年一直在实践的教学模式。在这个创新教学要求下，我进一步完善了课程流程。每次授课的结束，不是所讲教学内容的结束，而是下周课程讨论主题的布置，且明确责任，确定主讲与对讲学生名单。教材设置的变化，就是各章前有“讨论主题”。传统的“名词解释”也被改成“关键词释”，以适应当下网络时代。为了内容的醒目，目录细化到二级，标题尽量在各节内部求整齐。

在实务项目上，增加了专著阅读、读书报告写作、课堂讨论环节。我 2004 年主持了学校“史学理论与史学史”优秀课程建设项目。一想到课程建设，我最为关注的是编纂一部好的教材。现在看来，这样的想象方式显然是有问题的。最近，我一直在思考中外大学教育的不同，中国大学与中学教育的不同所在。大体来说，中国中学生的基础知识比欧美发达国家中学生好，中国大学生的基础知识则比欧美发达国家大学生差。比较中国中学与大学教育的不同之处可以发现，中学之所以基础好，是老师每日布置作业，经常性考试，学生不断被强化操练所致；而中国的大学则完全相反，不布置作业，很少考试，每学期只考一次，上课记笔记，考试背笔记，考过都忘记，如此的教学模式，中国大学生专业基础自然比中学生差。可以肯定的是，大学不可能用中学那种方式来训练学生。那么，大学要用什么方式训练学生呢？我们考察了欧美国家的大学教育，发现他们只有课程，只有大纲，没有教材，平时上课只发一些参考资料，只有指定参考书。他们的学习方式，就是教授定期布置基本课前阅读材料，学生则是定期完成课前阅读材料，写出读书报告，然后在课堂上讨论。老师组织每次的课堂讨论，记录每次讨论表现的成绩。他们的学生就是在这种不断的阅读中提升专业水平的。一门课，至少读完 5—10 种专业书。因为每一门课要读那么多的基础著作，所以，国外大学也限制学生的修课数量，每学期至多 4—5 门课。以这样严谨的方式训练学生，毕业生的学术含金量自然高。相反，中国的大学生仍与中学生一样，死抱一本教材(更多的人则连教材也不喜欢读)，既不像中学那样不断做作业操练，又不像国外一样不断阅读专业著作，每学期可以修 8—10 门课，学术含金量自然低。我也曾为学生开列书目，然而却发现无人执行，效果相当差。也遇到了一些实际困难：一是专业图书不全，分布很散，学生找不到；二是同一种图书的复本少，无法满足众多学生同时阅读的需求。更为重要的是，中国学生没有阅读课外专业书的习惯。那么，国外是如何解决这个问题的呢？原来，他们有与此相配套的基本书阅览室制度。所谓基本书阅览室制度，就是在图书馆开辟一个专门性的主题阅览室，各任课老师将每学期所用的基本书目开列出来，交给图书管理员。管理员根据各任课老师的要求，将分藏于图书馆各处的基本图书调集过来，放在一个固定的书架上。学生们则根据自己的时间安排，轮流上图书馆阅读指定的参考图书，然后写出读书报告。这套制度的优势有二，一是专业图书集中，方便学生使用；二是解决了人多书少问题，可以让众多学生都有机会阅读到某一本书。香港中文大学就有此制度，可惜国内大学图书馆多没有接受此套理念，建立这样的基本书阅览室制度，它们也有名称类似的基本书制度，然而“名”同“实”不同。我们希望中国的大学早日普遍建立这样的基本书阅览室制度，为“探究式课程建设”作出贡献。

这次教材修订的另一个重大变化是增加了图像资料。这是一个读图时代，故我一直强调现代图书应有图像资料。此书前面几版，均没有插图。虽有准备最后做插图之意，但根本上与自己原来的重文字、少用图片习惯有关。这次修订时，下定决心完成插图工作。幸好当代技术条件大变，发现了百度图片搜索工具，连续作战几天，竟然搜集到了相当多的图片，完成了插图计划，十分高兴。后来发现某些图片的精度不足，于是重新拍摄了图片。《史学概论》教材插图始于庞氏《史学概论》，主要有三种图，一是史家或思想家、哲学家，二是历史人物，三是史著。从时间上说，完全以历史人物为主。我有所调整与突破，一是只及史家与思想家、哲学家，不及其他历史人物；二是大量增加图书封面照片；三是下及当代人物，把自己觉得值得推荐的相关教授推荐给读者，以让青年人了解同行先辈。插图完成后，再读一遍，发现效果相当好。一则有了图以后，各个部分不再枯燥。由图像建构起来的文本是活生生的历史，更为生动，不再是抽象的几句话。二则有了图片，实际是将古今中外的名家请了进来，读者可以知道学人长相，作品封面样子，长了不少图片知识。看着照片，也可以让读者发挥自己的想象空间，甚至可以进一步延伸阅读有关书籍。有了相关图像，就有一种聆听“百家讲坛”的感觉，倍感亲切。当他们读文本时，似有一个名人在做伴，由此他们不再孤独。三则有图以后，各个部分有了自己的图像中心，修订重心会跟着变化，阅读重心也会跟着变化，从而对文本各个部分的理解也更到位。总之，插图可以增强观感，加深理解。这种感觉，是我读纯文字作品时体会不到的。不过，最后出版时，怕引起肖像权侵犯问题，在世当代史家的图片被删除了。

本教材的修订，基本原则是简明扼要，学生好用。比较使用过的几部教材，我最为欣赏的是赵吉惠的《史学概论》，它简明扼要，比较适合大学生一学期使用。相反，其他几部教材，过长的段落，过多的引文，过少的提炼，无法一口气读下来。要达到这样的要求，必须选用理论概括比较到位、通俗好理解的句子。而不断地思考时代的需求、学生的要求，不断地进行理论的思考、实践的检验，则是保证教材"学生好用"的不二法门。由赵吉惠《史学概论》之简明扼要到笔者《史学通论》之简明扼要，正是我近 20 年"史学概论"教学、教材探索与实践的回归。

后人总得要超越前人才行。正如波普尔所言，没有一种解释是最后的解释，每一代都有权来作出自己的解释。史学概论教材的建设正如此。本教材的目标是建成一部能反映 60 后中年史家认知水平的、能为当代青年所接受的教材。在内容上，突出了民间史学、历史书写的份额，引入了海内外史界历史记忆、历史诠释等最新研究成果。要建设这样一部反映时代面貌的教材，难度是相当大的。在导论章中，我提出了自己系统的《史学通论》编纂思想，然而操作起来仍有一定的技术难度，恐难以完全达到自己的理想。

本教材的编著，相当一部分工作是在做精心的选择、组合、建构工作。我用的是中国古人常见的间接混合叙述法，即主体叙述与转述混合而成的叙述法。本书较多地采纳了王晴佳、王加丰、陈启云、李小树、俞吾金、曹幸穗、冯尔康、朱政惠、杨奎松、赵世瑜、王家范、刘志琴、徐兆仁、虞云国、张绪山、牛大勇、邸永君、许倬云、李宏图、董立河、郭震旦、杨祥银、满永等先生的文章。如此大篇幅地直接借用别人的观点，当然只有重在知识传播的教材才敢这么做，这也与我所持教材编纂采百家之言成一家之言的理念有关。姜义华、赵吉惠、庞卓恒、李振宏、李剑鸣、王学典诸先生的同类教材，直接影响了本书的编纂。责任编辑吴伟伟、文字编辑杨利军倾注了较大的气力，提升了本书的表达水准。在此，向以上诸位先生表示我衷心的感谢。

自 1990 年王正平《史学理论与方法》以后，浙江学者至今未编纂过类似教材，在全国"史学概论"课教材建设上，没有浙江学者的声音。本书的出版，希望多少能弥补这一缺憾。成稿以后，考虑再三，选择了浙江大学出版社出版此书。一则浙江大学出版社至今未出版过类似教材，此可补缺；二则也算是对启蒙老师王正平先生的一个纪念，王先生已经过世 15 周年，如今知道他名字的人已不多。一部成功的教材，除了自身的编纂水平外，尤须得到同行们的认同，学生们的广泛使用，否则就是无声之物。所以，本书出版以后，希望全国各地有更多的高校来使用，这部教材能由浙江走向全国。真诚地希望听到读者您的建议，我的邮箱是 qianmaowei@yahoo. com. cn。

钱茂伟

2012 年 1 月于宁波大学